JN101870

レヴィナスの時間論

『時間と他者』を読む

内田　樹

新教出版社

装画・装幀　山本浩二

目次

第Ⅳ講の読解 ……… 255

凡例

レヴィナスの著作については書名を次のように略記する。

AQ Emmanuel Lévinas, *Autrement qu'être ou au-delà de l'essence*, Marinus Nijihoff,1974,『存在の彼方へ』、合田正人訳、講談社学術文庫、一九九九年

AV Emmanuel Lévinas, *Au-delà du verset*, Minuit, 1982,『聖句の彼方』、合田正人訳、法政大学出版局、二〇一四年

DE Emmanuel Lévinas, *De l'évasion*, Fata Morgana, 1982,「逃走について」、『超越・外傷・神曲』、内田樹・合田正人訳、国文社、一九八六年

DI Emmanuel Lévinas, *De Dieu qui vient à l'idée*, J.Vrin, 1982,『観念に到来する神について』、内田樹訳、国文社、二〇一七年、

DL Emmanuel Lévinas, Difficile Liberté, Albin Michel, 1963,『困難な自由』、内田樹訳、国文社、二〇〇八年

EE Emmanuel Lévinas, *De l'existence à l'existant*, Vrin, 1978,『実存から実存者へ』、西谷修訳、ちくま学芸文庫、二〇〇五年

EI Emmanuel Lévinas, *Éthique et infini*, Fayard, 1982Éthique et infini,『倫理と無限――フィリップ・ネモとの対話』、西山雄二訳、ちくま学芸文庫　二〇一〇年

EL Emmanuel Lévinasé / François Poirié, *Emmanuel Lévinas*, Acte Sud, 1996,『暴力と聖性――レヴィナス

は語る』、内田樹訳、国文社、一九九七年

HH Emmanuel Lévinas, *En découvrant l'existence avec Husserl et Heigegger*, Vrin, 1974,『フッサールとハイデガー』、丸山静訳、現象学文庫、二〇〇〇年

HS Emmanuel Lévinas, *Hors sujet*, Fata Morgana, 1987,『外の主体』、合田正人訳、みすず書房、一九九七年

QLT Emmanuel Lévinas, *Quatre lectures talmudiques*, Les Éditions de Minuit, 1968,『タルムード四講話』、内田樹訳、人文書院、二〇一五年

SM Emmanuel Lévinas, *Sur Maurice Blanchot*, Fata Morgana, 1975,『モーリス・ブランショ』、内田樹訳、国文社、二〇一五年

TA Emmanuel Lévinas, *Le temps et l'autre*, PUF, 1983,『時間と他者』、原田佳彦訳、法政大学出版局、一九八六年

TI Emmanuel Lévinas, *Totalité et Infini*, Martinus Nijihoff,1971,『全体性と無限』、合田正人訳、国文社、一九八九年／熊野純彦訳、岩波文庫、二〇〇五年／藤岡敏博訳、講談社文庫、二〇二〇年

・引用は既訳によりつつ必要に応じて訳文を変更した。
・引用文中のゴシックは原著者による強調、傍点は内田による強調である。
・聖書からの引用は『聖書新改訳』、日本聖書刊行会、一九八五年、による。

はじめに

『福音と世界』というプロテスタント系出版社の月刊誌に「レヴィナスの終末論」という題で一文を寄せたのは二〇一四年の一〇月のことである。

寄稿依頼を受けたが、締め切り間際になっても、書くことを思いつかない。しかたなくレヴィナスの時間論について、それがいかに難解なものであるかを書いた。でも、紙数が足りずに話が途中で終わってしまった。

一読した小林編集長が「こんな中途半端なことを書かれたのでは気持ちが片づかない。続きを書いて欲しい」と言ってきた。「レヴィナスの時間論を説明しようとしたら、『時間と他者』をほとんど逐語的に解釈してゆくことになるけれど、それでもいいですか?」とおそるおそる訊いてみた。すると、「聖書研究では月刊誌一回で一行解釈して終わりというようなことはふつうです。毎月四頁確保しておくから、好きなだけ書いてください」と言っていただいた。その言葉に甘えて、足かけ六年にわたって連載させてもらうことになった。まさかこんなに長くかかるとは思わなかった。なにしろ『時間と他者』はレヴィナスの著作の中で最も薄い本なのである。原著で九〇頁しかない。それを六年かけて逐語的に読んだ。

でも、レヴィナスの哲学は逐語的に読んだら分かるというようなものではない。分からないところはいくら読んでも分からない。それでも、「写経」するように毎月少しずつ読むうちにレヴィナスの言葉に少しずつ身体がなじんでくるということはある。

「分かる」と「なじむ」は違う。「分かる」は叡智的な出来事である。「なじむ」は身体的な経験である。「時間とは何か」は言葉で説明できない。でも、長い時間同じ問いのまわりをぐるぐる回っていると、「何か」に指先が触れたような気にはなる。

読者には、これから私の六年間の足取りを最初からたどってもらうことになる。途中で読者を置き去りにしないように、できるだけゆっくり歩むつもりである。だから、「これ一冊でレヴィナスが分かる」というようなタイプの即席な読書効果をお求めの読者にはあまり（全く）お薦めできないことをあらかじめお伝えしておきたい。

まず右に述べた「話が途中で終わった」原稿を読んでいただきたい。

エマニュエル・レヴィナス（1906-95）の時間論講演『時間と他者』はジャン・ヴァールの主催する哲学学院（Collège philosophique）で一九四六年から四七年にかけて四回にわたって行われた。

戦争が終わり、レヴィナスは長く抑留されていた戦時捕虜収容所からフランスに戻って、リトアニアに残した彼の家族のほぼ全員が強制収容所で死んだことを知った。さいわいパリに残した彼の妻と娘は、親友モーリス・ブランショのはからいで、ゲシュタポの眼を逃れて、生き延びた。

この講演があったのと同年に、レヴィナスは同じカルチェラタンにあった東方イスラエル師範学校（École Normale Israélite Orientale）の校長に着任していた。ホロコーストで解体の危機に瀕していたフランス・ユダヤ人共同体を青年の教育を通じて霊的に再生するという課題がレヴィナスには託されていた。だから、哲学学院でのこの講演に際して、レヴィナスが「時間論」という論件を選んだ以上、それは深い苦しみの時間を生き抜いたユダヤ人にとっての希望の時間論であったはずである。そうでなければレヴィナスにこの時点で時間論を語る必然性はない。

『時間と他者』において、レヴィナスはその時にこそ語られなければならない時間論を語ったというのが私の仮説である。ただし、私に与えられた紙数はわずかであるので、おそらく話は尻切れとんぼで終わってしまうだろう。だから、せめて冒頭の最も難解な一節だけについては、解釈可能性を示したいと思う。読者諸氏はそれを以て諒とされたい。

『時間と他者』は次のような一節から始まる。

この講演の目的は、時間とは孤立した単独の主体にかかわることがらではなく、主体と他者の関係そのものであることを証明することにある。[1]

この一節が難解なのは、「孤立」（isolé）と「関係」（relation）という空間的表象を用いて時間を語っているからである。私たちは「孤立」と言われると、空間的に他から隔絶した項を思い浮かべる。「関係」と言われると、項と項を結ぶ線分のようなものを思い浮かべる。それらは空間的に表象される二次元的な「図像」であり、図像である限り無時間的である。この一節からいきなり難解なのは、空間的に表象しえないはずの時間を空間的表象に即して語っているからである。

私たちはこの一行目から「ゲームのルール」を替えなければいけないことを教えられる。ここから先は自分たちの因習的な時間と空間の概念を持ったままでは読み進めることはできないということである。とりあえず「時間」という語を私たちがふだん使っているような意味で使うことを自制しなければならない。レヴィナスの「時間」と私たちがふだん使っている「時間」では、語義の一部は重なっているが、一部は重なっていない。レヴィナスの「時間」は、私たちがその語では決して指し示すことのない意味を含んでいる。それが何であるかは、今のところまだ言うことができない。「語義を一意的に確定できないまま、語義を宙吊りにしたまま読み進むこと」、これもレヴィナスが読者たちに要求する、従うことの困難な条件である。

冒頭の命題の前半部、「時間は孤立した単独の主体にかかわることではない」ということなら私たちにも分かる。

地球上に最後に一人だけ生き残った人間がいたとする。彼において時間は流れているだろうか。「流れていない」と私は思う。時計が時間を刻むということはありうるだろう。でも、その針の移動は何も意味しない。誰も彼を訪ねてこないし、誰も彼を待っていない。彼が何を話して

1　TA, p.17

も、何を書いても、それを聴く人も読む人もいない。彼がその時宇宙の成り立ちについて恐るべき真理を洞察したとしても、それを告げる相手はどこにもいない。彼には受け取るものも贈与するものもない。彼は生きながら死んでいる。そのような人間にとって時間はないに等しい。

分かりにくいのは後半の「時間は主体と他者の関係（relation du sujet avec autrui）そのもの」だというところである。「関係」という語を主体と他者の二項間に引かれた一本の線のようなものとして空間的に表象した時に、この命題はその最も豊穣な部分を失ってしまう。時間は空間的には表象できないのである。

では、どうすればいいのか。

論理学的には無理筋だが、窮余の一策として、これを「主体と他者の関係は時間の中でしか成り立たない」あるいは「主体と他者の関係は時間の中でしか意味を持たない」という命題に読み換えてみることにする。

無理な読み換えであることは分かっているが、それでも少しだけわかってくることがある。時間は主体と他者の間で熟すものだということである。

他者が私に向けて何か語りかけてくる。最初の一語が発語された時点では何を言おうとしているのかはまだ分からない。少し話が進んだところで、「だいたいこんなことを言おうとしている」のだと予測がつく。それでも途中で話柄が方向転換することもあるし、よく聴き取れなくてペンディングにしていた語の意味が途中で分かって、時間を遡行して空隙を埋めることもある。「何を言おうとしているのか」は話を聴き終わるまでは未決状態にしておかねばならない。そのような意味においては、主体と他者の間のコミュニケーションは時間的にしか成り立たない。「主体と他者の関係は時間的である」という命題については、こう説明すると少しだけ見通しが立つ。あくまで「少しだけ」だが。それでも、「主体と他者の関係は時間的である」という命題と「時間は主体と他者の関係である」という命題の間にはまだ踏破すべき千里の逕庭（けいてい）がある。レヴィナスの文はこう続く。

> 問題は、私たちが社会から借りてきた概念によって、時間がどのように区切られ、配分されるかを言うことではない。どのようにして社会は私たちが時間を表象することを可能にするのかを言うことではない。私たちが時間をどうとらえているかではなく、時間そのものが問題なのである。[2]

「私たちが時間をどうとらえているかではなく、時間そのものが問題なのである」とレヴィナスは言う。私たちが「時間についてある観念を形成する」ことができるのは、それ自体すでに**時間の効果**だからである。

たしかにある種の観念は文のかたちをとって時系列上に把持されるだけでなく、図像的な直観として、無時間的かつ一挙に与えられることもある。しかし、それでも、私たちはその直感像を人に伝えたり、自分自身に説明する時には、「**あれ**とは**これ**のことである」というふうに言葉に置き換

2　TA, p.17

える操作を省略することはできない。そして、「あれとはこれのことである」という文型をとる限り、それはすでに時間の中で起きている出来事なのである。

時間そのものが問題であるというのは、人間の理性を以てしては定義することも理解することもできないものを私たちは問題にしているということである。なぜ、そのようなものを問題にするのか。それは直接にはハイデガーが解決したつもりでいることをもう一度未決状態に戻すことをレヴィナスはめざしていたからである。

話はいきなり論争的な境位に移動する。でも、このハイデガーへの異議申し立てがどういう哲学史的な意味を持つものであるかについての予備知識を持たない読者も、ここで足を止めないようにお願いしたい。私はこの論考の中で「周知のように」という言葉をできたら一度も使わずに話を進めたいと思っている。「『ハイデガーが解決したつもりでいること』とは何か」という問いは今のところはそのまま脇に措いて、先に進みたい。

> 他者は、ハイデガーにおいては、共同存在（Miteinandersein）――一者と他者が相互的に存在する――という本質的状況において現われる。Mit（と共に）という前置詞がここでは関係を示している。つまりそれは、何かをめぐっての、ある共通項をめぐっての、より厳密にハイデガーに即して言えば、真理をめぐっての、隣り合わせ（côte à côte）の結びつきだということである。それは顔と顔を向き合わせての（face à face）の関係ではない。[3]

ハイデガーにおいては主体と他者の関係は真理によって基礎づけられている。それは主体と他者は「誰かがすでに構築し終えたコミュニケーション・プラットフォーム」の上にいるということである。レヴィナスはこのような主体と他者のあり方を否定する。

　このレヴィナスのハイデガー批判の当否もとりあえず棚上げにしておいて、話を先に進めたい。根本的な命題の当否を次々と棚上げしたまま先に進むのは「気持ちが悪い」という読者もおられるだろう。そうだろうと思う。気持ちはよく分かる。しかし、レヴィナスを読む時にはその「気持ちの悪さ」に耐えることがどうしても必要なのである。レヴィナスを読む時は「中腰」や「未決」や「気持ちが片づかない」というのがデフォルトなのである。それを最初に呑み込んでおいていただきたい。レヴィナスの哲学を、明晰判明な概念を煉瓦を積むように一つ一つ積み上げていって完成する大伽藍のようなものだと思ってはいけない。それは「この人が何を言おうとしているのか分からない」という苦痛に耐え続けた果てに、指先に「何か」が触れて、それによって読者のものの見方が根源的に揺り動かされるという実存的な経験なのである。

> 私たちは他者との根源的関係を記述すべき前置詞は「と共に」ではないということを示したいと思う。[4]

3　TA, pp.18-19

4　TA, p.19

レヴィナスは主体と他者を共に基礎づけてくれる「基盤」を前提にすることを拒む。私たちは孤独である。他者と主体の間に「共通の祖国」はない。他者とは主体の理解も共感も絶した絶対的他者（abosolument autre）なのである。

レヴィナスはたしかにそののちの多くの著作でもそう書いている。読者の中にもこのフレーズに既視感を持つ人もいるだろう。けれども、この語の語義を哲学用語辞典で探してもあまり意味はないと思う。というのは、ここでレヴィナスが「共通の祖国がない」と言っているのは、文字通りそういう意味だからである。第二次大戦の終戦直後に、少し前まで彼の家族がゲシュタポに追われていたパリで、生き残ったユダヤ人として、レヴィナスはこの語を口にしている。その歴史的なコノテーションを見落としてはならない。

「絶対的他者」という言葉そのものを口にすることは難しくはない。けれども、私たちはそのようなものを果たして「知っている」と言えるだろうか。というのは、私は他者たちとさまざまな「基盤」を現に共有しているからである。私たちは多くの人々と祖国を共有し、言語を共有し、政治イデオロギーや美意識を共有している。ゆきずりの見知らぬ人についてさえ、私たちはわずかなきっかけで、ある程度の理解と共感を抱くことができる。実のところ、「絶対的他者」などというものを私たちは経験的実体としては知らないのである。しかし、レヴィナスは他者というのは本質的に「絶対的他者」だと言う。

この断言は思弁的に導かれたものではない。ホロコーストの経験が語らせている。六〇〇万人のヨーロッパ・ユダヤ人たちは、彼らと祖国を共有し、言語を共有し、イデオロギーを共有し、しばしば理解や共感で結ばれていたはずの人々に見捨てられて、殺された。やすやすと政治的恫喝に屈し、デマゴギーに流されて、隣人の虐殺を黙過するような人々と生活を共にしている場合、共同存在的な「基盤」はさしたる役に立たない。そのことを歴史は私たちに教えてくれた。隣人たちはわずかな理由によって、それほどの心理的抵抗もなく、「私たちの排除」に手を貸すことがある。人間とはそういうものだ。それが分かった上で、なお主体にチャンスを与えようと願うなら、「いかなる理解も共感も絶した他者」とさえ対話できるような堅牢な、そして困難な関係を立ち上げるしかない。それが歴史がレヴィナスに求めた喫緊の哲学的課題であった。

この孤独の存在論的根源にまで遡及することを通じて、私たちはこの孤独がどのようにして超克されうるのか、それを見たいと思う。この超克が何でないかはすぐ言える。それは認識ではないだろう。というのは、認識によって対象は――私たちが望むと望まぬにかかわらず――主体によって併呑され、二項性は消失するからだ。それは脱自でもない。というのは脱自によって、主体は対象のうちに埋没してしまい、統一性のうちに自らを見出すからだ。こういった関係は他者の消滅にしか帰着しない。[5]

レヴィナスがこの時点で構想していた哲学的アイディアを仮に図像的に表象するならば、いかな

5　TA, p.19

る共通の基盤もなく、共通の参照体系もないまま、絶対的な未決状態のうちに宙づりにされた二人が、それぞれに相手を呑み込むことも呑み込まれることもないまま、相手を求めて手探りをしている姿である。そのような図像で表象することが「正しい」とは言わない。でも、そのような図像を手がかりにすると、レヴィナスの考想が少しだけ分かると思う。それは、この絶対的な未決と隔絶は、時間のうちではじめて一つの希望に転化するからである。

ここで一つだけ宗教的な補助線を引かせてもらいたい。それは「メシア」という補助線である。メシアは不在である。それは「空位」というかたちでしかユダヤ人たちの現実に登場しない。過ぎ越しの祭（ペサハ）は主がユダヤ人たちをエジプトでの隷属状態から救い出した歴史的事績を言祝ぐ儀礼であるが、この時家族の食卓には一つ空席がしつらえてある。それはメシアの先触れである預言者エリヤのための席である。過去一度もエリヤが到来しなかった事実から帰納的に推理すれば、この席が待ち人を迎え入れることはありえない。けれども、ユダヤ人たちはこの空席を数千年にわたって守り続けてきた。この儀礼についてロベール・アロンは次のような心にしみる文章を書いている。

メシアの先触れが食事の終わりまでにやってこないことはよく分かっている。けれども大事なのは、彼が来るか来ないかではない。彼の到来は、何日、何時という仕方では表すことができない。重要なのは、彼が必ずいつか来る、そしてどの日に来てもおかしくない、という前提で人々が暮らしているということである。[6]

エリヤのための空席は、そこがいつ預言者によって占められるか予見不能であるにもかかわらず、むしろ予見不能であるがゆえに活発に機能している。「空位」は空間的には無である。けれども、それは時間の中では過去の記憶を活性化し、未来への希望を賦活する生成の場となる。時間はそこに存在すべきであるにもかかわらず存在しないものを際立たせることによって希望の胚となることがある。空間的には救済も支援も理解も欠如した場にあっても、人は時間のうちに身を持することによって希望と誇りを持って生き続けることができる。信仰とはこの「到来すべきもの」（à venir）への全面的な信頼のことである。レヴィナスはそのことを彼個人の霊的確信として知っていた。だが、それを哲学的に展開し、非ユダヤ人を含めた普遍的な人類の知へ登録することが必要だった。それゆえに、レヴィナスは時間論から戦後の思索を開始することになったのである。

空間的には絶望的な隔絶と未決にしか見えないもののうちに、豊かなものが時間的には観取される。その消息をレヴィナスは彼個人の霊的感受性も彼の民族の運命も参照することなしに、価値中立的な哲学の言葉で述べようとした。その迂回が強いる言葉への屈曲が、この時期のレヴィナスの言葉を「ほとんど意味不明のもの」にしていたのだと私は思う。

九〇頁の書物の最初の二頁だけについての注解になってしまったが、それでもレヴィナスの時間

6　『ユダヤ教　過去と未来』、内田樹訳、ヨルダン社、一九九八年、一一一頁

論が観照的思弁ではなく、切れば血が出るような実存的経験から滲出してきたのだという事実を伝えることができるならば、とりあえず私としては十分である。

予備的考察

1　生き残った者

過日『福音と世界』の「終末論特集」に「レヴィナスの時間論」と題する文章を寄稿した。エマニュエル・レヴィナスの時間論については、以前からいつかまとまったものを書きたいと願っていた。ぼんやりとした構想だけはあった。それは『時間と他者』というレヴィナスの時間論講演を精読するというものであった。なぜ、そのようなことを思いついたのか、それについて少し書いておきたい。

レヴィナスは戦後すぐに哲学者ジャン・ヴァールの哲学学院で開催された時間についてのこの講演で、彼の時間論のアイディアを語った。これがレヴィナスの時間論の最初のものだった。戦前のレヴィナスは、かつてその講筵（こうえん）に連なったフッサールの現象学とハイデガーの存在論についてはいくつもの考察を書き残しているが、時間論を主題的に考究したことはない。レヴィナスが時間を優先的な哲学的主題に見定めたのは戦争が終わってからである。それは彼の個人史的事情とかかわりがあると私は思う。

捕虜収容所から戻ったあとにレヴィナスは親族の多くを強制収容所で失ったことを教えられた。そして、「自分が生き残ったことの意味」を考える義務を負わされた。

ホロコーストを生き残ったことの意味（というより無意味）についてレヴィナスが書き残した印象深い言葉がある。ある講演の中で、ジャンケレヴィッチを引用しながら、レヴィナスはこう述べている。

ジャンケレヴィッチ氏が述べたように、私たちはお互いに、ここに生き残りとしているということの他に共通点を持ちません。私たちにとって唯一共通のこと、そしてもっとも本質的なこと、それはご承認いただけると思いますが、まだ生きている、ということです。偶然によって私たちはここにいます。私たちはみなひとりで、ここにいます。どうしてか、その理由は分かりません。おそらくはゲシュタポの不注意のおかげで……何が起きたのか、私たちには今も分かりません。とにかく私たちは生きて帰ってきた。（…）私たちの生のうちには恐るべき悲劇があります。それが私たちに永遠に刻印されており、他の人々と私たちをはっきり別のものにしているのです。[1]

「生き残った者」と「生き延びることのできなかった者」の間には実は**決定的な境界線が存在しない**。それがホロコーストを生き延びてしまった人々が直面することになった悲劇である。私は死んでいたかも知れない。死んでいても不思議はなかった。むしろ死者たちの代わりに私こそが死ぬべきだったのかも知れない……そのような「存在することの不確かさ」のうちに彼らは取り残された。

1　DL, pp.227-8

生き残った者の方が死んだ者よりも有徳であったからだとか、信仰心が篤かったからだとか、あるいは革命的警戒心が強かったからだとかいう理由づけをして、生き残ったことを合理化しようとした人はいたかも知れない。たぶん、いただろう。けれども、そのような合理化が無効であることは誰よりも本人が知っていた。「ゲシュタポの不注意のおかげで」というレヴィナスの言葉は、ホロコーストにおける死者と生き残った者との間には、その運命の劇的な差を説明できるほどの根拠が実は存在しないという実感をはっきりと伝えている。生き延びた者が生き延びたのは、「ゲシュタポの作為によって」でさえないのだ。そこには誰の意図も介在していなかった。自分たちが生き残ってここにいることには確たる理由がない。自分が今ここにいることにはどのような必然性もない。そのことを生き残った人たちは（少なくとも戦争が終わってしばらくの間は）朝起きて鏡の中に自分の顔を見る度に思い知らされていた。それは生きながら死によって深く浸食されているということである。

例外的に理性的な人物であれば、「自分は今ここで生きている必然性がない。自分は強制収容所で餓死したり、殴り殺されたりしていてもよかったのだ」ということを認めながら、穏やかな日常生活を過ごすことができたかも知れない。けれども、それはよほど例外的な人間だけにできることである。ふつうの人間はそのような精神的な苦痛に長くは耐えることができない。

レヴィナスは哲学者であった。それは歴史の風雪のうちでさまざまなものを失い、人間の無知や邪悪さに深く傷つけられながら、それでもなお「人間的叡智」と呼ぶに足りるものを見出し、それを後世に伝えることを個人的使命として引き受けた人間のことである。レヴィナスはそのような

「哲学者」であった。だから、同胞たちに例外的な忍耐力や超人的な無感動は期し難いことを知っていた。彼が相手にしているのは生身の人間である。壊れやすい感受性と頼りない知性しか備えていない不完全な人間たちである。彼らに「生き延びることの意味」を理解してもらわなければならない。どこかで生者と死者の間に境界線を引かなければならない。生き残った者には生き残った者にしか果すことのできない責務がある。そういう「物語」を語ることができなければ、フランス・ユダヤ人共同体は遠からず解体するだろう。レヴィナスはそのような特殊な歴史的条件の下で、戦後の哲学的営為を出発させなければならなかったのである。彼の時間論はそのような歴史的緊急性に即して読まなければならない。

『福音と世界』からしばらくの期間いくばくかの頁をいただいたことを奇貨として、これから『時間と他者』を逐語的に読むという作業を始めようと思う。おそらくそれは一つの主題を直線的に考究する論考というよりはむしろ、この著作を含むより大きな哲学史的文脈を少し遠くから望見する「報告書」のようなものになると思う。時間を論じるためにはそれなりの時間がかかり、それなりの迂回を要するのである。読者はそれを諒とされたい。

2　フッサールの現象学

最初に『福音と世界』に寄稿したものは単発の寄稿のつもりだったので、『時間と他者』の全九〇頁のうち、最初の二頁だけを取り上げて、一節の釈義を試みた。私が解釈しようとしたのはレヴィナスのこんな言葉である。

この講演の目的は、時間とは孤立した単独の主体にかかわることがらではなく、主体と他者の関係そのものであることを証明することにある。

この一節が難解なのは、時間を語るに際して、「孤立」や「関係」という空間的な表象を用いているからだということはすでに述べた。空間的表象に依存する限り、私たちは時間を十全な仕方では語ることができない。

「『時間』を図像的に表象してみて下さい」と頼まれたら、時計の文字盤を動く針の運動を思い描く人がいるだろう。日時計や砂時計を思い浮かべる人もいるかも知れない。それらはいずれも時間の経過をアナログ的な量の変化として可視化する装置である。時計なら長針が一八〇度動くと三〇分経過したことが分かる。けれども、長針が一二時を指している時に文字盤を見ている「主体」と、六時を指している時に文字盤を見ている「主体」はすでに別人である。同一人物であっても、三〇分だけ加齢している。その三〇分の間に意識を失うこともあるし、死ぬこともある。つまり、三〇分の時間の経過を一望俯瞰的に観照している主体というものは権利上は存在しないのである。にもかかわらずと言うべきか、だからこそと言うべきか、多くの才能ある人々はその不可能を熟知した上で、「空間的表象を介して時間を語る」という「力業」に挑んできた。

何年か前、友人の画家山本浩二に誘われて、彼の友人の画家の個展を見に行ったことがある。

磯江毅（いそえつよし）というその画家は驚くほど精密な静物画を描く人だった。皿の上に置かれた葡萄を描いた彼のタブローを見たあと、私は初対面のその画家に向かって「あなたの絵からは屍臭（ししゅう）がする」というずいぶん失礼な感想を述べた。けれども、そのコメントは画家の琴線のどこかに触れたらしく、彼は私をじっと見つめ返しながら、「よくそれに気づきましたね」と応じた。そして、静かな声でその所以を語り始めた。

葡萄を描いたそのタブローについて彼はこう説明した。長い時間をかけて描いていると、当然ながら、葡萄は変色し、腐敗してくる。それを取り除き、色かたちの似た別の粒を探してきて接着剤で貼り付ける。毎日何粒かそのようにして腐った葡萄を取り去り、新しい葡萄と置き換える。だから、一月ほど経って絵が完成した時、テーブルの上にあるのは、描き始めた時の葡萄とはまったくの別ものである。画布に描かれているのは腐敗し廃棄された葡萄たちのいわば「遺影」なのである。だから、もし私の絵から屍臭がするとしたら、芸術家はそれを賞賛の言葉として受け止めてよいのだと彼は言った。

なるほど、と私は思った。才能のある画家たちにとっての最終的な野心は、空間的には絶対に表象できないものである時間をなお二次元の空間に落とし込むことなのだ。事情はおそらく野心的な哲学者にとっても同じだと思う。

レヴィナスは哲学史的にはフッサール現象学の直系に連なる。二八年にフライブルクにエドムント・フッサール（Edmund Husserl, 1859-1938）を訪れ、マルチン・ハイデガー（Martin Heidegger, 1889-1976）に哲学科正教授の地位を譲った後のフッサールの家に通って、その謦咳（けいがい）に接し、三〇年の博士論文『フッサール現象学の直観理論』でフランス人読者に最初にフッサールの哲学を紹介した。それがレヴィナスの哲学徒としての最初の仕事だった。

私たちの時間論という関心事に即して言うと、フッサールの超越論的現象学というアイディアも見方によっては時間を空間的に表象する企てだったと言うことができる。それについて少し迂回してみたい。

フッサールは明証をこう定義した。

> 明証は、存在するものおよび存在するものの様態を、その存在の完全な確実性のもとで、したがっていっさいの疑いを排除する存在の確実性のもとで、「そのもの自身」というありさまにおいてありのままに把握することである。[2]

もちろん、生身の人間はそのような明証経験を持つことはない。私たちの眼前に、たしかに世界はありありとリアルに出現しているように思えるが、その感性的経験に「必当然的明証」の資格を要求することは許されない。というのも、私たちは脈絡のある夢を見ているのかも知れないし、幻覚を見ているのかも知れないからである。現に目の前にあるものでも、それが「見たくないもの」であれば「見なかったこと」にすることが私たちにはできる。だから、私たちの経験そのものは世界を記述する時の厳密な学的基礎にならない。では、哲学がその基礎とすることのできる必当然的で確実な判断の地盤である「われ思う」とはどのように構成され得るのか。フッサールはそれを

「判断中止（エポケー）」という術語で語った。

自分は今ありありと世界を経験していると思っている。けれども、それと同時に、これは妄想かも知れないし、夢かも知れないと思って、おのれの経験の確実性を疑うこともできる。世界は私にとってたしかに経験的にはリアルなのだが、哲学的に反省する者としての私は、この素朴な存在信憑を手控えることができる。

> 哲学的自我である注視する自我は、直観されたものに対して態度を決定することをさし控えるのである。（…）当の判断、理論、価値、目的なども、完全にそのまま保持されている。ただ、それらの妥当性は変様されて、単なる現象としてとどまっているのである。[3]

フッサールの「判断中止（エポケー）」というのは、この「差し控え」のことである。

それゆえ、眼前に与えられている客観的世界に対するあらゆる態度決定を、したがってまず第一に、世界の存在に対する態度決定をいっさい有効なものと認めないということ、あるいはよくいわれるように、客観的世界に関して現象学的判断中止（エポケー）をおこなうこと、ま

---

2 フッサール、『デカルト的省察』、船橋弘訳、「世界の名著51」、中央公論社、一九七〇年、一九五頁

3 同書、二〇〇頁

たは客観的世界を括弧に入れること、このようなことは、われわれを無の前に立たせるのではない。むしろそのことによって、われわれは、もっと明確にいえば、省察するものとしてのわたしは、純粋なすべての思念体験と、その思念のめざす純粋なすべての思念対象とを含んだわたしの純粋な生を、すなわち現象学的意味での現象の全体を所有することになるのである。[4]

レヴィナスがフッサール現象学から引き出した最も生産的なアイディアはここに集約されていると思う。私たちは対象についての存在信憑を抑制することによって、現象の全体を、より根源的に、よりリアルに所有することができる。自分が経験しているものの事実性を軽々に信じない者の方が、自分が経験していることの客観性を無反省的に信じる者よりも、現象の全体を把持する企てにおいては一歩先んじており、一歩深く踏み込んでいる。現象学のこの基礎的なアイディアにレヴィナスは深く納得したはずである。というのは、レヴィナスは敬虔な一ユダヤ教徒として、このような考え方に久しく親しんできたからである。

人間はバイアスのかかった主観的で断片的な像を通じてしか世界を経験することができない。けれども、そのようにおのれの無能・無力を自覚した者には神の声を聴く機会が訪れる。だから、レヴィナスはフッサールの文章を読んだ時に「そのことならもう知っている」と思ったはずである。レヴィナスはフッサールの『論理学研究』との出会いについて次のような印象深い言葉を語っている。

私がそこから受けた印象は、これまで見たこともない思弁的な構築物に触れたというよりはむしろ、新しい思考の可能性に、演繹とも帰納とも弁証法とも違う仕方で一つの観念から別の観念に移行して行く新しい可能性に触れた、というものでした。[5]

レヴィナスはフッサールに「新しい思考の可能性」を見出したのであって、「新しい哲学」を見出したのではない。レヴィナスが見出したのは、こう言ってよければ、既知の真理に至る未知の方法であった。だから、二十歳を少し過ぎたばかりの若き哲学徒は、フッサールの下に何かを学びに行ったというよりは、彼が幼児期から呼吸してきたユダヤ教の宗教的伝統を通じて既に知っていたことをより厳密な哲学の言葉で記述できるかどうか確認に行ったのである。レヴィナス自身がそう書いている。

私がフッサールに会いに出かけたのは、哲学者とは「哲学の永遠の初心者」であり、かつまたおのれの不確かさを記述することのうちにおのれの足場を定めるものであるという彼の定義につよく共感したからです。[6]

---

4 同書、二〇〇頁
5 EL, p.76
6 EL, p.77

レヴィナスはフッサールの現象学的還元のアイディアを読んだ時に「それなら知っている」と思った。おそらくそれをレヴィナスは「アブラハム」と「ヨブ」の物語から学んだ。

3　現象学と聖書

フッサールの現象学の妙諦は、私たちは世界を明証的な仕方で観照することはできないけれど、その「できなさ」を精密に考量するならば、「現象学的意味での現象の全体を所有すること」ができるという反転のうちにある。持てるものを一度放棄することによって、より大きなものを回復するのである。

普遍的な自己省察によって世界を再び獲得するためには、われわれはまず最初に、判断中止によって世界を放棄せねばならない。[7]

失うことによって再獲得する。私たちは完全な仕方で世界を観照することはできないが、自分の世界経験がどのように不完全であるかをかなりの程度までは適切に記述することはできる。もし、「私によって見落とされたもの、私によって経験されなかったもの」の網羅的なリストを作ることができれば、私たちは逆説的な仕方で世界を再獲得することができる。そのような際どいロジックをフッサールは立てた。「他我」という概念を通じてフッサールがめざしたのはそれである。

「他我」とは私と同じ資格で、私とは「別の主観」として、同一の客観的世界を経験しているもののことである。例えば、私が一軒の家を前にしている時、私はその家の前面しか見ることができない。家の横面や裏面は、さしあたり非主題的なものにとどまっている。しかし、家の「前面」を見ている私はこの家には「側面」や「裏面」があることについては根源的な確信を抱いている。というのは、この家には側面も裏面もあるということを非主題的にではあれ確信していなければ、私は私の知覚に直接的に与えられているものが家の「前面」であると言うことがそもそもできないはずだからである。

事物の実際に見られた表面は、いつも必然的に、事物の裏面を間接的に呈示し、その裏面の多少とも規定された内容を予示している。[8]

私が「私は一軒の家の前面を見ている」と言い得るのは、私が横に回り込めば家の側面を見ることができ、さらに回り込めば家の裏面を見ることができ、梯子をかければ家の屋根が見え、潜り込めば家の床下が見えるということを確信しているからである。それらの「想像上の私」たちが、今ここで「家の前面を見ている私」の個別的経験の真正性を担保してくれている。この私に代わって

7　フッサール、前掲書、三五三頁
8　同書、二九七頁

同一対象の無数の相を同時にみつめている「想像上の私」たちをフッサールは「他我」と術語化した。

> わたしは（…）他我を含んでいる世界を経験するわけである。しかしその世界は（…）わたしだけの世界とは異なった相互主観的世界、すなわち、すべての人に対して現存していて、その中にある対象を通してすべての人がそれに接することのできる世界である。[9]

空間的対象の認識を成立させるためには、「私が見ていないものを誰かが見ている」という確信が必要である。この「誰か」との協働によってはじめて私たちの認識は成立する。この「誰か」は私が経験していないことを私に代わって経験している私の変容態である。そのような意味で、他我は「過去の私」に似ている。

過去の私が過去のある点でどのように世界をいきいきとかつ直接的に経験していたのか、現在の私は不正確にしか想起することができない（場合によっては、まったく想起できない）。加えて、私たちの過去の記憶は、新しい出来事が起きるごとに不断に書き換えられている。今の私の人格や社会的評価と整合する記憶だけを私は選択的に回想し、不都合な経験については無意識のうちに記憶を改変し、消去しさえする。だから、「過去の私」が「現在の私」に根源的・直接的に現前するということは絶対にない。しかし、それにもかかわらず、「過去の私」が、その時何を考え、何を感じていたのかを「現在の私」はおおよそ知っていることになっている。「過去の私」がその時どきの時点で何を考え、何を感じていたのか不正確にではあれ知っていたということにしないと、「現在の私」というものもまた存立しえないからである。というのは、「現在の私」の根源性・直接性は「現在の私」が過去において一度も経験したことのないことを今ここで経験しつつあると確信することによってはじめて与えられるからである。「過去の私」の脳裏に一度も去来したことのない思念や「過去の私」が一度も味わったことのない感覚を今私が経験していることの不可疑性だけが、「私は思惟する。ゆえに私は存在する」を基礎づける。

もし「現在の私」の思念と感情のすべてについて既視感があったとしたら何が起きるだろうか。その時、私は自分が本当に今ここに生きていると確信できるだろうか。できないと思う。「現在の私」の現実感を担保しているのは「過去の私」の非現実感だからである。「過去の私」が「現在の私」と疎遠であり、「過去の私」を「現在の私」が直接的には追体験することができないという自己同一性の不確かさ、「現在の私」と「過去の私」の間のこの埋めがたい疎隔感だけが「現在の私」にありありとした「今ここ」の感覚をもたらす。

私たちに「今ここに私は存在する」という自己同一性の根源確信を賦与してくれるのは、「過去の私は考えたこともないし、感じたこともないこと」を今の自分は考え感じているという、自己同一性の欠如なのである。今ここにいる私の存在確信を基礎づけるのは、昨日の私が経験したはずの「いきいきとした直接性」を今日の私は経験できないという断絶の絶対性なのである。「昨日の私と

9　同書、二七六頁

今日の私は同じ人間ではない」という自己同一性の揺らぎだけが「昨日の私と今日の私は同じ人間である」ことを確信させてくれる。私は私以外の人間については決してそのような自己同一性の揺らぎを感じることがないからである。

だから、たぶん私たちは死の直前において、「今ここの私」という自己同一性の基盤そのものが決定的に失われる時に、「今ここに私は存在する」という揺るぎない確信を得るはずなのである。

今ここにおける私の主観性を構成するのは、今ではない時、ここではないところで、「私ではない私」が経験したすべてのこととのずれの感覚である。「今ここにいる私ではない私」が経験したことが今の私にとって直接的な所与ではないという事実そのものが、今ここにいる私の確実性を担保している。

それが主観性とはそのつどすでに共同主観性であるというフッサールの命題の意味するところである。「私は今ここに存在している」という存在確信は、「私は今ここ以外の場所に存在していない」という非遍在性によって基礎づけられる。「家の比喩」を逆から言えば、私が「家の前面を見ている」と確信し得るのは、私が家の側面も、裏面も、床下も、屋根も「見ていない」と確信し得るからなのである。現象学的主観性は世界の相のほとんどすべてを見落とす。その非力と不能の痛切な自覚ゆえに、今自分が経験している世界を、全体性を再獲得するためのとりあえずの足場として確保することができるのである。

「私によって見落とされたもの」を網羅することで世界を奪還すること、それが「他我」というアイディアにフッサールが託した機能である。私は「その時」、「そこ」におらず、「そのこと」をしなかった。そう確言できる者こそが「学的に厳密な主体」たり得るのである。

余談になるが、現象学における「他我」というアイディアは大戦間期のヨーロッパに伏流していたある問題意識の鉱脈の一つの露頭のように私には思われる。というのは、今こうして「他我」を説明しながら、それがキュビズムのアイディアに通じるように思えたからである。

大戦間期にピカソやブラックが実践してみせたキュビスムという画法は同一対象を複数の視座、複数の時点から一望俯瞰したいという実現不可能な欲望に駆動されたものであった。もし一軒の家を前面からも裏面からも屋根からも床下からも同時に見ることができたとしたらそこには何が見えるのか、そのありえない図像を二次元的に表象してみたのがキュビズム絵画である、というふうには言えないだろうか。

複数の語り手が次々と交替してそれぞれの視点から見える同一の世界の異なる相を並列的に記述するというジャン＝ポール・サルトルが『自由への道』で試みた文学的実践にも、複数のカメラアイが交替してそれぞれが同一の世界の異なる相を映し出すという、エイゼンシュテインの『戦艦ポチョムキン』のモンタージュ理論にも、キュビズムと通じるものがある。百年経って遠方から振り返ると、大戦間期の知識人たちに取り憑いていた同時代に固有の欲望が浮き上がって見えるということがあるのかも知れない。

閑話休題。レヴィナスはフッサールの『デカルト的省察』を読んだ時、「このことを私は既に知っている」と直観した。それはユダヤ教の宗教的伝統のうちに深く根づいた知見だったからだ。それゆえ、二十歳をわずかに過ぎたばかりの若者は、この老哲学者に自分の「同意」を告げるためにフライブルクまで旅したのである。

レヴィナスは自分がフッサールの眼には「ずいぶん子どもっぽく、不敬な若者に見えたことでしょう」と回顧している。フッサールとの出会いをレヴィナスはこう回想している。

> けれども開かれた地平の方法論に関する限り、もう意外性はありませんでした。(…)彼に質問を発しても、それが対話に発展することはめったにありませんでした。こちらの質問に対しては、まるで講演でもしているように、よどみない返答がなされました。そして、そのつど彼はかつてその時と同じ主題を論じた高名な草稿に言及するのでした。[10]

レヴィナスはフッサールに対面した時の幻滅を隠さない。おそらく青年レヴィナスは、リトアニアでの少年期から親しんだユダヤ教の教えのうちに、フッサールの相互主観性のアイディア、「世界の放棄を通じての世界の再獲得」というアイディアに深く通じるものがあると感じた。そして、聖書の教えのうちにすでにフッサール現象学のアイディアは原初的な仕方で書き込まれているという仮説を携えてフッサールのもとを訪れた。おそらく、対話の合間に、いくどかレヴィナスは彼の仮説を語って、フッサールの反応を見たのだと思う。しかし、フッサールははかばかしい反応を示さなかった。

見てきたようなことを言うなと叱られそうだけれど、レヴィナスが感じたフッサールに対する「共感」と実際に対面した時に感じた「幻滅」の落差を埋めるためには、レヴィナスの携えてきた仮説に対して、フッサールが十分な関心を示さなかったという事実を挿入する以外に適切な文脈があるように私には思われない。なにしろ、レヴィナスにはそれ以外にフライブルクまでフッサールに会いに行く用事がなかったのだから。

4　信仰と時間

レヴィナスはフッサールに「現象学の基本的なアイディアのいくつかを私はすでに聖書のうちに読んだと思う」と告げに行った。しかし、フッサールはレヴィナスの仮説に取り合おうとしなかった。レヴィナスはその経験から、哲学と信仰の間に架橋しようとする企ては必ずしも哲学者を喜ばせないという教訓を得た。それゆえ、レヴィナスはそれからしばらくの間、フッサール現象学とハイデガー存在論の祖述者という立ち位置にとどまり、哲学と聖書のかかわりについて論じることを自制した。しかし、戦後レヴィナスはその自制を解除する。別に現象学と存在論が間違いだと思ったからではない。ただ、それらの哲学的理説は、レヴィナスの同胞たちが虐殺されることを防ぐ上ではほとんど何の役にも立たなかった。だとしたら、ホロコースト以後の世界を生きる哲学者が引き続きフッサール現象学とハイデガー存在論の祖述者にとどまることは許されない。

レヴィナスはその時、フッサールに会いに行く前の、哲学の初心者としての立ち位置からもう一

10　EL. p.79

度道をたどり直すことにした。それは「私はその時、そこにいなかった」という経験の欠如を足がかりにして世界を再獲得するという理路である。レヴィナスはそれを現象学に出会うより先に『ヨブ記』を通じて学んでいた。

敬神によって知られたヨブは、神の計らいによって家財を失い、家族を失い、業病に罹患する。その不条理がヨブの信仰を揺るがせた。彼は「なぜ」と問う。

> 私に教えよ。そうすれば、私は黙ろう。私がどんな過ちを犯したのか、私に悟らせよ[11]

神は答えない。ヨブは怒りをしだいに募らせてゆく。

> なぜ私と争われるかを、知らせてください。あなたが人をしいたげ、御手のわざをさげすみ、悪者のはかりごとに光を添えることは良いことでしょうか。[12]

そして、ヨブはついに神と「同格」の立場からの論争を始めようとする。

> 見よ。私の目はこれをことごとく見た。私の耳はこれを聞いて悟った。あなたがたの知っていることは私も知っている。私はあなたがたに劣っていない。だが、私は全能者に語りかけ、神と論じ合ってみたい。[13]

ああ、できればどこで神に会えるかを知り、その御座まで行きたい。私は御前に訴えを並べたて、言葉の限り議論したい。[14]

延々と続くヨブの神への挑発と、それをたしなめる友人テマン人エリファズらとの対話ののち、三八節に至ってようやく神が現われてヨブにこう語りかける。

主はあらしの中からヨブに答えて仰せられた。知識もなく言い分を述べて、摂理を暗くするこの者はだれか。（…）わたしはあなたに尋ねる。わたしに示せ。わたしが地の基を定めた時、あなたはどこにいたのか。あなたに悟ることができるなら、告げてみよ。[15]

あなたは海の源まで行ったことがあるのか。深い淵の奥底を歩き回ったことがあるのか。死の門があなたに現われたことがあるのか。あなたは死の陰の門を見たことがあるのか。あなたは地の広さを見きわめたことがあるのか。そのすべてを知っているなら、告げてみよ。[16]

---

11 『ヨブ記』六・二四
12 同書、一〇・三
13 同書、一三・一－三
14 同書、二三・三－四
15 同書、三八・一－五
16 同書、三八・一六

このように神は人間が決して知り得ない無数の事例を列挙してゆく。四章にわたって延々と続くこの列挙は、人間が知り得ないことは無限にあるということを伝える。ヨブはこの言葉の前にうなだれてこう言う。

知識もなくて、摂理をおおい隠した者は、だれでしょう。まことに、私は、自分で知り得ないことを告げました。[17]

ヨブがおのれの知の有限性を素直に認めると、神はヨブを許し、再びヨブはその富貴と健康と長寿を享受できる身に戻る。

さて、この聖書の物語において私たちが注目すべきは、ヨブが神を呪った時に居合わせて、ヨブの驕慢を諫め、神のために弁じた三人の友人たち、テマン人エリファズ、シュア人ビルダデ、ナアマ人ツォファルもまたこの時神の怒りに触れたことである。テマン人エリファズに神はこう告げる。

私の怒りはあなたとあなたのふたりの友に向かって燃える。それは、あなたがたがわたしについて真実を語らず、わたしのしもべヨブのようではなかったからだ。[18]

神は三人にヨブのもとへ行き、そのとりなしを求めるように指示する。この神による裁きの条理は私たちには呑み込みにくい。なぜ、神を呪うヨブをたしなめ、神の慈愛と公正を繰り返し説いた人々がヨブよりも強く罰されることになるのか。

エリファズは最初に猛り狂うヨブにこう説き聞かせた。

さあ、思い出せ。だれか罪のないのに滅びた者があるか。どこに正しい人で絶たれた者があるか。私の見るところでは、不幸を耕し、害毒を撒く者が、それを刈り取るのだ。[19]

エリファズは神がヨブに下した罰には「合理性がある」と主張して神の公正を弁じる。そして、このあと神がヨブにどう応接するかまで予測してみせた。

ああ、幸いなることよ。神に責められるその人は。だから全能者の懲らしめをないがしろにしてはならない。神は傷つけるが、それを包み、打ち砕くが、その手でいやしてくださるからだ。[20]

エリファズはこの言葉ゆえに神の罰を受ける。たとえ神のために弁じる言葉であろうと、「私は

17　同書、四二・三
18　同書、四二・七
19　同書、四・七－八
20　同書、五・一七－一八

知っている」という文型で神について語ることは許されないのである。

ヨブは自分の身に起きたことの条理が見えなかった。だから「教えろ」と神に挑んだ。エリファズたちは逆にヨブの身に起きたことには条理があると考えた。これは神の教化的善意による「懲らしめ」なのだ。だから、ヨブがおのれの罪を察するなら、いずれ神は必ずヨブを救い、その財産を戻し、安全な天幕と、子孫の繁栄を享受しうるであろう。エリファズは神を弁じようと急ぐあまり、神のふるまいは人間から見ても合理的であり、それゆえ予見可能であるというところまで踏み込んでしまった。その驕りゆえに、エリファズは神の怒りを買うのである。

ところで、『ヨブ記』には、この四人の他にもう一人、バラクエルの子エリフという青年が登場する。彼はヨブとも三人の友人たちとも立場を異にする。そして、彼らの議論に怒りを燃やしている。この若者は霊的興奮に駆られて、「知恵ある人」たちに向かって、こんな言葉を語り始める。

私にはことばがあふれており、一つの霊が私を圧迫している。私の腹を。[21]

エリフは人間たちの中でただ一人「頭」ではなく「腹」で、「知恵」ではなく霊によって語る人である。

私の言うことは真心からだ。[22]

エリフはヨブにこう告げる。

聞け。私はあなたに答える。このことであなたは正しくない。神は人よりも偉大だからである。なぜ、あなたは神と言い争うのか。自分の言葉に神がいちいち答えてくださらないからといって。神はある方法で語られ、また、他の方法で語られるが、人はそれに気づかない。[23]

だから、人々は神を恐れなければならない。神は心のこざかしい者を決して顧みない。[24]

図式的な分類を許していただければ、人間たちはここで三つのカテゴリーに区分されている。ヨブ／エリファズ／エリフの三種である。

人間の理性をもっては理解できない神の計らいをおのれの立てた条理に基づいて非とする者（ヨブ）、神の営みは人間理性で理解可能・予見可能である（だから信じる）という者（エリファズ）、そして人間の理性を以ては理解できないものを「私は信じる」と実存をかけて誓言する者（エリフ）の三者である。

---

21 同書、三二・一七
22 同書、三三・三
23 同書、三三・一二―一四
24 同書、三七・二四

神はエリフについては何も咎めず、ヨブを手厳しく叱責したのちに許し、エリファズたちには罰を与えた。ここに「知性」と「霊性」の優先順位についてのユダヤ教的な教えが書き込まれていると私は思う。

この三人は人間の非知の様態をそれぞれ人格的に表象している。

三人の中ではエリフの言い分が最も混乱している。けれども、神はエリフのこの混乱を嘉(よみ)された。「神の摂理は人間知性の及ばぬ境位にある。ヨブの身を襲った不幸は神的論理に基づくものであるはずだが、さしあたり今の私にはそれがどのような論理であるか分からない」というのがエリフの立場である。

エリフとエリファズ、ヨブとの違いは、エリフだけが信仰と時間の関係について言及した点にある。というのは、エリフはヨブに「待つこと」のたいせつさを繰り返し説いたからである。

あなたは神を見ることができないと言っている。訴えは神の前にある。あなたは神を待て。[25]

待てという言葉をエリフはそのあともう一度繰り返す。

しばらく待て。あなたに示そう。[26]

エリフがヨブともエリファズとも違うのは、エリフだけが「今ここ」では開示することができないが「時間のうちに／そのうちに」開示されるはずのものに身を託したという点である。

人間は神の摂理がどのような論理によって構成されているかを今ここでは言うことができない。ヨブの受苦にどのような「合理的根拠」があるのかを人間の知性を以ては語ることができない。だが、あなたが信仰を持し続けるならば、それはいずれ開示されるであろう。そのように時間が熟すまで、「神の奇しきみわざを、じっと考えよ。[27]」エリフはそう言う。

エリファズとヨブは、表面上は鋭く対立しているように見えるけれど、「今ここ」で摂理の構造は開示可能である／開示されるべきだ、という点では一致している。この二人は、神の摂理は無時間モデルで表象されると信じている点で共通している。

エリフは違う。彼において神の摂理は半ば開示され、半ば隠蔽されている。一見ランダムに生起しているかに見えるすべての事象の背後に神的秩序が存在していることをエリフは確信しているのであるが、それが何であるかを今ここでは言うことができない。それは信仰者の実存的投企を通じて時間の中で開示されるべきものだからだ。

エリフの非知は時間に向けて開かれている。

---

25 同書、三五・一四

26 同書、三六・二

27 同書、三七・一四

5　有責性(1)

レヴィナスはヨブについてこう書いている。

> 自分の来歴をいくら尋ねても身に一点の非も覚えなかったヨブがついに見出し得なかったもの、それは有責性（responsablité）である。「私が世界を創造した時にお前はどこにいた？」「永遠なるもの」はヨブにそう問う。「たしかに、お前は一個の自我である。たしかにお前は一個の始原であり、また一個の自由である。だが、自由であるからといって、お前は絶対的始原であるわけではない。お前は多くの事物、多くの人間たちに遅れてやってきた（Tu viens après bien des choses et bien des personnes）。お前はただの自由であるというだけではない。お前はお前の自由を超えたところで他のものと結びついているからだ。お前はすべてに対して有責である。だから、お前の自由は同時にお前の他者に対する友愛なのである。」[28]

神がヨブにおいて咎めたものは「有責性」の欠如である。「有責性」という術語は、本論考ではこれが初出である。「有責性」はレヴィナス哲学の中で最も重要な概念の一つである。だから訳語がまだ定まっていない。「応答可能性」という訳語を選ぶ人もいるし、ただ「責任」と訳す人もいる。とりあえず私は「有責性」という暫定的な訳語を選んだ。

定義が定まらない術語を用いて論を進めることをあまり気にしないで欲しい。そのことは前にも述べた。私はあまり気にしないことにしている。定義が確定されない言葉を用いているうちに、しだいにその語の使い方がわかってくるということは母語習得に際して私たち全員が経験済みのことだからである。哲学書を読む場合も事情は変わらない。読者諸氏はさしあたりは「ヨブが見出し得なかったのは有責性だ」という一文にアンダーラインを引いておいてくれるだけでよい。

ヨブとエリファズは無時間モデルで神のロジックを理解しようとし、エリフだけが時間のうちで神と向き合っていた。だから、ヨブとエリファズに欠けていてエリフにだけあったのは時間だということになる。

その一方で、レヴィナスはヨブが見出し得なかったものは有責性であると書いている。そして、レヴィナスによれば、有責性とは「多くの事物、多くの人間たちに遅れてやってきた」ということである。世界の創造に遅れてこの世界に登場したこと、レヴィナスはそれを有責性と呼ぶ。これはとても重要な指摘である。有責性とは「遅れ」の自覚のことだ。

有責性というのは時間的な現象なのである。

「有責性」と訳したフランス語 responsablité とは「répondre する能力・可能性」のことである。動詞 répondre はそれに続く前置詞の違いによって二つの異なる意味を持つ。répondre à は「……に向かって返答する」を意味し、répondre de は「……について責任を持つ」を意味する。日本語には

28 QLT, p.182

「返答する」と「責任を持つ」を同時に含意する動詞は存在しない。だから、répondre という語を適切な日本語一語に置き換えることはできない。これは私たちの母語のうちには相応する概念が存在しない動詞なのである。

レヴィナスが話しているのは「返答する」と「責任を持つ」が同じ動詞で言い表される世界の出来事であり、私たちはその世界の住人ではない。だから、私たちは自分が母語を習得した時と同じように、「それが何を意味するかよく分からない語を用いているうちに、その語の意味がだんだんわかってくる」という時間のかかるプロセスをたどることを求められる。おそらくそれがこの場合の正しい歩み方なのだ。

レヴィナスがヨブに言及した先の文章は『タルムード四講話』からの引用である。これはタルムードの「サンヘドリン篇」の一節を注解する文章の中に出てくる。引用の直前にレヴィナスはこう書いている。

> 私は私が犯していない罪過について有責であることができる、私のものではない惨禍を引き受けることができる。（…）人間的世界が可能であるためには、正義とサンヘドリン（高等法院）の裁きが可能であるためには、あらゆる瞬間に他者についての責任を引き受ける誰かがそこにいる必要がある。[29]

私は自分が犯していない罪過について有責であることができる（je peux être responsable pour ce que je n'ai pas commis)。これが「有責性」という語のレヴィナス独特の使い方である。私たちが日本語で用いている「責任」という語とまったく使い方が違う。私たちはそのような概念が受肉している世界にこれから踏み入るのである。理解を急ぐことはない。急いでも理解できない。

大戦間期のレヴィナスは「有責性」を主題的に論じたことがない。有責性というアイディアをレヴィナスが取り上げるようになったのは戦後である。それは歴史的条件がこの術語の登場に関与しているということである。

ユダヤ人たちの神は、六〇〇万人のユダヤ人が殺された時に天上的な介入をしなかった。戦争が終わって、強制収容所で何が行われたのか、事実が明らかになるにつれて、「神は存在しない」という絶望的な結論を多くのユダヤ人が選んだ。ヨーロッパのユダヤ人共同体はそのせいで解体的危機に瀕した。その時、レヴィナスは棄教の誘惑に屈しようとしている同胞に向けてこう語りかけた。

ホロコーストはたしかに「罪なき人の受難」であった。その事実から、ある種の人々はこの世界が「神なき世界」であるという結論を導き出すだろう。だが、その人たちはいったい「神」というのをこれまでどのようなものとして思い描いていたのだろうか。

> 神というものをいささか単純に考え、善行したものには報奨を与え、過ちを犯したものを罰し、あるいは赦し、その善性ゆえに、人間たちを永遠の幼児として扱うものであると思いなし

29 QLT, p.181

ている人々にとって、無神論は当然の選択である。[30]

罪なき人々が受難したという事実に基づいて「神はいない」と結論した人たちは、まさにその言葉によって、はしなくもおのれの宗教的幼児性を露呈しているに過ぎない。なぜなら、そのような推論をする人々は「神」というものを、人間知性によって容易にその理路を知り得るごく単純な「勧善懲悪」機能だと思いなしているからである。

あなた方は今になって自分たちの空の上には何ものも存在しないと宣言している。ならば、お訊きしたいのだが、あなた方はこれまでいったいどんな怪しげな魔神や素性の知れぬ魔術師を自分の頭上に住まわせていたのか？　そのような空虚な天の下において、どうしてあなた方は意味があり善なる世界をなお探し求めようとするのか？[31]

被造物であるということと幼児であることは違う。義人とは罪なくして受難する人のことである。彼が天上からの支援も地上からの支援もなく、ただ一人受難しているとしたら、それは神がいないからでもなく、見捨てられているからでもなく、彼が「おのれの双肩の上に神から託されたすべての責任を感じるため」である。レヴィナスはそう説く。

秩序なき世界、すなわち善が勝利し得ない世界において犠牲者の位置にあること、それが受難である。そのような状況だけが、救いのために顕現することを断念し、すべての責任を一身に引き受け得る人間の全き成熟を求める神を開示する。[32]

ホロコーストは人間が人間に対して犯した罪である。もしその解決を「人間の手に余るから」という理由で神に求めたとしたら、それは幼児のふるまいである。神にもしその名に相応しい威徳が備わっているのだとしたら、人間が人間に対して犯した罪については「その責任をとるべきなのは神ではなく人間だ」と告げることのできる人間を創造したはずである。神がこの地上で達成しようとしている仕事を、神の支援なしに独力で果し得る人間を創造したこと、それこそが創造の栄光でなくて何であろう。これがユダヤ教に独特の「神の不在を根拠にする弁神論」である。

かつてあるローマ人が、伝説的な律法学者であるラビ・アキバにこう問うたことがあった。「なぜあなた方の神は、貧しい者たちの神でありながら、貧しい者を養われないのか。」するとラビ・アキバはこう答えた。「私たちが地獄の責め苦を免れることができるようにするためである。」この逸話を引いたあとにレヴィナスはこう書いている。

30　DL, p.190
31　DL, p.190
32　DL, p.91

> 人間の義務と責任を神は人間に代わって引き受けることができないという神の不可能性をこれほどきっぱりと語った言葉は他にない。人間の人間に対する個人的責任は神もそれを解除することができない。[33]

信仰は幼児によっては担われ得ない。「成熟した人間」によってしか担われ得ない。意識を持った人間、自由な人間、自らの自由な決断に基づいて神から負託された人間の責任を果すべく立ち上がる人間、そのようなものだけが本当の意味での信仰者である。

信仰を持つ人間が信仰のために何ごとかを決断するのは、神が自分にどのような仕事を負託しているかが「分かった」からではない。ほとんどの場合、人間は神が自分に何を指示しているのかが「分からない」ままに決断を下す。決断を下さなければならない。それが「神の支援なしに」ということの意味である。神が何を指示しているのかが分からないまま、みずからの自由において、みずからの責任において、その指示の意味を解釈し、行動できる者、それが霊的な意味での「成人」である。

アブラハムの旅立ちの逸話がその消息を伝える。神はある時アブラハムに臨んでこう告げられた。

> あなたは、あなたの生まれ故郷、あなたの父の家を出て、わたしが示す地へ行きなさい。[34]

アブラハムは神の指示に従って、故郷を捨て、父の家を出た。なぜ、そのようなことが可能であったのか。神の言葉が人間であるアブラハムに理解可能であったからではない。神の言葉は、多くの場合、雷鳴や雲の柱や燃える柴のような非言語的な表象をまとって族長や預言者たちに開示される。だから、彼らはそれが何を意味するか分からない。だが、それがメッセージであるということは理解できた。なぜなら、そこには宛て先があったからである。

メッセージの内容を理解するということと、自分がメッセージの宛て先だと分かるということは次元の違う出来事である。どれほど難解で、理解を絶したメッセージであっても、それが自分宛てであるかないかは分かる。目を眩ませ、耳を聾し、肌を打つものが、他ならぬ私めざして切迫してきているということは分かる。

アブラハムに神の声が臨むまで、アブラハムは「生まれ故郷」と「父の家」の内部にいた。それはすでに記号的に分節された世界、既知によって満たされた世界である。アブラハムはそのようなシステム内部的な記号のやりとりがコミュニケーションだと信じて生きてきた。そして、ある日彼の前に他者が出現する。かつて一度も聴いたことのない非分節的なメッセージが彼に到来する。その時、アブラハムはそのメッセージを「生まれ故郷と父の家を出よ」というふうに解読したわけではない。解読できるはずがない。他者からのメッセージは解読不能だからである。アブラハムがこの時点で分かったことはとりあえず二つ。一つは「これは私宛てのメッセージだ」ということ。も

33 DL, p.37
34 『創世記』一二・一

う一つは「私が私の記号体系の中にとどまる限り、それが何を意味するのかは永遠に分からない」ということである。「自分宛てのメッセージ」であることは確信されながら、それが何を意味するのかが分からない時に、私たちができることは一つしかない。それは外に出ることである。

6　有責性(2)

外へ出ること。それはメッセージがより鮮明に受信できる場所を探して移動することである。それはノイズの混ざる通信を受信した人が、適切な周波数を求めてチューニングしたりアンテナの方向を変えたりするのと変わらない。

「理解すること」と「実践すること」は別のことである。自分が何をしているのかを理解せぬままに、適切なふるまいを実践するということはあり得る。そのことについて、レヴィナスは律法を主題にしてこう書いている。

律法を理解することと律法を実践することは別のことである。そしてつねに実践が理解に先行しなければならない。人間は神の教えを理解しないままに、神の教えを実践することができる。その「命がけの跳躍」を経て、人は一神教信仰に至るのである。

トーラー（律法）の受容をイスラエルの民が「自由意志」に基づいて行ったのかどうかについて、レヴィナスは律法博士たちのいくつかの議論を紹介している。

あるタルムードの博士は「『律法の贈り物を嘉納しないのであれば、イスラエルの全員を殺す』

と主が脅したので、イスラエルの民はやむなく律法を受容した」という解釈を採った。それは律法が人間の側の自由意志によって選ばれたり棄てられたりできるものであるはずがないと考えたからである。

律法という教えが人間に向けてある選択の帰結として到来するということはありえない。人間に自由な選択を行う能力を賦与するものを人間が自由に選択するということはありえない。人間は事後的に律法を選んだのである。始めにあったのは暴力である。理非の検証を経た後に採択される同意とは別の種類の同意である。[35]

理非の検証を経た後に採択される同意とは別の同意、それが偶像崇拝から一神教への跳躍を可能にする。この律法博士はそう主張した。

条理は暴力に基礎づけられる。あるいは、条理は自由か暴力かという二者択一に還元することのできないような種類の同意に基礎づけられる。その時、暴力は二者択一を忌避することを許さない。啓示とは自由と非-自由に先行するこの同意への呼びかけでなくて何であろうか？[36]

---

35 QLT, p.82

36 QLT, p.82.

啓示に対する人間のリアクションは「同意」というよりはむしろ「応答」である。人間は主のメッセージに対して、「はい、分かりました」と答えることはできない。分からないからだ。人間にできるのは、「はい、私はここにいます」(Me voici) と言うことだけである。ここにあなたから送られたメッセージを受信した者がいるという名乗りだけである。そして、律法の嘉納という霊的出来事とはまさにそのことなのである。理解も共感も絶した他者からの呼びかけに、人間は「応答することができる/応答せねばならない」という事況をレヴィナスは「有責性」と術語化したのである。

7 ユダヤ的な知

呼びかけと応答について、『出エジプト記』に次のような印象深い箇所がある。神はモーセの前に「柴の中の燃える火」という非言語的形象を経由して来臨した。

よく見ると、火で燃えていたのに柴は焼け尽きなかった。そこでモーセは「なぜ柴が燃えていかないのか、あちらへ行って、この大いなる光景を見ることにしよう」と思った。主は彼が来るのをご覧になり、柴の中から彼を呼んだ。主が「モーセ、モーセ」を呼ぶと、「彼は『はい。ここにおります』と答えた。[37]

モーセの目に、彼の世界では起こり得ないことが見えた。そこで「あちらへ行って、この大いなる光景を見ることにしよう」と思った。その時、モーセは偶像崇拝の世界から一神教の世界への跳躍を果たす。

神は彼の名前を呼んだ。「モーセ、モーセ」と。この宛て先だけがあって中身のないメッセージが「外部から到来するもの」の始原的な様態である。

私たちはまず自分が宛て先であることを直感し、それからそのメッセージの内容を理解するための長く忍耐強い営みを開始する。それはしばしば生涯をかけても理解することのできないものである。でも、別にそのことを私たちは徒労だとは思わないし、苦役だとも思わないだろう。なぜなら、それは「私宛てのメッセージ」だからだ。

『創世記』におけるアブラハムの一歩と『出エジプト記』におけるモーセの一歩は、本質的に同じものである。彼らはいずれも理解を絶しているにもかかわらず自分宛てであることについてだけはゆるぎない確信を持つことのできるメッセージを聴き取った。このふるまいが一神教信仰の本質をなす。それが一神教信仰の本質だとすれば、偶像崇拝が何を意味するのかもおのずから分かる。偶像崇拝とは「まず理解する」ことをすべてに優先させる知のあり方のことである。理解を絶したメッセージについては、たとえそれが自分宛てであろうとも受信を拒否する人のことを「偶像崇拝者」と呼ぶのである。

37　『出エジプト記』三・二－四

レヴィナスはギリシャ神話のオデュッセウスを偶像崇拝者の典型として描き出した。オデュッセウスはアブラハム／モーセの対極にある。彼には他者がいないからである。オデュッセウスは想像を絶した冒険の数々ののち、最後に故郷のイタケーに戻る。たしかに彼はさまざまな驚嘆すべき経験をしたけれど、その大航海は故郷への帰還のための迂回に過ぎなかった。オデュッセウスは異界を巡歴し、異物を取り込み、噛み砕き、咀嚼し、それを滋養として、いっそうオデュッセウスらしくなって帰還した。オデュッセウスの冒険の旅はついに彼を「外部」に連れ出すことがなかった。オデュッセウスとは「暴力的なもの」のことであり、その本質的な存在様態は「孤独」である。レヴィナスはそう書く。

> 暴力的なものはおのれの外に踏み出すことがない。それはつかみ、所有する。所有するというのは、独立的な実存を否定することである。持つというのは、存在を拒絶することである。それゆえ、暴力は主権であり、孤独であるのだ。（…）その時、あらゆる世界体験は同時に自己体験であり、自己享受である。体験が私をかたちづくり、私を養う。（…）現実が私たちの働きかけに抵抗するとしても、その抵抗そのものが抵抗の**経験**に還元されてしまう。そのようなものとして現実は認識によってすでに呑み尽くされており、私たちは私たち自身以外には誰もいないところに取り残されるのである。[38]

この暴力性をレヴィナスは西欧的な知の本質とみなした。

> 自分ですべてを経験しなければならない。（…）世界のうちに巻き込まれることなしに、経験しなければならない。（…）知ること、それは経験することなしに経験することである。私たちはなす前に知ろうとする。[39]

なす前に知ろうとすること、巻き込まれることなしに認識すること。光のうちにくまなく照射された対象を観照すること。距離を置いて一望俯瞰すること。それが西欧的知の本態的な身振りである、レヴィナスはそう書く。

> どれほど異邦的なものであろうとも、どれほど奇怪なものであろうとも、視覚的に現出するということによって、それは権力に把持され、自我に服属する。思惟が思量し、想像力が映し出し、本能が推測するあらゆる世界は、尽きるところただ一つの世界に過ぎない。（…）真理は、いかに意表を衝くものであれ、奇矯なものであれ、われわれの自我の主権性と〈世界〉の地平をわれわれの手元に残してくれるのである。[40]

---

38 DL, p.22
39 QLT, p.75
40 SM, p.13

『全体性と無限』の結論部分においてもレヴィナスは「一望俯瞰する」ことへの執着を批判している。

あらゆる人間的態度は畢竟するところ「光のうちに置く」ことに尽くされるというのがハイデガーのテーゼなのだが、それはこの一望俯瞰的なもの(le panoramique)の優越性の上に存立している。[41]

なぜ西欧的知は「見ること」にこれほどの優越性を認めるのか。

それは、視覚とは本質的には外在性と内在性の合致(adéquation)のことだからである。視覚において、外在性は観照する魂のうちに吸収される。[42]

視覚において他者の本質をなす他者性・外在性は解除される。明るみのうちにおかれ、考量され、記号体系の中に登録された他者はもはや「外部から到来するもの」ではない。観照する知の前には外部も他者もない。

しかし、この「一望俯瞰的なもの」の絶対的優位ゆえに、西欧的知は絶対的な孤独を宿命づけられることになる、というのがレヴィナスの考えである。既知に満たされた世界、すべてが光のうちで開示され本質が暴露された世界に住む人を、私たちは「全能の人」と呼ぶべきか「呪われた人」

郵便はがき

料金受取人払郵便

牛込局承認

4086

差出有効期間
2024年1月
31日まで

162-8790

東京都新宿区新小川町 9−1

株式会社 新教出版社 愛読者係 行

<お客様へ>
お買い上げくださり有難うございました。ご意見は今後の出版企画の参考とさせていただきます。

ハガキを送ってくださった方には、年末に、小社特製の「渡辺禎雄版画カレンダー」を贈呈します。個人情報は小社、提携キリスト教書店及びキリスト教文書センター以外は使用いたしません。
●問い合わせ先 ： 新教出版社販売部 tel 03−3260−6148
email : eigyo@shinkyo-pb.com

今回お求め頂いた書籍名

お求め頂いた書店名

お求め頂いた書籍、または小社へのご意見、ご感想

お名前	職業

ご住所　〒

電話

今後、随時小社の出版情報をeメールで送らせて頂きたいと存じますので、
お差し支えなければ下記の欄にご記入下さい。

eメール

図 書 購 入 注 文 書

書　　　　名	定　価	申込部数

と呼ぶべきか、いずれであろうか。

「他者の同一者への還元」(réduction de l'Autre au Même)、それが西欧的知の基本的な構えであるとレヴィナスは言う。果たして、レヴィナスに倣って総称的に「西欧的知」というような括り方をすることが適切なのかどうか、正直言って私には分からない。だが、しばらくは黙ってレヴィナスについてゆくことにする。

西欧的知は全能であると同時に無能である。すべてを明るみのうちに開示していながら無間の闇に脅かされている。すべてを既知に還元しながらそのような仕組みそのものをまるごと無化してしまう未知の切迫を感じてはいる。西欧的知とはそのような両義的な知である。

もちろん、西欧世界でも、その両義性と危うさに自覚的な人々はたくさんいた。彼らはそれぞれの仕方で「他者の他者性を毀損しないままに、この世界のうちに顕現させる」という力業に取り組んできた。レヴィナスはその一つの達成を彼の若き日からの思想的な並走者であったモーリス・ブランショの仕事のうちに見出している。ブランショの『文学空間』での批評的企図を説明する文脈で、レヴィナスはこう書いている。

芸術の本質は、言語活動から出て、自らを語る語り得ぬものへと移行すること、そして作

41 TI, p.328
42 TI, p.328

品によって根源的なものの闇を可視化することにあるだろう。（…）文学はわれわれをいかなる思惟も接岸することのできぬ岸辺に遺棄する。文学は思惟不可能のものに至り着く。（…）書くことは存在の真理へとは至り着かない。こう言ってよければ、書くことは存在の誤謬（l'erreur de l'être）へ、彷徨の場としての存在へ、棲むことのできぬところへと至り着くのである。[43]

レヴィナスの書き物であるにもかかわらず、このテクストは全篇「ブランショ的」なエクリチュールで領されている。これを読むと、レヴィナスとブランショがほとんど同じ語彙と修辞をいわば両者の「パブリックドメイン」として共有しているということがよく分かる。今の引用のキーワードは「誤謬」（erreur）と「彷徨」（errance）であるが、レヴィナスは彼の独特の語源論に基づいて、この二つをいずれも「彷徨う、放浪する」（errer）という動詞から派生した類義語として扱っている。「棲む」という後期ハイデガーの用語にあえて「彷徨う」が対置され、ハイデガーの「存在の真理」には「存在の誤謬」が対置される。けれども、別にそのような哲学史的な参照を抜きにしても、レヴィナスが彼にとって真に冒す価値のある知性の冒険とは、西欧的な枠組みにおいては「非－真理」「誤謬」「彷徨」に類別されるものだと言おうとしていることは分かる。それは私たちの論件に立ち戻って言えば、「外へ出る」ということである。外部から到来するものの外部性・他者性・異邦性を毀損することなしに、外部を受け入れ、他者に出会い、異邦を彷徨するというアクロバシーはどのようにして可能かを問うことである。

過度に図式的になることを分かった上で書くけれど、西欧的知にレヴィナスが対置させるのが、彼にとっての「種族の知」であるタルムード的な知である。すなわち「知る前になす」「認識する前に巻き込まれる」ことである。「トーラーの贈与」という出来事の「比類なき性格」についてレヴィナスはこう書いている。

> 私たちはトーラーの贈与という出来事の比類なき性格について語ろうと思う。それはトーラーが何であるかを知る前にそれを受容したということである。これは論理的には受け容れ難いことであるし、盲信あるいは無思慮な幼児的な信頼と受け取られるかも知れない。（…）しかし、霊感に導かれてなされるあらゆる行為はトーラーの贈与という唯一にして始原の状況から派生するものではないのか、この状況の照明の下でこそ霊感という語の意味そのものが明らかになるのではないか、より厳密に言えば、受容と認知の通常の順序の逆転こそが知の超越を指示しているのではないか、そう私たちは問わねばならない。[44]

時間論に先立つ私たちの予備的考察はとりあえずここまでである。かなりの紙数を費やしたが、レヴィナス時間論の分析に直接役立つものであるのかどうかよく分からない。ただ、最後の引用か

43　SM, pp.18-19
44　QLT, p.91

ら私たちは、「認知してから（すなわち光のうちで一望俯瞰してから）受容する」という西欧的な知にレヴィナスが「受容してから認知に至る」というユダヤ的な知を対置させていることと、レヴィナスがこの「逆転」のうちに「知の超越」とおそらくは時間の生成の契機を見出そうとしていることを知るのである。

第Ⅰ講の読解

8　レヴィナスを解釈するルール

本節から『時間と他者』の逐語的な精読という、気長なそして多くの読者に忍耐を求める作業に取りかかる。始める前に、私自身の解釈ルールについて書いておく。レヴィナスはかつてタルムードの解釈についてこう書いた。

タルムードにおける象徴は、その完全なる充溢と、その後の歴史が付け加えたすべてのものを通じて意味する。注解はつねに具体的なものによる象徴の富裕化を許容してきた。（…）タルムードはその学知の偉大なる師たちによれば、実人生に基づいてしか理解できない。（…）それゆえ、これらの記号――聖句、事物、人間たち、状況、儀礼――は完全記号（signe parfait）として機能しているのである。時が移り世が変わり、それらの記号の感受性豊かなテクスチュアにどのような変化が導入されたにせよ、それらの記号はつねに同じ意味を開示するか、あるいは同じ意味の新たな相を開示するという特権を維持し続けるのである。完全記号、代替不可能な記号、それはその意味において（純粋に解釈学的な意味において）聖なる記号、聖なる文字、聖なるエクリチュールなのである。[1]

レヴィナスがタルムード解釈に先立って宣明したこの立場を私も襲いたいと思う。私にとって師であるレヴィナスのテクストは「完全記号」である。ということは、それは決して単一の「正解」に帰着することがないということである。私自身が行う場合でも、解釈のたびにテクストは「同じ意味の新たな相を開示する」。それは「読者の数だけ解釈がある」（だからすべての解釈は等権利的である）というような底の抜けた話ではない。読者たちがそのつどのおのれの「実人生」に即してテクストを読み、そこから祈るように、すがるように自分にとっての啓示を引き出そうとする時はじめてテクストは多様でありかつ同一的であるという独特の現れ方をするということである。

テクストの「一般解」を求める人がいる。その気持ちは分からないでもない。けれども、そういう人たちは、ひとたび「一般解」を手に入れたら、以後それを同一的なものとして道具的に使い回すことしかしない。私たちが聖なるテクストに対してなすべきことは、それが意味しうることを縮減することではなく、「具体的なものを通じて象徴を富裕化すること」（enrichissement du symbole par le concret）なのである。私たちはテクストをより豊かなものとするために解釈のわざを行うのであって、テクストの意味を一意的に確定して「けりをつける」ためにそうするのではない。

解釈において最も重要なのは「正しいこと」ではない。一意的なもの、異論の余地なく決定的であることではない。そうではなくて、豊かであること、生成的であることである。ある解釈がもたらされたことによって別の解釈が次々と立ち上がった場合、それは「豊かな解釈」だったということである。反論でもいいし、補遺でもいいし、変奏でもいいし、場合によっては模倣でもよい。あ

1　QLT, p.20

る解釈が行われることによって、それをきっかけに生まれた解釈が多ければ多いほど、それは豊かな解釈だったということになる。

タルムードは、久しく口伝によって伝えられてきた教えをユダ・ハ・ナシーが文書化したものである。この時多くのラビたちはそのふるまいをなじった。文書化されたことでタルムードがラビたちの対話という境位を離脱して、死文化することを恐れたのである。

ラビたちの考えでは、文書はそのままでは何も意味することができない。解釈者たちがそこに「本来の対話的、論争的な命」(la vie dialoguée et polémique) を吹き込んでやらなければ、テクストは冷たく、身じろぎもせず、石のように無言である。解釈者が身銭を切って、自分の解釈を語る時にはじめて多様な(しかし恣意的ではない)意味が、一つ一つの章句から立ち上がり、つぶやき始める。

> それゆえ、これらの文字は対立を求め、読み手のうちに自由と発明の才と大胆さ (liberté, invention et audace) を望むのである。[2]

レヴィナスのこの言葉を支えにして、私はこれから『時間と他者』の精読という仕事に取りかかる。私の解釈の適否の基準はそれゆえ遂行的なものである。私の書いたものを読んで「レヴィナスを原文で読みたくなった」人たちが出てきたとしたら、あるいは「自分の言葉でレヴィナスを論じたい」と思う人が出てきたら、それだけでこの仕事は十分に目的を果たせたと私は思う。

精読の対象として『時間と他者』を選んだのは、これがレヴィナスが時間という論件を主題的に取り扱った最初の著作だからであるけれども、もう一つの理由に「脱落者が多い」ということがある。

『時間と他者』は薄い本である。フランス語で九〇頁、日本語訳でも九五頁しかない。レヴィナスという人のものを何か読んでみようと思い立って書店に行った時に「一番薄い本」（それはしばしば一番安価な本でもある）をまず手に取るというのは初学者にとって合理的な選択である。まして講演録である。どんな哲学者でも、対談や講演では書物よりは分かりやすく語るはずだ。でも、そうやって『時間と他者』の訳書を手に取った日本人読者のうち最後まで読み通した人はたぶん一割に満たないと思う。私の仕事は、そのかつて脱落した読者たち、そしてレヴィナスをこれから読もうと思うけれど、どこから手を着けてよいか分からないという初学者たちを想定して書かれる。

始める前に、私が精読に際して立てたいくつかのルールを明らかにしておきたい。

ルールその一、前にも書いたが、「周知のように」という言葉を使わない。「周知のように」の後に「自分が知らないこと」が書かれていた場合、人は「自分はこのテクストの読者には想定されていない」と感じる。自分が読者として想定されていない文章を読み続けることはたいへん苦痛である。ただでさえ、この読解では、レヴィナスのキーワードのいくつかについて、語義を一意的に決定しないまま、「中腰」「未決」での読書を読者に要求しているのである。「中腰」の苦痛を味わっ

2　QLT, pp.13-14

ている上に、「読者に想定されていない」苦痛まで求められたら、読者の受忍限度を超えてしまう。私は読者にそういう思いをさせたくない。

ルールその二、「分からないこと」はそのまま「分からない」と書く。「分かったこと」については私の解釈を述べる。「分かったような気がするけれど、まだよく分からないこと」については正直にそう書く。「ちょっと待ってください」と読者にお願いする。最後まで待ってもらったが、結局よく分からなかったということもあると思うが、それはご海容願いたい。

ルールその三。途中まで行ってから「前に書いたあれは間違いでした」と前言撤回をすることもある（と思う）。「間違い」を読まされた方には迷惑な話だが、私たちは今どこに出るか分からない迷路の入り口に立っているのである。途中で行き止まりに突き当たって、「この道ではなかった」と言って引っ返すこともあると思う（ないことを願っているが）。私は今のところレヴィナスが『時間と他者』でいったい何を言おうとしているのかについて、上空から俯瞰するようなクリアカットな見通しを持っていない。そもそも著者であるレヴィナスが「光のうちで一望俯瞰する」知のありようを根源的に批判するために書いている文章について「光のうちで一望俯瞰する」ような解釈を無反省的に行うことができるはずがない。

序文において全体の構成と結論を予告できないような論文は学術誌では査読者によって一瞬でリジェクトされるという学界事情は私もよく知っている。だが、「書いているうちに次第に自分が何を書きたいのかが分かってくる」という書き方によってしか接近することができない主題がこの世には存在するのである。

9　〈実存すること〉の孤独

孤独（solitude）の話から始める。冒頭でレヴィナスはこの講演の目的は、時間とは孤立した単独の主体にかかわることがらではなく、主体と他者の関係そのものであることを証明することにあると、論の道筋を予示していた。時間についてのレヴィナスの知見を知るために、まず孤独であること、孤立していることとはどういうことか、そこから話を始めたい。

孤独であることの耐えがたさはいかなる条件によって構成されているのか？[3]

孤独とは何か。孤独を形成する条件は何か。先にアブラハム／モーセとオデュッセウスを対比させた時に、レヴィナスは「暴力は主権であり、孤独である」と書いていた。孤独は何よりもまず「暴力的なもの」の属性である。

私たちの日常的な理解では、孤独とは他者と切り離されていることである。ひとり部屋に逼塞（ひっそく）して、誰とも出会わず、誰とも言葉を交わさない人を私たちは「孤独」だとみなす。けれども、孤独の様態はそれだけではない。社交的にふるまい、多くの人に出会い、言葉を交わし、抱き合ったり、

3　TA, p.21

笑ったりしているけれども「孤独である」という人を私たちはたくさん知っている。いや、現代における孤独は、その方が支配的な様態だろう。孤独は私たちの日常そのものである。私たちは他者に囲まれ、事物に囲まれ、そして孤独である。

視覚を通じて、触覚を通じて、共感を通じて、協働を通じて、私たちは他者と共にある。これらすべての関係は他動詞的である。私が対象に触れる。私が〈他者〉を見る。でも私は〈他者〉であるのではない。私はまったく孤独である。それゆえ、私自身のうちにあること、私が実存しているという事実、私の〈実存すること〉が絶対的に自動詞的な境位――すなわち志向性なきなにものか、関係を持たないなにものか――を形成しているのである。[4]

レヴィナスはこのテクストでは「存在する」(être) と「実存する」(exister) を使い分けている。訳語を変えればそれで意味が分かるというものではないけれど、それに倣う。とりあえず暫定的な定義をするならば、「実存する」とは「存在する」の特殊な一様態である。それは他者と関係を持つことのない本質的に孤独な存在の仕方である。「実存する」とは「自分のうちに存在すること」、「絶対的に自動詞的な境位」を形成することである。

私は存在する限りにおいてモナドなのである。私が戸口も窓もないものであるのは、〈実存すること〉ことによってである。[5]

モナド（単子）とはライプニッツの用語で、世界を構成する最小単位のことである。「モナドには戸口も窓もない」というのは、その『形而上学叙説』に出てくるフレーズである。ライプニッツは魂が戸口や窓をもっているかのように考えるのは、われわれのもっている悪い習慣であると断定する。人間の精神には外部と交渉する回路は存在しない、と。

われわれは、精神のうちにこれらの形相をすべてもっているのであり、いかなる時にももっているのである。なぜならば、精神は常におのれの未来の思想をすべて表出しているし、いずれ判明に考えるようになるいっさいのことを、雑然としてではあるがすでに考えているからである。[6]

精神には外部がなく、未来もない。すべては「雑然としてではあるが」既知である。人間には他者がいない。これはプラトンの「想起説」以来の西欧哲学の根源的な確信である。私たち日本人にはなじみの薄い考え方であり、どうしてそんなことが「根源的に確信」できるのか、正直言って私にはよく分からない。しかし、レヴィナスは「そういう考え方」が支配的な知的風土の中で哲学を

4 TA, p.21 者

5 TA, p.21

6 ライプニッツ、『形而上学叙説』、「世界の名著25」、清水富雄他訳、中央公論社、一九六九年、四一七頁

しているのである。

プラトンによれば、人間の魂は不死であり、何度も生まれ変わるうちに天上界のことも地上界のこともすべて知り尽くしてしまった。だから、地上界において、かつて天上界でイデアとして知っていたものを分有する事物に出会うと、そのイデア的原形を思い出すことができる。

例えば、私たちが何かを見てそれを「美しい」と思うのは、単に色とか形とかによるのではなく、私たちがかつて「美のイデア」を知っていたからである。地上界において美しいものは「美にあずかっている」のである。「ものを美しくしている」のは「美の臨在」であり「美の共有」である。「すべての美しいものは美によって美しい」のである。[7]

私たちが「今ここで考えていること」はすべてある意味で「かつて考えたこと」である。私たちはすべてを潜在的には知っている。いかなる概念も外界から到来することはない。すべての概念は「内的体験に由来する」。

というのが、プラトンのイデア説からライプニッツのモナド説に至る西欧哲学の基本である。人間には外部に通じる扉も戸口もない。過去はすべて潜在的には今ここにあり、未来もまた先駆的な仕方で今ここにある。すべての時間は今ここに凝集されている。時間は流れていない。レヴィナスはそれを「孤独」と称したのである。

私が孤独なのは、私の中にある何らかの思念や感情がたまたま個性的に過ぎて他者に伝達不能だからではない。〈実存すること〉そのものが本態的に孤独だからなのである。

〈実存すること〉が伝達不能であるのは、それが私のうちにあって最も私的なものである私の存在のうちに根づいているからである。だから、私がどれほど知識を拡大しようと、自己表現の手段を拡大しようと、それはすぐれて内的な関係であるところの〈実存すること〉と私との関係には何の影響も及ぼさない。[8]

私たちが何かを見る。見た瞬間に、その対象はその根源的な他者性や未知性を奪い取られ、いわば馴致され、「家畜化」されて私の知のアーカイブに登録される。あらゆる対象に向けて私たちはこの「脱 - 他者化」の暴力をふるう。そのようにして他者性を根こそぎ拭い去られたかたちにすることなしに、私たちは何かを見たり、理解したり、類別したりすることができない。

孤独は、ロビンソン・クルーソーのような事実としての孤立として現われるのでもないし、意識内容の伝達不能性として現われるのでもない、それは〈実存者〉と〈実存すること〉というその営為の間の解きほぐすことのできぬ繋がりとして現われるのである。[9]〈実存者〉は〈実存すること〉によって孤独である。どこを見ても、何を聴いても、何に触れて

7 プラトン、『パイドン』、「世界の名著6」、池田美恵訳、一九六六年、五五九頁
8 TA, p.21
9 TA, p.22

も、同一的なものが終わりなく回帰する。それが孤独の構造である。
触れるものすべてを黄金に変える能力をディオニュソスから授かったミダス王は、その全能の力によって絶対的孤独に陥る。彼が触れると食べ物は歯の立たぬ黄金に変わり、水は飲むことのできぬ黄金の氷に変わり、最愛の娘は硬直した黄金像になってしまう。〈実存すること〉の孤独とは、すべてのものが同一性に還元されるという点でミダス王の孤独に通じている。私にとって価値あるもの、意味あるものだけで埋め尽くされた世界において、たしかに私は絶対的に孤独であるだろう。果たして、この孤独から逃れ出る手立てはあるのか。

孤独が超克される状況を考想すること、それは〈実存者〉とその〈実存すること〉の間の結びつきを吟味してみること（éprouver）である。[10]

「吟味する」と今訳したフランス語 éprouver のニュアンスはもう少し複雑である。この語は「経験する、試す、検証する」といった意味を持つが、Dieu l'a éprouvé（神は彼を試した）、La maladie a éprouvé cet homme（病気が彼を責め苛んだ）というような例文が示すように、激しい苦しみを与えて、それがどれほど確かなものであるかどうかを試すというかなり手荒なふるまいを含意している。レヴィナスはここで〈実存者〉と〈実存すること〉の結びつき（それは今の時点では自明で、堅牢なものだと見なされている）を神が人を試すように、病苦が患者を苛むように、手荒に扱って、それがどれほど堅牢なものか確かめようとすると宣言しているのである。それは〈実存者〉と〈実存する〉の間に切れ目のようなものを見つけて、この二つを切り離すことができるのではないか……という漠然とした希望を語っている。〈実存者〉は〈実存する〉ことによって孤独である。ならば、孤独を超克するということは、この二つを分離することを意味する。だが、どうやって。〈実存者〉(existant) は名詞であり、〈実存すること〉(exsiter) は動詞である。この二つは文法的なステイタスが違う。この境位差のうちに、レヴィナスは「吟味」の手がかりを求める。

それは〈実存者〉が〈実存すること〉と関係を取り結ぶ (contracter) ところの存在論的事況に向かって進むことである。私はこの事況を〈位相転換(イポスターズ)〉(hypostase) と呼ぶことにする。それを経由して、〈実存者〉は〈実存すること〉と関係を取り結ぶのである。[11]

位相転換とは言語学の用語で、動詞が名詞に転換することを言う。フランス語の動詞 manger(食べる)が同じ綴りの男性名詞 manger(食べ物)に転用されるような場合がそれに当たる。それだけではない。この語には宗教学用語としての用例もある。それは神が別の(下位の hypo-)神格に人格化することである。「権現」や「権化」という日本語に感覚的には近い。〈実存する〉という抽象

10 TA, p.22
11 TA, p.22

的な動詞が〈実存者〉というモノに下位化身するのである。わが本地垂迹(ほんちすいじゃく)説においては、仏が本地で神がその垂迹とされるが、これも位相転換の一例である。同じような位相転換の事例は世界中の宗教にある。レヴィナスは言語学の用法と宗教学の用法の両方の語意をここに込めている。

もう一つ「関係を取り結ぶ」と訳した contracter という動詞にも注意を促しておきたい。これは医学の用語では「罹患する」を意味する。「関係を取り結ぶ」とか「契約を取り結ぶ」というと主体的に何か自己利益を増大するために行為することのように聞こえるけれど contracter la typhoïde「腸チフスに罹る」という用例を見る限り、フランス語の語感としては必ずしもそうではないことが分かる。

「位相転換」については、これから先その意味するところを時間をかけてゆっくり考えてゆきたいと思うので、レヴィナスがこの語をどういう哲学的含意を込めて用いているかについて私に説明を急いで求めないで欲しい。とりあえず第一節は次のような問いで終わる。

> 〈実存者〉と〈実存すること〉の間のこの結びつきは解きほぐすことが不可能なものなのであろうか？　私たちは位相転換のその現場にまで遡ることはできぬのであろうか？[12]

位相転換の「現場」まで遡り、そこで〈実存する〉と〈実存者〉の「結びつき」を「吟味する」こと。つまりその二つを解きほぐすことができるかどうかを試すこと。レヴィナスはそのようにおのれの企図をここで語ったのである。

10 〈実存者〉なき〈実存すること〉(1)

続く節は次のような文から始まる。

もう一度ハイデガーに戻ろう。皆さんは「存在」(Sein)と「存在者」(Seiendes)についての彼の区別をご存じだと思う(私もすでにそれを用いた)。フランス語ではふつうこれに「存在」(être)と「存在者」(étant)という訳語を充てるが、私は言いやすさからこれに〈実存する〉(exister)と〈実存者〉(existant)という訳語を充てることにする。ハイデガーは主体と客体——もろもろの〈存在するもの〉、〈実存者〉——と〈存在する〉というそれらの営みそのものを峻別する。前者は名詞または名詞化した分詞で、後者は動詞で表わされる。[13]

おそらくレヴィナス初心者である『時間と他者』の読者の多くはこのあたりで先を読み続ける意欲を失ったのではないかと思う。ハイデガーの存在と存在者の区別を「ご存じだと思う」といきなり言われたのである。『存在と時間』を読んでいない人にとっては、それは玄関先で「君はこのパ

---

12 TA, p.23
13 TA, p.24

ーティには招待されていない」と言われたのに等しい。踵を返してとぼとぼと家路についた人がたくさんいたと思う。

しかし、本当はそんなに深刻に受け止めることはなかったのである。意味のよく分からない術語については一意的な定義を留保したまま先に進むといういささか野蛮なふるまいを自分に許さないと哲学書を読むことはできない。特にレヴィナスを読むことはできない。でも、存在と存在者の区別について、最低限の説明だけはしておきたい。

存在者とは、私たち人間をも含めて、家とか机とか、空とか鳥とか、あるいはまた岩石や草木とか、そのすべての存在しているもののことであり、これに対して存在とは、そうした存在者を存在者として規定するもの、言いかえれば、それぞれの存在者をそれなりに存在せしめる当のもののことである。[14]

存在は「これ」とか「あれ」とかいう個物ではない。私が「あれ」と言って指し示すことができるのは存在者だけであって、「はい、これが存在だよ」と言って差し出すことはできない。しかし、それにもかかわらず私たちは存在が何を意味しているのかを熟知しているかのようにその語を日常的に用いている。私たちは「空は青くある」とか「私は喜んでいる」という言明をやすやすと口にする。だが、改めて「存在とは何か」と問われると答えることができない。それは「一つの謎」のままにとどまる。

われわれはそのつどすでになんらかの存在了解のうちで生きているのだが、それと同時に存在の意味は闇におおわれている[15]。

それでも私たちは身をねじるようにして「存在とは何か」を問うことができる。答えが得られるかどうかは別にして、問うことはできる。「存在とは何か」を問うことができる存在者は人間だけである（家や机はそんな問いを発しない）。そして「存在とは何か」を問うことができるのは、漠然とではあれ、「存在とは問い得るものだ」ということについて確信を抱いているからである。存在者である人間は「闇におおわれた」存在の意味を一気にかつ全的に理解することはできない。だが、「存在とは何か」という問題を立てることはできる。問題を立てることができるというのはすでにその答えを非主題的かつ先駆的にはつかんでいるということである。

存在がおのれを秘匿し隠蔽しているかぎり、存在の何であるかは、なんらかの存在者に問いかけることをつうじてしか、問いたしかめることはできない[16]。

---

14 原佑、「ハイデガーへの対応」、「世界の名著62　ハイデガー」、中央公論社、一九七一年、三〇頁

15 マルチン・ハイデガー、『存在と時間』、原佑・渡辺二郎訳、前掲書、六九頁

16 原、前掲書、三一頁

そのような「問いたしかめることができる」存在者がいるとすれば「その存在者は、問うことができ、しかも漠然とにせよ存在を了解している存在者でなければならない。ところが、存在に関する問いを発することができるのは、言うまでもなく私たち人間のみ」である。[17]「存在に関する問いを発することのできる」この特異な存在者をハイデガーは現存在（Dasein）と名づける。

Dasein は英語的に書き直せば be there（……そこにある）である。そういう日常語をそのまま哲学用語にしてしまうところにハイデガーの際立った哲学的個性はある（その風儀はそのままレヴィナスに受け継がれた）。そのせいで日本の哲学者はこの語の訳語をどうすべきかずいぶん苦労した。Dasein には「現存、定有、現存在」など、さまざまな訳語が当てられた。なによりこの術語のかんどころは「そこ」という場所を示す副詞が含まれていることである。「そこ」という指示は、そのものが上下左右あるいは東西南北によって位置を指定することができる、座標によって整序された「圏」のうちにいることを意味している。そして、座標上の位置が確定しているということは、そこには他の存在者は立つことができないということである。そして、他ならぬその存在者が「そこにある」のは、何らかの意志により、あるいは宿命により、「そこ」がいるべき場として指定されたということである。

それゆえ、現存在は「漠然とにせよ存在を了解」している。存在が何を意味するのかを今ここでは言えぬままに、先駆的には了解している。秘匿され隠蔽された根源的なものを、非主題的に、先駆的に、漠然と了解している。それが現存在の際立った特徴である。限界の手前にあるものが限界を乗り越えようと自己超越の運動をしているさまを、空に向かって伸びて行く植物のようなものとしてイメージして欲しい。その先端がどのような経路をたどって、いつ、どこにたどりつくのかをまだ言えぬままに、「だいたいあっちの方向に行けばいい」ということだけはなぜか分かっている。この「わかっていないことについても、なんとなく分かっている」という過渡的・中間的な様態をハイデガーはおそらくは人間の知性の本質だとみなしていた。

現存在において存在は部分的、断片的に開示される。それが存在への問いの「取りつく島」になる。現存在の分析によってただちに存在一般が開示されるということは期し難い。だが、それでも「現存在が存在そのものへの方法論的通路として選びとられたかぎりにおいて、現存在の実存論的分析をつうじて達した現存在の存在ないしはその意味は、そこで存在者の存在一般ないしその意味と触れあうであろう。」[18]

このくらいの説明で「存在と存在者の区別」という「躓（つまず）きの石」はとりあえず脇へ除（の）けることができたと思う。レヴィナスのテクストに戻ろう。なぜハイデガーが名詞と動詞という位相の差から出発したのか、その理由についてレヴィナスはこう説明する。

『存在と時間』の冒頭に提示されたこの峻別によって、哲学の歴史につきまとっていたあのあ

---

17 同書、三一頁、

18 同書、三三頁

いまいさが一掃される。というのは、それまで人々は〈実存すること〉から出発して、〈実存すること〉を十全に所有している実存者たる神に至ろうとしていたからである。[19]

『存在と時間』には「神」という単語は出てこない。それはもちろんこの著作が無神論的なものだからではなく、神と人間のかかわりについての根源的な省察であるためにあえてその言葉を回避したからである。ハイデガーの独創は神を「〈実存すること〉を十全に所有している実存者」ではなく、「〈実存する〉という動詞」に見立てるという点にあった。自らの〈実存すること〉を部分的にしか所有していないもの（人間）と、十全に所有しているもの（神）の間の関係を「部分対全体」や「不完全対完全」や「被造物対創造主」のような空間的な表象に還元しないこと、そのきびしい自制が「存在者」と「存在」という区別を求めたのである。

レヴィナスはこのハイデガーの区別を「『存在と時間』の最も深遠なもの」[20]であると認める。そして、レヴィナスはまさにこのハイデガーの「最も深遠な」考想を認めてから、それには「深さが足りない」と否定するのである。

11　〈実存者〉なき〈実存すること〉(2)

レヴィナスは存在と存在者の区別には何かが足りないと考える。ハイデガーは「間違っている」と言っているのではない。でも、何かが足りない。

すでに言及したとおり、レヴィナスは一九二八年から二九年にかけてフライブルクにフッサールを訪れた。そして、レヴィナスの自身の言葉を借りて言えば「フッサールの家に行って、ハイデガーを見出した。」[21]

フランソワ・ポワリエによるインタビューの中で、あなたをハイデガーの「弟子」とみなしてもよいのですかという問いにレヴィナスはこう答えている。

私は彼の弟子であるとは思いませんし、そう名乗る権利があるとも思いません。けれどもハイデガーとの出会いは私の人生の一部でありましたし、今でもなおハイデガーのテクストを読む度に私をとらえる驚きを否定することはできません。[22]

若きレヴィナスはハイデガーのゼミの聴講を許され、二九年のダヴォスでのカッシーラーとハイデガーの歴史的なシンポジウムにも出席している。このシンポジウムに出席した哲学者たちのうちの何人かは、ハイデガーの『存在と時間』の意義について、他の列席者たちに説明していた「ハイデガーの熱烈な弟子」であるユダヤ人青年の姿を記憶している。

19 TA, p.24
20 Ibid.
21 EL, p.78
22 EL, p.87

彼は私たちに畏敬の念を以てハイデガーについて語ってくれたし、彼がすでに親しんでいたハイデガーの思想の紆余曲折のすべてを明らかにしてくれた。[23]

この崇敬の念は（やがてその奥行きを失うが）レヴィナスの生涯を通じてその高度を失うことはなかった。後年になっても、レヴィナスはハイデガーをプラトン、カント、ヘーゲル、ベルクソンと同列の「歴史上最大の哲学者のひとり」と名指している。

どのようなやり方で哲学史を編もうと、ハイデガーの名前がそこから漏れることはないでしょう。[24]

しかし、レヴィナスはやがてハイデガー評価に決定的な留保をつけることになる。大戦間期にハイデガーはドイツの未来をヒトラーと国家社会主義に託したからである。

ハイデガーは一九三三年にフライブルク大学学内のナチス党員同僚たちからの熱烈な支持を得て学長に選出され、同年五月にナチスに入党した。そして、四五年まで党員であり続けた。彼の学長就任式典ではナチス党歌が演奏され、列席者たちは「ハイル・ヒトラー」を唱和し右手を掲げた。だが、それは挿話的なことに過ぎない。問題は「ドイツの大学の自己主張」と題された就任演説の中身である。

ドイツの大学に求められているのはその本質を把握することであるとハイデガーは言う。本質をつかむとは、「根源的なもの」をつかむことである。まさにそれこそが哲学の使命なのだが、ドイツの大学にとっての「根源的なもの」はさしあたりドイツの大地とアーリア人種の血以外のものではなかった。ハイデガーはこう語ったのである。

精神はあくまで、存在の本質に向って根源を志向する知的決断なのである。そして、民族の精神的世界とは、文化の上部構造ではなく、もとより有用な知識や価値を蓄えておく兵器庫でもなく、民族の現存在をもっとも奥深いところで高揚させ、極度に震撼させる力、民族の大地と血に根ざした諸力をもっとも深いところで保持する力なのである。[25]

「ドイツの大学の自己主張」にちりばめられているキーワードのいくつかは『存在と時間』の術語を流用している。それを偶然の一致だと思う人はいないだろう。この過激な政治的演説と哲学的著作に同一の人物の思考の指紋を検出することは決してむずかしい仕事ではない。ハイデガー自身は突撃隊を率いたレームらの粛清（一九三四年の「長いナイフの夜」事件）をきっかけにしてナチスとは距離を置くようになるが、『ハイデガーとナチズム』の著者はハイデガーがナチズムの過激

---

23 サロモン・マルカ、『評伝レヴィナス　生と痕跡』、斎藤慶典他訳、慶應義塾大学出版会、二〇一六年、七二頁

24 EL, p.78

25 ヴィクトル・ファリアス、『ハイデガーとナチズム』、山本尤訳、名古屋大学出版会、一九九〇年、一三六頁

さを忌避したというよりはヒトラーがレームほど過激でないことに幻滅したという解釈を提示している。

『存在と時間』の明断さと斬新さに深く感動しただけに、ハイデガーがナチズムを支持したことはレヴィナスにとって大きなショックだった。それはレヴィナスが「ハイデガーについて考える時の最も暗黒の部分」[26]をかたちづくることになった。

ジャック・ロランはレヴィナスの「ハイデガー・ショック」を次のように回想している。

一九三三年がレヴィナスにとって決定的であったことは間違いない。(…)それは恐怖だった。ヒトラーが権力の座に就いたこと、このことがユダヤ人にとって意味していたのは、自分たちが、先立つ諸世紀にそうだったようにキリスト教の反ユダヤ主義に苛まれるばかりでなく、有無を言わせぬ仕方で自らのユダヤ性に釘付けにされるということであった。さらに、ハイデガーの裏切りがあった……[27]

もしハイデガーが凡庸な哲学者であったら、話はそれほど複雑ではなかっただろう。凡庸な知性が邪悪な政治思想に絡め取られるというのはよくあることだ。しかし、ハイデガーはそうではなかった。彼はまさに当代最高の哲学的知性だった。そのような知性がナチズムと親和的であったということは属人的な説明でかたがつく話ではない。どれほど明晰であり、厳密であり、独創的であっても、それは哲学者がナチズムに未来を託すことを妨げなかったという事実は重い。それは若き哲学者レヴィナスにとってはほとんど絶望的な事件であった。「あれほど深い文化を持つドイツ」から、「ライプニッツとカントとゲーテとヘーゲルのドイツ」からヒトラーの体制が出現してきたのである。それはひとりのヨーロッパ人として絶望的なことであった。レヴィナスは「アウシュヴィッツという罪は超越論的観念論の文明によって犯されたのだと私は思っています」と言い切っている。[28]

『時間と他者』講演とほぼ同時期に執筆されていた『実存から実存者へ』にはこの時期のレヴィナスの哲学的探求を駆動していたものが語られている。

たしかに、私たちの省察はかなりの程度まで——存在論と人間が存在との間に取り結ぶ関係という考え方については——マルチン・ハイデガーの哲学に啓発されているが、この哲学の圏域から離脱したいという深い欲求によっても駆動されている。[29]

ハイデガーの政治的「逸脱」だけを取り上げてその倫理的責任を問い詰めることはそれほどむずかしいことではない。けれども、それが単なる「逸脱」ではなく、彼の哲学に内在しているものなで

26 EL, p.87
27 マルカ、前掲書、二一四頁
28 EL, p.91
29 EE, p.19

あるとしたら、その哲学と対峙し、批判し切るためには、その哲学を最高の鞍部において越える必要がある。レヴィナスはその道を選んだ。その第一歩が『時間と他者』の講演だったのである。

戦争中アメリカに亡命していたジャン・ヴァールは戦後パリに戻って、「哲学者や作家や芸術家たちが集まることのできる活気に満ちた場所」[30]を立ち上げるためにサン・ジェルマン・デ・プレ教会の向かいにあった部屋を借りて、哲学学院を開いた。そこで毎週一度開かれた二時間の講演の聴衆の中には、ミシェル・ビュトール、ガブリエル・マルセル、ジャン＝ポール・サルトル、アレクサンドル・コイレ、フランシス・ジャンソン、ウラジーミル・ジャンケレヴィッチ、ジャック・ラカンらの姿があった。彼らは「ハイデガー」という固有名詞が哲学史的に何を意味するのか、政治史的に何を意味するのかをともに熟知している聴衆だった。だから、彼らはその日の講壇に立った、捕虜収容所から帰って間もないユダヤ人の哲学者が「ハイデガー」の名を講演の冒頭で口にした時に、一瞬身を固くしたはずである。中には嫌悪感や身体的な痛みを覚えた人もいたかも知れない。そのような人々の前で、レヴィナスはハイデガーの卓越性をまず哲学史的事実として認めた上で、ハイデガー哲学が内在させていた根本的な瑕疵は何かという困難でかつ不可避の問いに踏み込んだのである。

レヴィナスはハイデガーの「存在者と存在の区別」を『存在と時間』の中で最も洞察に富んだアイディアであると認めた後に、こう言葉を続ける。

しかし、ハイデガーには区別（distinction）はあるけれど、分離（séparation）はない。〈実存する〉はつねに〈実存者〉のうちにとらえられている。そして、人間という〈実存者〉にとっては「そのつど私のものであること」（Jemeinigkeit）というハイデガーの術語が表現するのはまさに〈実存する〉がつねに誰かによって所有されているということなのである。[31]

〈実存者〉という名詞と〈実存する〉という動詞はたしかに「区別」はされている。しかし、〈実存する〉がそのつど何らかの〈実存者〉のうちにとらえられている限り、この二つは「分離」されてはいない。〈実存する〉という動詞だけが、〈実存者〉抜きに（チェシャ猫の笑いのように）空中に浮遊しているというようなことはあり得ない。

私はハイデガーが「実存者なき実存する」を認めるとは思わない。そんなものは彼には不条理なものに思えるに違いない。[32]

しかし、ハイデガー自身はそれと知らずに、そのような「不条理」について実は言及しているとレヴィナスは言う。ハイデガーの術語である「投げ入れられてあること」（Geworfenheit）＝被投性とは、まさに「実存者なき実存する」ではないのか。レヴィナスはそう問うのである。

30 マルカ、前掲書、二〇三頁
31 TA, p.24
32 TA, p.24

12 〈実存者〉なき〈実存すること〉(3)

被投性という術語がハイデガー『存在と時間』に登場するのは第五章、気分についての分析の中においてである。

私たちは気分のうちにいる。晴れやかな気分になったり、落ち込んで不機嫌になったりする。活動的になることがあれば、意欲を失って身動きできなくなることもある。私たちは自分の意思で自分の気分を操作することができない。そういう意味で、私たちは気分の中に「投じられている」。その疎隔感をハイデガーは「無気分」と呼ぶ。

> 現存在はまさにそうした無気分のうちでおのれ自身に飽き飽きしているのである。存在が重荷となってあらわになっているのである。それがなぜであるのか、ひとは知らない。というのは、認識が開示しうる諸可能性のおよぶ範囲は、気分の根源的な開示とくらべれば、あまりに狭小であるからであって、気分のうちでこそ現存在は現としてのおのれの存在に当面されているのである。[33]

ここはこれから後の『時間と他者』の理路にとってたいへん重要な箇所である。レヴィナスの「ある」(il y a)をめぐる論考はまさにこの「おのれ自身に飽き飽きし」「存在が重荷となってあらわになっている」というハイデガーの「無気分」の記述を足がかりにしているからである。
私たちは気分的に規定されている。そして、その気分を足がかりにして事物や他者を眺めている。気分が悪い時には事物は空虚で、他者は疎遠で敵対的に見える。気分が高揚している時には、事物は意味に充たされ、他者は近しく親和的に見える。当たり前のことだが、この「気分のうちに投げ入れられている」というあまりに日常的な事実を通じて私たちは自分たちの存在構造の深層を垣間見ることになる。

最も無頓着で最も無邪気な日常性においてこそ、現存在の存在は、赤裸々な「現存在は存在しており、存在しなければならないという事実」として、裂けあらわれることがある。純然たる「現存在は存在しているという事実」は示されているのだが、それがどこから由来し、どこへと帰属するのかは不明のままなのである。[34]

このような事況をハイデガーは「被投性」と呼んだ。そして、レヴィナスはこの「被投性」を独特の含意を持つフランス語に訳し直すことで、それまで見えなかったものを前景化しようとする。

33 『存在と時間』、二五一頁
34 同書、二五二頁

ハイデガーの「被投性」という概念はふつうフランス語では déréliction あるいは délaissement と訳される。[35] ドイツ語をフランス語に訳すことでレヴィナスは隠されていた問題の霊的・歴史的次元を開示しようとする。

déréliction はラテン語 derelictio の派生語で、原義は「放置されること」である。ただ神学的には固有の含意がある。それは「神からのあらゆる救いから見捨てられた被造物の惨状」である。délaissement もニュアンスはそれに近い。ただの「放置」や「置き去り」ではない。「放置されたせいで孤独であること」、「放置されることで破滅すること」を含意する。ハイデガーの「被投性」はただの「投げる」（werfen）の過去分詞形から作られた名詞に過ぎない。そこには「神」も「孤独」も「破滅」も含意されてはいない。しかし、レヴィナスにとって被投性とは単に「投じられていること」ではなかった。レヴィナスや彼の親族が「投げ入れられた」のは収容所だったからである。一九三三年から四五年までの絶望の時代において、ヨーロッパのユダヤ人たちは自分たちの現況をまさに「神のあらゆる救いから見捨てられた被造物の惨状」として記述する他なかったのである。

ハイデガーにおいて「〈実存する〉はつねに〈実存者〉のうちにとらえられている」とレヴィナスは書く。[36] レヴィナスはここで「とらえる」saisir という動詞を用いている。saisir には「つかむ、握る、捕らえる、利用する、把握する、理解する、押収する、差し押さえる」といった訳語が当てられる。この動詞の選択によって、ハイデガーが（非主題的にではあるが）〈実存者〉は〈実存する〉に対して能動的な立場をとり得ると考えていたことをレヴィナスは暗に指摘する。

ハイデガーにとって「ドイツ人であること」は「民族の大地と血に根ざした諸力」を根源的に志向し、それを賦活し、顕現するための英雄的努力に不可分的に結びついていた。ハイデガーにおいて、ドイツ民族の根源的使命から分離されているドイツ人は存在しない。ハイデガーにおける個人と民族原理のこの濃密な関係について、『ハイデガーとナチズム』の著者はこう書いている。

> ハイデガーは、「ドイツ民族の運命」という個人を超越した原理を持ち出し、運命に従うものの行動をその運命の動きによって説明し、基礎づけようとする。個々人の服従と行動は、この超越論的な審判を通じて行われ、それを前にしては、いかなる特権も消え失せ、いかなる役を演じようと、その功績はただ、この決定的な審判の負託という観点からのみ評価される。[37]

そして、その根拠として、ハイデガーの演説中の次の言葉を引く。

> 我々はこうした精神的負託を知っているのだろうか。この問いに然りと答えるにせよ否と答えるにせよ、我々は次の問いからは逃れることができない。つまり、我々この大学の教師と学

35 TA, p.25
36 TA, p.24
37 ファリアス、前掲書、一三三頁

生は、ドイツの大学の本質に、真にそして足並みを揃えて、根を下ろしているのであろうか。そしてこのドイツの大学の本質は、我々の現存在にとって真の影響力をもっているのであろうか。我々がこの本質を根本から**希求する**時にのみ、然りである。[38]

ハイデガーは続けて大学の本質とはその「自治」にあると述べる。では、「自治」とは何のことか。「自治とはしかし、我々自身に使命を課し、その実現の方策を自ら定め、我々がそうあらねばならないものに自らなるということなのである。」[39]「我々がそうあらねばならないものに自らなる」、これがハイデガーにおける現存在と存在の関係を端的に言い表している。現存在は自分が本質的・根源的に何ものであり、何にならねばならないのかを先駆的にすでに知っている。だから、おのれに負託されたその使命を発見し実現することを通じて、より完全により徹底的におのれ自身になるのである。ハイデガーにおいて〈実存する〉はつねに〈実存者〉のうちにとらえられているとレヴィナスが書くのはこのような遂行的なプロセスを指している。

たしかにこれは一九三三年のドイツ人にとっては、強い喚起力を持った言葉だったと思う。けれども、同じ言葉がユダヤ人にとってはまったく逆の意味を持っていた。というのは、ヨーロッパのユダヤ人たちは強制収容所に「投げ入れられ」、そこでシステマティックに殺されることによって「彼らがそうあらねばならないもの」すなわち「存在しないもの」になったからである。

ハイデガーが「〈実存者〉なき〈実存する〉」を認めるとは思わない。「そんなものは彼には不条理なものに思えるに違いない」とレヴィナスは書いた。けれども、その不条理をまさにユダヤ人は強いられたのである。

「〈実存者〉なき〈実存する〉」とは、〈実存者〉によって先駆的に把持されることもなく、〈実存者〉の本質でもなく、〈実存者〉が希求したものでもなく、〈実存者〉がそこに根を下ろすこともできないにもかかわらず、まさに〈実存者〉が今まさにそこに投じられている「場」のことである。だから、それは「無」(néant)ではない。「無」であるはずがない。

「〈実存者〉なき〈実存する〉」に私たちはどうやって接近したらよいのであろうか? あらゆるもの、事物も人間も何もない状態への回帰を想像してみよう。私たちはそこで純粋な無に出会うのだろうか? いや、こうしてすべてを想像的に破壊したあとに残るのは何ものか(quelque chose)ではない。あるという事実(le fait qu'*il y a*)だけが残るのである。[40]

これがレヴィナスのキーワードである「ある(イリヤ)」の本講演での初出である。Il y a .... は「……が存在する」を意味する。フランス語の初級を学んだ人なら誰でも知っている基本表現である。il は英語の it に相当する非人称主語である。英語にも It rains「雨が降る」や It's fine「天気がいい」とい

38 ハイデガー、「ドイツ大学の自己主張」、同書、一三三頁
39 同書、一三三頁
40 TA. pp.25-26

った非人称構文があるが、その形式主語であるitは具体的には何も指していない。事情はそれと同じである。「ある（イリヤ）」は「何ものか」が存在することを指示する形式的なフレームワークであるが、それ自体は「何もの」でもない。「〈実存者〉なき〈実存する〉」という事況を言い表すのにこれほど適した表現はない。

13　〈実存者〉なき〈実存すること〉(4)

「ある（イリヤ）」とは〈実存者〉なき〈実存する〉である。そう言われても、私たちの脳裏には具体的なイメージが何も浮かばない。けれども、この命題を、ハイデガーが現存在に与えた定義、すなわちおのれに負託されたその使命を発見し実現することを通じて、いわばより完全により徹底的におのれ自身になるものと照合させてみると、不意に生々しい相貌をあらわにする。というのは、ナチスの思想によるならば、ユダヤ人という具体的な実存者たちが歴史的に負託された使命は、地上から消滅することだったからである。完全にかつ徹底的におのれ自身である時に、存在してはならぬものとして自己成就する存在者、それがナチスの統治下におけるユダヤ人だった。ハイデガーが深く与した政治的体制はユダヤ人をそのようなものとして定義していたのである。

ハイデガーがそのことにどれほど自覚的であったのか私は知らない。たぶん、彼には自分がユダヤ人たちの死刑宣告に同意署名したという自覚はなかっただろう。だが、ナチスの「ユダヤ人問題の最終的解決」はハイデガーの哲学と原理的には齟齬しないものだった。そのことをユダヤ人たちは身にしみて知っていた。

ハイデガーは過剰に愛国的であっただけで、ユダヤ人たちを（あるいは精神病院患者たちやジプシーたちを）一〇〇万人単位で殺害することに同意した覚えはたぶんなかったのだろう。ハイデガー存在論はジェノサイドを直接基礎づけるものではない。しかし、そこからジェノサイドを阻止するロジックを引き出すこともできない。

収容所に投じられたユダヤ人たちは、固有名を消され、腕に入れ墨された番号で呼ばれた。身分を偽っての逃亡の旅では、「私はユダヤ人ではない」と繰り返し自己のアイデンティティーを否定しなければならなかった。隠れ家に潜んだアンネ・フランクのように（あるいはモーリス・ブランショによってカトリックの修道院にかくまわれたレヴィナスの妻子たちのように）「私はここにいない」と誓言しない限りそこにいることができないという背理的状況を生きねばならなかった。ユダヤ人たちはたしかに〈実存〉したのだけれど、それは〈実存者〉を消去線で否定するかたちにおいてであった。

このような状況をなんと描写すべきだろう。「純粋な無」だろうか。違う、無ではない。それは「あらゆるものを想像的に破壊し尽くしたあとに残るもの」なのだが、かたちある「何か」ではない。それは「何ものかがある」のではなく、「何ものか」抜きの、端的に「ある（イリヤ）」という事実なのである。


あらゆるものの不在は、ある種の現前として、回帰してくる。すべてが陥没した場所のように、大気の密度のように、空虚で満たされた充実のように、あるいは沈黙のつぶやきのように、回帰してくる。すべての事物とすべての存在者の破壊の後に、非人称的な、〈実存すること〉の〝力の場〟（champ de forces）が存在する。[41]

レヴィナスはここで使える限りの語彙を駆使して、「不在の現前」という背理的な状況を描写しようとしている。「すべてが陥没した場所」。大地震でそこにあったすべてがクレヴァスに飲み尽くされたあと、地面の割れ目が塞がってしまった。たしかにかつて何かがそこにあったが、それはあとかたもなく消滅した。その消滅という事実だけが残響のようにその場を領している。先ほどまで誰かがいたのだが、今はもういない。そのような状況だけがこの時期のユダヤ人に許された存在する仕方だった。

非人称的な、〈実存する〉の〝力の場〟が存在する。主語でもなければ、名詞でもないもの。もはやなにものも存在しない時に、〈実存する〉という事実だけが自己主張している。それは名を持たない。この〈実存する〉をわが身に引き受けることのできる人間も事物も存在しない。それは「雨が降る」（il pleut）や「暑い」（il fait chaud）のように非人称なのである。どのように否認して逃れようとしても回帰してくる〈実存する〉。純粋な〈実存する〉という容赦なさのようなものが、そこにある。[42]

これだけ読んでも、「ある（イリヤ）」について解像度の高い概念像を持つことは無理だ。しかし、一九四六年のパリのユダヤ人たちにとっては、それが何を意味するのかは感覚的には分かったのではないかと思う。それこそが彼らにとって直近の過去における「被投性」経験の実相だったからである。

『時間と他者』はレヴィナスの戦後の思想的営為の始点である。そして、その時点でのレヴィナスの喫緊の哲学的課題は「ハイデガーの圏域」との訣別であり、実践的課題は瓦解の危機に瀕したフランス・ユダヤ人共同体の霊的な再構築であった。この歴史的文脈の中にあって、レヴィナスがその時点でまず語らなければならない言葉がこれであったという歴史性を無視すべきではない。レヴィナスは一般論を語るために講壇に立ったわけではない。その場にいた聴衆たちに、彼らの人生に決定的な傷を残した直近のトラウマ的体験について、その出来事はいったい何だったのかを理解し、その傷からの自己治癒はいかにして可能かを知ることを切望していた聴衆に向かって語ったのである。だから、レヴィナスのこの言葉は聴衆たちに実存的な「震え」のようなものをもたらしたはずだ。

『時間と他者』の歴史的な意義についてフランソワ・ポワリエはかつてこんな質問を発したことがあった。

41 TA, p.26
42 TA, p.26

『時間と他者』の刊行時点は、戦争と〈解放〉というあの激震的な出来事のあとでしたから、多くの知識人たちは諸問題の社会的側面に熱中していたわけですが、その時期、あなたはご自身の形而上学的な計画にずっと忠実でいらしたのでしょうか？[43]

インタビュアーのポワリエは『時間と他者』が、当時フランス社会が直面していた喫緊の問題に背を向けた形而上学的思弁だという印象を抱いているようだ。このインタビューは一九八一年に行われており、ポワリエは一九四九年生まれであるから、哲学学院でレヴィナスが時間論を講じた時期にパリの知識人がどんな「気分」でいたのかを経験的には知らない。その「無知」をやんわり指摘するように、レヴィナスはこう答えた。

たしかに、そう思われてもしかたがありません。しかし、それがジャン＝ポール・サルトルとモーリス・メルロー＝ポンティが哲学の地平を支配していた時代だったということを忘れられては困ります。それはドイツの現象学がフランスに到来し、ハイデガーの名が知られ始めた時代でもありました。人々は決して社会問題だけを論じていたわけではありません。あらゆるものに対して人々は開かれ、あらゆることに好奇心を向けていました。それに、そもそも私は純粋哲学が〈社会的問題〉に触れることなしに純粋でありうるなどとは思っておりません。[44]

インタビュアーには当時のアクチュアルな社会的関心とは無縁の形而上学的思弁だと思えた著作

について、レヴィナス自身は、これはハイデガー哲学と社会問題を論じた生々しいテクストだと証言しているのである。

14 〈実存者〉なき〈実存すること〉(5)

レヴィナスが二〇世紀を代表する哲学者の一人として後世に名を残すことになるのは確実だが、彼の哲学史最大の功績の一つはその独特な修辞術にあると私は思っている。ある哲学者はレヴィナスの文体を「繰り返し押し寄せる波のような律動」に比した。私もそれに同意する。レヴィナスの文体は寄せては返す波のようなリズムを刻む。同じような波形が何度か続く。不意に波が途絶えて、やがて遠く海嘯が轟き、異形の大波が頭上から崩れ墜ちて私たちを呑み込む。絶息しかけて必死で浮かび上がって肺一杯に息を吸い、しばし波間に漂って息を整えていると、なじみのある波形が戻っている。それが何度か続くと、また波が途絶え……そういうことが繰り返される。

それがレヴィナスを読む時に私が感じる身体的な印象である。一度は波に巻き込まれて息ができなくなるのだが、それを繰り返しているうちに、息を止めていられる時間がだんだん長くなる。水没した時、海面に浮き上がるための足がかりになる海底の足場のありかを足裏が記憶するようにな

43 EI, p.48
44 EI p.48

る。そして、やがて波に身を任せていることがそれほど苦しいことではなくなる。

寄せては返すようなレヴィナスの無窮律動的な文体は、決して文学的な感興に導かれて選ばれたものではない（詩的法悦と神秘的霊感をレヴィナスはほとんど病的に嫌った）。あれは私たちに何かを理解させるためではなく、私たちに何かをさせるために精密に計算され、設計された装置なのだと思う。重要なのは、テクストの叡智的な内容ではなく、テクストそのものが読者を造形し、読者を扶養するその力動的な過程なのだ。レヴィナスの超絶技巧的修辞に身を委ねるということは、極端な言い方をすれば、おのれの手持ちの度量衡によるテクスト理解を断念するということである。おのれの既知の枠組みに落とし込むことを諦めるということである。私たちはそうやって未知の概念ににじり寄ってゆくのだが、それが「未知」と言われるのは、それが私たちがかつて一度としてその概念の欠如を欠如として感じたことのない概念だからである。私たちがそれについて、プラトン的な「イデア」を分有していない概念だからである。

「ある（イリヤ）」とはどういうものか。名詞に落とし込むことのできない事況を記述するために、レヴィナスは不眠の話を始める。もはやなにものも存在しない時に、〈実存する〉という事実だけが自己主張しているような状況、〈実存する〉をわが身に引き受けることのできる人間も事物も存在しない状況、それをレヴィナスは「ある（イリヤ）」と術語化するのだが、それは決して形而上学的な構築物ではない。それは私たちがふだん経験しているにもかかわらず、それが〈実存する〉にかかわる経験であるとは気づいていないものなのである。

不眠は、私たちがそこに繋縛されている目覚めから身を引き剥がすいかなる手立てもないという意識によって形成されている。何の目的もない目覚め。そこに釘付けにされている時、私たちは自分がどこから来てどこへ行くのかを知らない。[45]

　不眠に苦しんだ経験のある人なら分かると思うが、不眠とは「眠り方を忘れる」ことである。私たちはふだんあまりに自然に眠りに落ちるので、「眠りに落ちる」という動作を能動的・主体的には行うことができない。だから、正確に言えば、「眠り方を忘れた」のではない。もともと私たちは「眠り方」を知らないのである。それゆえ、私たちは不眠の時に、絶望的な無能のうちに置かれる。眠れない。眠らなくてはならない。身体は疲れているが、頭はさまざまな想念に満たされて熱っぽい。心も身体も鎮静と休養を必要としている。だが、どうしても眠れない。たしかに不眠は絶望的な不能なのだが、それは何かが欠如しているということではない。忘れてしまった「眠る技術」を思い出せば眠れるようになるということではない。新たに「眠る技術」を習得すれば眠れるようになるということでもない。この時不眠の私たちを苦しめているのは、何かの欠如ではない。そうではなくて、何かの過剰なのである。眠れない私がここにいるという事実そのものが私を眠れなくさせているのである。私を苦しめているのは「私が今ここにいる」という原事実なのである。たしかに「私は眠れないでいる」というのは現実認識として適切である。私は正しく状況を把握している。起き上がって、自分の不眠について詳細なレポートを書くこともできる。だが、私が状況を適切に把握しそれについて詳細を記述できるという私の能動性そのものが、私の眠りを妨げてい

45　TA, p.27

る。

> 眠りに至るいかなる手立てもないという目覚めを経由して、私たちは「ある（イリヤ）」がどういうものであるかを知ることになる。無意識のうちに逃げ込むことも、私有地のうちにいるように眠りの中に引きこもることもできない、目覚め。[46]

不眠において私たちを苦しめているのは、私たちが意識を持ち、身体を持っているという事実そのものである。休息を求める身体があり、眠りを求める意識がある。それが「ある」がゆえに私たちは不眠に釘付けされる。自分が存在することそれ自体がもたらす不快。それが不眠の本質である。レヴィナスはこの事実を西欧哲学は哲学的主題として考察したことがないと言う。『時間と他者』には書いていないが、同じような経験（吐き気）を分析した『逃走について』（一九三五年）でははっきりとそう書いている。

西欧的な知は存在することの自明性を一度も疑ったことがない。存在が何かを欠いていることの欠落感や不充足感を覚えることはある。だが、存在することそれ自体を不快に感じたことはない。

> 事物は**存在する**。事物の木質や特性が不完全であるということはありうる。しかし、存在するという事実そのものは完全性、不完全性といった区分の彼方にある。存在はある。（…）自己同一性とは存在者の一特性ではないし、自己同一性をかたちづくる諸特性の相同性によって

作られるものでもない。自己同一性とは存在するという事実に充足しているという事態の表現に他ならない。この存在するという事実の絶対的、既決的性格には何人も疑義を差し挟むことができない。そして、西欧哲学はここから一歩も先へ踏み出すことがなかった。[47]

これが書かれたのはヒトラーが全権を手にした二年後である。そして、「西欧哲学」(la philosophie occidentale)と総称してはいたが、レヴィナスの念頭にあったのはハイデガー存在論のことである。

15 〈実存者〉なき〈実存すること〉(6)

欠如を充たす、自己同一性を達成する、自己完成を果たす。そういう言葉づかいをしている限り、ハイデガー存在論の圏域からは逃れることができない。「ハイデガー的圏域」とは、端的に言えば、そこでは誰一人として、存在の欠如が「悪」であり、「痛み」であり、「不快」であり、「病」であるということを疑わない風土のことである。そして、レヴィナスはそこから出ようとしていたのである。

---

46 TA, p.27

47 DE, p.69

まことに困難なミッションである。というのは、「存在しないもの」は「存在しないもの」と命名され、類別され、存在の秩序のうちに居場所を与えられているからである。すべてが存在のうちに整序されている世界、存在が過剰であるような世界をレヴィナスは「ハイデガー的圏域」と呼んだ。

「ある（イリヤ）」の分析を不眠から始めたのはおそらく、レヴィナス自身が久しく不眠に苦しんでいたからではないかと思う。『実存から実存者』への序文でレヴィナスは不眠についてこう書いている。

> 捕囚の間に書き始められ、〈解放〉の直後に刊行されて世に知られることになった「ある（イリヤ）」という概念は、不眠のうちに繰り返し現われる、幼年時代から続く、あの奇妙な強迫観念に起源を持つ。奇妙な、というのは不眠においては沈黙が鳴り響き、空虚が充満するからである。[48]

レヴィナス自身おそらく幼年時代から不眠に苦しんでいたのだろう。そして、この怜悧な少年は不眠という苦しみが何かの過剰であると直感した。「眠る能力」の欠如や、「眠りについての明察」の欠如や、「あるべき眠りの本質についての先駆的知」の欠如によってこの「苦しみ」はもたらされているのではない。むしろ、不眠という不快の根源にあるのは、自分が存在していることがもたらす不快なのだ。自分の知性が、不眠状態にある自分の不快や苦しみを完全に把握しているがゆえに、私たちは眠ることができない。

この時期、レヴィナスは自らの哲学的営みに「懶惰と疲労と苦役の現象学」（une phénoménologie de paresse, de la fatigue, de l'effort）という独特な呼称を与えた。[49] そして、その個人的経験を起点として、伝統的な哲学とは違う視座から存在を考察しようとした。『逃走について』で、レヴィナスは「自分自身に釘付けされ、自分以外のものであることができないことがもたらす根源的な不快」という、西欧形而上学がそれまで興味を示すことのなかったもう一つの論件を採り上げた。「恥辱」（honte）である。

> 恥辱のやりきれなさ、その切迫感は、われわれにとってすでに疎遠であり、どうしてそんな行為をしたのかその動機さえ理解できぬ存在者と、おのれ自身とを同一化せざるを得ないという不能感のうちに存する。[50]

恥辱もまた、不眠と同じく、何かが欠如しているために起きるわけではない。むしろ、何かの過剰ゆえに起きる。

恥辱はわれわれの存在の有限性が理由で生じるわけではない。誤って罪を犯しかねないわれ

48 EE, pp.10-11
49 EE, p.11
50 DE, p.85

われの弱さから生じるわけではない。そうではなくて、われわれの存在の存在から、おのれ自身と手を切ることができないという無能から生じるのである。[51]

恥辱において、私たちは「十分に理解されていない」という不充足感に苦しんでいるのではない。「いまだ十分に自分自身になり得ていない」ことを苦しんでいるのではない。そうではなくて、自分のありのままが開示されているがゆえに苦しんでいるのである。「身の置き所がないほど」に裸形であることによって苦しんでいるのである。自分自身から逃れることができないことに苦しんでいるのである。

> 恥辱においてあらわになるのは、まさにおのれ自身に釘付けにされているという事実、自分自身から身を隠すために自分自身から逃れることができないという根源的な不可能性、自分の自分自身に対する仮借なき現前なのである。[52]

おのれ自身に釘付けにされていることの不快の実例として、次にレヴィナスは「吐き気」を取り上げる。ジャン＝ポール・サルトルの同名の小説が刊行される三年前のことである。

吐き気（nausée）は外部から到来する不快ではない。吐き気は間違いなく私たちの内側に起源を有し、私たちの内側から切迫してくる。吐き気は私に何かあるべきものが不足しているせいで生じるわけではない。私が十全に私らしくないから生じるわけではない。

> 吐き気を覚えた人は、そこにとどまることを拒み、そこから逃れ出ようとする。けれども、この努力には希望がない。どうふるまおうと、どう思量しようと、すべての企ては絶望的である。この絶望、釘付けにされているというこの事実が、吐き気の苦しみのすべてを構成している。吐き気において、人は自分自身であることができないままに同時に自分自身に釘付けにされている。[53]

> 吐き気に咎めるべき点があるとすれば、それは礼儀作法に違背しているからではない。咎められるべきはそこにいること（être là）それ自体である。[54]

être là はハイデガーの「現存在」（Dasein）の仏語訳である。レヴィナスはここで粗忽な読者が「咎められるべきは現存在それ自体である」と誤読するように書いているのである。

レヴィナスが言う「逃走」とはロマン主義的な「脱出」とは全く別物である。

未知の土地へ逃れ出ようとした冒険者たちがめざしていたのは「より自分らしくあること」であ

51 DE, p.85
52 DE, p.87
53 DE, p.90
54 DE, p.91

る。ここにいたのでは「自分らしくあること」ができないと思うからこそ、人はそこからの脱出を願うのである。ロマン派的な、あるいは存在論的な脱走（fuite）は、われわれの存在の有限性、不十全性についての嫌悪感に駆動されているのであって、「存在そのものへの嫌悪感」に由来するのではない。だが「逃走」（évasion）はそうではない。そもそも「逃走」には目的地がない。

逃走とは自分自身の外へ出たいという欲求のことであり、言い換えれば、自分が自分自身であるという最も根源的で最も仮借ない繋縛を断ち切りたいという欲求のことなのである。[55]

16 〈実存者〉なき〈実存すること〉(7)

『逃走について』の祖述をもう少し続ける。『時間と他者』を読むために必要な迂回だということはお分かりいただけると思う。続いてレヴィナスは「自殺」を採り上げる。

自殺というのはおそらく自分の存在に対して主体が行使しうる最後の能動的なふるまいである。どれほど不条理な状況に投じられても、最後の最後には私たちは自殺によって運命を自己決定できる。その権能は誰にも奪うことができない。そう信じられている。

しかし、死ぬことによって私たちは果たして存在と縁を切ることができるのだろうか。むしろ、自殺においてこそ、存在は死の領域にまで深々と侵犯し、死を支配するに至るのではあるまいか。

現実的な話になるが、現代日本人の自殺の理由は、遺書などにより特定できる限り、一位が「健康問題（病気）」、二位が「経済・生活問題（貧困）」、三位が「家庭不和」、四位が「職場での人間関係と勤務の困難さ」である。

「病気を苦にして自殺」という記事を読むと、私たちは「そういうこともあるかも知れない」と思う。だが、いったいどの程度までの病苦なら自殺するのも「もっとも」だと私たちは判断しているのだろうか。どの程度重篤な病に罹患したら「自殺することが合理的」だとみなされるだろうか。「風邪を引いて、熱があって苦しかったので自殺した」という人はふつういない。しかし、回復する見込みのない難病に罹患していても、死の寸前まで生き生きと活動的な幸福な病人もいる。身体的な苦しみや衰弱について、「自殺する方が合理的だ」という一般的な基準はない。病苦が「耐え難い」ものか否かを決定するのは最終的には個人である。もし「このような病態にあるのは私らしくない」と判断する人がいたとしたら、その人においては「あるべきおのれ自身」と現状の乖離が受忍限度を超えたということなのだろう。だが、それはきわめて存在論的なふるまいだとレヴィナスなら言うだろう。

ハイデガーによれば、現存在の根本的趨勢は「われわれがそうあらねばならないものに自らなること」である。現存在は、おのれが本質的・根源的に何ものであり、何にならねばならないのかを先駆的にすでに知っている。そして全人生を通じて、より完全により徹底的におのれ自身になろうとする。それが現存在の当為である。ハイデガーの言葉をそのまま引用する。

55　DE, p.73

現存在は、おのれ自身として、現存在がまだそれでない当のものに**成ら**なければならない。言いかえれば、そうしたもので**あら**なければならない。[56]

現存在の根源的な趨向性を、ハイデガーは果実が完熟してゆくプロセスに喩えた。

たとえば、未熟の果実はその成熟に向かってゆく。そのさい、このように成熟することにおいて、果実がまだそれでない当のものが、まだ事物的に存在していないものとして、果実に継ぎ足されるのでは断じてない。果実自身が成熟するにいたるのであり、しかもそのようにみずから成熟するにいたるということが、果実としてのその存在を性格づけているのである。(…)成熟しつつある果実は、おのれ自身の他者である未熟に対して、無関係でないだけではなく、それは、成熟しつつ未熟なので**ある**。[57]

現存在は成熟しつつ未熟である。成熟をめざす限り、現存在は本質的に未熟なのであり、決して完熟に至ることができない。現存在は「現存在が存在しているかぎり、**そのつどすでにおのれの未了なのである。**」[58]

現存在の本質は成熟をめざす未了であることのうちにある。だとすれば、死は存在の終わりではないということになる。この論の運びにハイデガーの天才性は存する。

現存在は、成熟をめざす未了である限り、すでに死を繰り込んでおり、死を踏み越えている。未了こそが現存在の根本性格なのである。現存在が死ぬ時、現存在はその「経歴を完了」しはするが、現存在を「完成」させるわけではない。

　現存在は、現存在が存在している限り、不断におのれの未了なのであるのだが、それと同じく現存在は、いちはやくおのれの終りなのである。（…）死は、現存在が存在するやいなや、現存在が引き受ける一つの存在する仕方なのである。「人間は生まれ出るやいなや、ただちに十分に死ぬ年齢になっているのである。」[59]

現存在は生まれ出た時にすでに死を繰り込んでいる。だから、死ぬことによって存在することを止めるのではなく、完了するのでもない。現存在は死ぬことによって、おのれの未了という本質を生き続けるのである。死ぬことは現存在が引き受ける一つの存在する仕方（eine Weise zu sein）なのである。

人が自殺することができるのは、死ぬこともまた「一つの存在する仕方」だからである。「生ま

56　『存在と時間』、四〇〇頁
57　同書、四〇〇頁
58　同書、四〇一頁
59　同書、四〇三頁

れ出るやいなや、ただちに十分に死ぬ年齢になっている」という現存在の根本性格ゆえに人は自殺することができるのである。

死は、そのつど現存在が引き受けなければならない一つの存在可能性なのである。死とともに現存在自身は、おのれの最も固有な存在しうることにおいて、おのれに切迫している。[60]

死は一つの存在可能性（Seinmöglichkeit）である。死とともに現存在はおのれの「最も固有な存在しうること」（eigensten Seinkönnen）に切迫するというハイデガーの言明が正しいのだとしたら、人は「より完全に、より徹底的におのれ自身にならねばならない」という現存在の実存的宿命に従って、「おのれの未了を生き切る」べく自殺することができる。だとすれば、自殺によって人は存在から逃れるのではない。むしろすべてを存在に譲り渡し、すみずみまで存在で充たされることになる。レヴィナスはこう書く。

それゆえに、ハムレットは悲劇の彼方であり、あるいは悲劇の悲劇なのである。ハムレットは「存在しないこと」がおそらく不可能だと理解している。彼はもはやその不条理を――自殺によってさえ――支配することができない。存在からの出口がないという存在の容赦なさ、それが存在の根源的な不条理を形成している。存在は病である。存在が有限だからではない。存在に限界がないからこそ存在は病なのである。ハイデガーによれば、苦悩とは無の経験のことである。果たして、そうだろうか。もし死が無を意味するのなら、苦悩とは死ぬことの不可能性のことではあるまいか。[61]

存在は病である(l'être est le mal)という決定的な一言をレヴィナスが口にした時、おそらく哲学学院の聴衆たちの間にはひそやかなどよめきが拡がったはずである。

17 〈実存者〉なき〈実存すること〉(8)

西欧哲学は「存在の欠如をいかにして充足するか」、「不完全な存在者はいかにして自己を完成するか」、「現存在はいかにして〈おのれがまだそれでない当のもの〉になるのか」という一連の課題を目指してきた。それが目標であることを疑う人は哲学の正系には登場しなかった。この「存在論の圏域」からの脱出はまことに困難な旅程である。というのも、ある閉域から「逃れ出る」という時に、私たちはそれと知らずに「存在論の語法」を口にしてしまうからである。こんなところにいたのでは私は私らしく生きられない。ここから出なければ、「本当の私」になれない。私たちはほとんど自動的にそういう言葉遣いを採用する。家出する時も、転職する時も、離婚する時も、戦争

60 同書、四一〇頁
61 TA, p.29

を始める時でさえ、私たちは「おのれの本質を十全に発現できる機会を探す」という言い回しを採用する。それが存在論の語法なのである。

今も教育者たちが好んで口にする「自分探し」というのもその好個の例である。これは「現存在は不断におのれの未了なのである」というハイデガーの命題の世俗的な言い換えである。その意味では（言われたら驚くだろうが）、現代日本社会もまた「存在論の圏域」のうちにあるのである。

存在論の圏域から脱出するために、私たちは「より自分らしく、より自由に」という目標設定を自らに禁じなければならない。ある「未了」を別の「未了」に置き換えるだけでは、存在論の語法はただ強化されるだけである。

この陥穽から逃れるためには、とりあえず「そういう定型的な文で自分のありようを語ることに*うんざりする*」ところから始める他ない。「このような定型文で自分の状況を語ることは*間違っている*」という文型を採用してはならない。私たちはことの真偽を論じているのではないからだ。ことの真偽を論じている限り、私たちはある定型を別の定型に置き換えることしかできない。レヴィナスは*真理の陥穽*についてこう書いている。

> 真理は、いかに意表を衝くものであれ、奇矯なものであれ、われわれの自我の主権性と〈世界〉の諸地平をわれわれの手元にいつも残してくれる。（…）真理は現世の諸形式を来世に持ち込むだけである。真理はいのちを逃れて、いのちのうちに逃げ込む。[62]

私たちは真理を求めているわけではない。真理の瀰漫（びまん）にうんざりしているのだ。しかし、この「うんざり」は私が自分のあるべき姿と現状との乖離を苦しんでいることから生じるのではない。「おのれのあるべき姿と現状の乖離に苦しむ」という文型でしか自分の今の不具合について語ることができないおのれの無能に対する倦厭感なのである。だから、レヴィナスは「懶惰と疲労と苦役の現象学」という独特の言い回しを採用したのである。疲労により、倦怠により、怠惰により、実存の緊張が弱まることがある。覚醒と明察の支配が衰える時がある。その時、存在論の全能にもわずかな「隙」が生じる。レヴィナスはそこに存在論攻略の例外的な機会を見出したのである。

不眠も、恥辱も、吐き気も、自殺の誘惑さえも人間にとっては「よくある」日常的な経験である。だが、哲学の正系において、それらが核心的な主題となったことはない。それらはいずれも「私による私自身の支配」が衰微する病的症候だからである。それらは主体の足場がおぼつかなくなる経験ではあっても、哲学的な開かれの拠点になるということは、ふつうはない。だが、レヴィナスは主体の全能性が翳（かげ）りを見せるこの瞬間のうちに存在論の圏域からの脱出の道筋を見出そうとした。

> われわれはこう問うべきなのだ。覚醒が意識を規定するというのは本当だろうか、意識はむしろ覚醒から身を引き剥がすことの可能性ではないのか、意識の本義は眠りの可能性と背中合わせになった覚醒ということに存するのではないのか、「自我」(moi) という事実は非人称的

62 SM, p.13

な覚醒という状況から脱出する力能のことを言うのではないのか、と。確かに意識はすでに覚醒に関与している。しかし、意識をとりわけ特徴づけているのは、眠りに就くために〈後ろに〉に引き下がる可能性を絶えず保持していることなのである。意識とは眠ることができる能力のことである。存在の瀰漫から逃れ去ること、それがまさに意識の逆説なのである。[63]

すみずみまで光で照らし出された世界、すべてが既知であり、その本質をあらかじめ暴露されている世界。それが「存在論の圏域」である。しかし、そのような圏域でしか人間は生きられないというのは、本当のことなのか。

最も残酷な拷問とは煌々たる光に照らして、人を眠らせないことである。私たちは眠ることなしには生き続けられない。定期的に「覚醒から身を引き剥がす」ことなしには意識を保ち続けることができない。だから、レヴィナスが「存在することの不快」を語る時に、まず不眠を採り上げたのは実に周到な配慮だったのである。

私たちは「意識的に眠る」ということができない。「正しい眠り方」というようなものを私たちは知らない。眠りは私たちの主体的統御に服することなく、どこからともなくやってきて、私たちの覚醒を停止させ、私たちを別世界に拉致し去る。眠りが甘美であるのは、そこでは覚醒時とは違う論理が支配し、違う文法構造で言葉が語られ、同じ言葉が違う意味を持つからである。そこと「背中合わせ」(adossé) にあること。それが私たちにとっては生き続けるための必須の条件なのである。「悪夢」のことを思えば得心がゆくはずだ。私たちはしばしば悪夢を見る。それがあまりに耐えがたいものである時に私たちは脂汗をかいて目覚める。そして「ああ、夢だったのか」と胸をなで下ろす。悪夢から覚醒に逃れることが私たちにはできる。悪夢にうなされながらも、私たちには「これは夢だ」ということを非主題的には知っている。夢が覚醒と「背中合わせ」であることを知っている。それが悪夢の「耐えがたさ」を「耐え得るもの」にしている。逆に、覚醒時の現実がどれほど苦痛であろうとも、ひとたび眠りが訪れるならば、その時にはこことは違う世界において魂と肉体に一時の休息がもたらされるということも私たちは知っている。

「背中合わせ」という語はこの二つの境域の関係をよく言い表している。眠りはいわば私たちの背後から訪れる。疲労の極致にある時、眠りは私たちの背後から忍び寄って、一瞬のうちに私たちをブラックアウトに誘う。私たちは眠りの接近を前方視野においては視認することができない。それは「後ろから」やってくる。覚醒もそうだ。悪夢のさなかにあっても、私たちは何かを手がかりに覚醒できることをうすうすは知っている。ただ、その覚醒への切り替えは、眠りへの切り替えと同じく、私の意思によっては完全には統御できない。「こことは違う場所へ抜け出したい」という抗しがたい欲求がある閾値を超えた時に、その望みは不意に聞き届けられ、私たちはすでに「ここことは違う世界」に抜け出ている自分を見出す。そのようにして、眠りのうちに、あるいは覚醒のうちに、私たちはそのつどすでに抜け出している。けれども、この「壁抜け」のような営みを私たちは意志によっては統御することができない。

63 TA, pp.29-30

おそらく人間が人間であり得るのは、この二つの世界（同じ人々が登場しながら、世界の論理が違う世界）を私たちが日常的に往還しているからである。その切り替えが許されるからこそ人間は生きていられる。その死活的重要性を知るためには、眠ることを禁じられた自分、あるいは覚醒することを禁じられた自分を想像すれば分かるはずだ。死とはおそらくこの往還の能力を失うことである。

もし私たちが死の直前に耐えがたい悪夢を見ていたとしよう。いくぶんかでも生きる力が残されていれば、私たちはその悪夢から覚醒して、安堵のため息をつき、それから改めて安らかな死を迎えることができる。だが、悪夢から覚醒するだけの体力がなかったとしたらどうなるか。私たちは永遠に続く悪夢の中に幽閉されることになる。というのは、脳内における時間の流れの遅速は徹底的に主観的なものだからだ。『邯鄲（かんたん）』の夢枕で眠りに落ちた盧生（ろせい）は粥が炊き上がるまでの須臾（しゅゆ）のうちに死ぬまでの全人生を細部に至るまで夢に見る。それは客観的時間としては数分間であったかも知れないが、主観的にはそれは一生の長さであった。

眠りと覚醒を行き来できること、つねに一方から他方への「脱出」の経路が保証されていること、それが人間が人間として生きられる基本的な条件を形成している。これは哲学的考想というよりは経験的実感である。けれども、この経験的実感に基づいて存在論を正面突破しようと考えた哲学者はレヴィナスを以て嚆矢（こうし）とする。

18　位相転換(1)

覚醒と眠りの間を行き来しうることが人間の人間性の核心をなすということを主題にした物語がある。エドガー・アラン・ポオの『ヴァルドマアル氏の病症の真相』である。レヴィナスはこれを知る限り最も恐ろしい物語であるとどこかで書いていた。こんな話である。

「私」は催眠術について長年研究を積んできた。そして、臨終の人間に催眠術を施すと何が起きるのかを知りたく思っていた。折りしも、友人のヴァルドマアル氏が、自分の余命がいくばくもないと知り、「私」の研究への協力を申し出た。「私」はヴァルドマアル氏の臨終の床に呼ばれ、死の直前に施術する。ヴァルドマアル氏はすぐに深い催眠状態に入り、やがて息絶える。だが、死んだはずのヴァルドマアル氏の喉から、深い洞穴から聞えてくるようなうつろな声が響いてくる。「私は死んでいる」と。催眠術が死を部分的に食い止めてしまったのだ。それが七ヶ月続き、ついに医師と「私」はヴァルドマアル氏の催眠状態を解くことを決意する。施術の開始とともに氏の身体からは悪臭を発するおびただしい脳漿が流れ出て、忌わしい声が「早く眠らせてくれ。でなかったら、早く目を覚まさせてくれ」と懇願する。「私」は鎮静を試みるが効果がなく、やむなく覚醒させるための術を施す。やがて「死んだ！」という叫びが氏の喉から出た。それと同時に、ヴァルドマアル氏の身体は一気に縮まり、崩れ、腐り果て、「一座の人々全部の眼前で、ベッドに横たわっているのは、胸が悪くなるような――いまわしい腐敗物の、液体に近い塊だった。」[64]

「死んでいないのに死んでいる」あるいは「死んだはずなのだが死に切っていない」というのはポオに取り憑いた恐怖のかたちであった（『アッシャー家の没落』も『早すぎた埋葬』も）。外形的には死んでいるのだが意識だけが覚醒しているという死に方こそポオにとっては想像し得る最悪の死だった。

『ヴァルドマアル氏』でも、物語の最後でヴァルドマアル氏は生理学的にはたしかに死ぬ。だが、彼は断末魔の時に自分の現状を「私は死につつある」（dying）あるいは「私は死んでいる」（I am dead）という現在形で語る。彼は死んだのだが、「存在の圏域」からは抜け出せずにいる。死にながら、永劫まで引き延ばされた苦痛のうちにヴァルドマアル氏は釘付けにされている。

レヴィナスはおそらくこのポオの恐怖譚のうちに、「存在の瀰漫」についての不快の極限的なかたちを感知したのだと思う。死さえもが「存在する仕方」であるハイデガー的圏域において、人は存在論的には死ぬことができない。現存在は生まれ出た時にはすでに死を繰り込んでおり、死んだ後もなお「おのれの未了」という本質を生き続けなければならないのである。

レヴィナスの存在論批判は、そういう意味では思弁的なものというよりはむしろ直感的なものであると言ってよいと思う。それはほとんど生理的、皮膚感覚的な嫌悪感である。レヴィナスの哲学は「存在の瀰漫」を耐え難く感じている彼自身の身体実感に足場を置いている。レヴィナス哲学の理路が読み取りにくいのはそのせいである。哲学者の生身が現に感知しているリアルな「不快」を言語化しようとしているから分かりにくいのである。身体で起きている出来事は複雑過ぎて、できあいの言葉では容易には汲み尽くせない。

レヴィナスは「存在の瀰漫」という不快から「逃走」するために、存在と真理の支配が一時的にではあれ無効になる瞬間を探し求めた。それを「逃走」の足場としようとしたのである。

> 意識とは「ある（イリヤ）」の匿名的な覚醒の断絶（rupture）のことである。[65]

意識は均質的ではない。現に、私たちは覚醒と眠りの間を行き来している。二つの境位の間には断絶がある。にもかかわらず私たちはその断絶を超えてなお同一性を持ちこたえている。行き来し得ること、それが意識の特性なのだ。

私たちの眼前に登場する世界は、そのつどすでに記号的に分節され終えた世界である。私たちは「記号化される以前の未分節世界」というようなものを概念として持つことができない。私たちは気がついたらすでに分節をし終えた世界へ踏み抜けている。私たちは「断絶」を通り抜けることができる。おそらくそこに人間の人間性の核心が潜んでいる。「存在の瀰漫」から逃走しようとする時に、「ある（イリヤ）」の匿名性、「純粋に実存することという容赦なさ」に一筋の亀裂が走る。「現実の世界に骨組みと軸と構造を与え、現実の世界を組織化する」ような種類の亀裂である。その亀裂から

64　エドガー・アラン・ポウ、『ヴァルドマアル氏の病症の真相』、小泉一郎訳、『ポウ小説全集四』、創元推理文庫、一九八七年、二三六頁

65　TA, p.31

時間が生まれるのだが、その理路は一筋縄ではたどれない。

　意識とはそのつどすでに位相転換である。〈実存者〉が〈実存する〉と関係しているという状況があるからこそ意識はある。[66]

意識とは位相転換のことである。〈実存する〉と〈実存者〉では位相が違うということが意識をあらしめるのである。「ある（イリヤ）」の匿名性、〈実存する〉の容赦なさは世界を覆い尽くしてはいない。そこには異なる境位へ抜ける亀裂が走っている。それが意識の存立を可能にしている。

　当然ながら私たちはなぜ位相転換が生起するのかを説明することはできない。（…）私たちにできるのは位相転換が何を意味するかだけである。[67]

位相転換は何を意味するのか？　レヴィナスは自分で立てた問いにこう答える。

　〈存在する何か〉（quelqud chose qui est）の出現が匿名的な存在すること（l'être anonyme）のうちに一つの逆転（inversion）のようなものを作り出す。これは〈実存すること〉（l'exister）をその属詞として有している。主語が属詞の主人であるように、この〈存在する何か〉は〈実存すること〉の主人である。[68]

19　位相転換(2)

存在する何かは実存することの主人であると言われても、何のことだか分からない。分からない時は先を読む。先を読んだから分かるわけではない。だが、分かりにくさに耐えて読み続けることは、分かりにくい話を分かりやすい話に切り縮めるよりもレヴィナスを読む場合は生産的である。

私たちは今自分の「知的資産目録」に書き入れるアイテムを増やすためにレヴィナスを読んでいるわけではない。むしろ自分の手持ちの知的資産がいかに使いものにならないかを思い知るために読んでいるのである。自分の既知に容易には還元できない知見に触れて、「分からない」と嘆息することそれ自体が哲学の修業なのだと腹を括らないと、レヴィナスは読み続けられない。

もう一度言うが、レヴィナスを読むのは遂行的な経験である。レヴィナスが今扱っているのは、人はおのれの知的資産目録に算入することのできない経験とどう立ち向かうことができるのかというまさにその当の問いだからである。レヴィナスは教壇の高みから私たちに何かを教えているのではない。彼自身回答することの困難な問いに立ち向かい、現に修辞的な曲芸を駆使して苦闘しているからこそ、その理路は追尋しがたいものになっているのである。レヴィナスは私たちに共に歩む

66　TA, p.31
67　TA, p.31
68　TA, p.31

ことを求めている。その要請に私たちは応えなければならない。

〈実存する〉は〈実存者〉のものである。そしてまさに〈実存する〉に対するこの支配力ゆえに（私たちはこの後すぐにその限界を見ることになるのだが）、〈実存する〉に対するこの嫉妬深く、全面的な支配ゆえに、〈実存者〉は単独なのである。[69]

注目すべき語は「単独」（seul）である。私たちが読み始めた冒頭の一節はこういうものだった。

この講演の目的は、時間とは孤立した単独の主体（un sujet isolé et seul）にかかわることがらではなく、主体と他者の関係そのものであることを証明することにある。[70]

時間とは孤立した単独の実存者にかかわることがらではない。レヴィナスはそう書いた。そして四頁後に、〈実存者〉は〈実存する〉への支配力ゆえに単独であると書く。

単独であるかないか、それが時間の存否を決定づける。「時間の存否」というのはこなれない言い方だが、さしあたりそう言うしかない。時間が流れる場合があり、時間が流れない場合がある。そして、単独の主体においては時間が流れない。

時間が流れないとはどういうことか。『ヴァルドマアル氏の病症の真相』がその「真相」を部分的には開示していた。レヴィナスはおそらくこの小説を念頭に次のような言葉を書き記している。

死、それは終わりではない。それは終わることが終わりなく続く（*n'en pas finir de finir*）ということだ。エドガー・ポウの物語にあるように、その時恐怖はじわじわと接近してくるのだが、まなざしはそれが近づいてくるのをなすすべもなくみつめているだけなのである。[71]

私たちはヴァルドマアル氏の身に何が起きたかを知っている。たしかに彼の身においては「終わること」が「終わりなく続いた」のである。彼の呟いた「私は死んでいる」（I am dead）という一言が「時間が流れない」ということの実相を伝えてくれる。そして、レヴィナスは「時間が流れない」ことをハイデガー存在論の本質だと見なしたのである。

「アキレスと亀のパラドクス」は「時間が流れない」という事況を絵画的に表象したものである。アキレスと亀が競走する。亀は俊足のアキレスに対して多少のハンディをもらって、少し先の地点からスタートする。アキレスが亀のスタート地点に着いた時に亀はその時間分だけ少し先へ進んでいる。アキレスが次に亀のいた地点に着いた時に、亀は少しだけ先へ進んでいる。これが無限に続く。だから、決してアキレスは亀に追いつくことができない。

反論することのきわめて困難なこのパラドクスはエレア派のゼノンが唱えたものである。ゼノ

69　TA, p.31
70　TA, p.17
71　SM, pp.16-17

ンの師パルメニデスを祖とするエレア派の哲学は、世界は永遠不変不生不滅であって、運動や変化はすべて人間の創り出した幻想であるという過激な主張をなしたことで知られている。エレア的風土において、アキレスは決して亀に追いつくことができないように、ハイデガー的風土においては、死は存在に追いつくことができない。それが「時間が流れない」ということである。

20 位相転換(3)

時間が流れるためには他者がなくてはならないという命題を、もう少し実感的なイメージのうちでとらえることはできないだろうか。レヴィナスにとって単独とは単に物理的に単独であるということではなく、今／ここ／私に釘付けにされているために、こことは違う時間、こことは違う場所、私以外の他者に通じることができないという不能の様態を指している。耐え難い悪夢を見ているのだがどうしても目覚めることができない人、あるいはその逆に、耐え難い現実を生きているのだがどうしても眠ることができない人が感じる絶望のことを、レヴィナスは単独と呼ぶ。今／ここ／私に釘付けにされて、外部へ抜け出る／他者に出会うことができない不能のことを単独と呼ぶ。

それが分かっても、「時間が流れる」という経験を空間的表象によって叙することは依然としてできない。時間の流れを視覚的・空間的に表象しようと望むと、私たちは時間の外に立って、時間の流れを観照している無時間的な主体を措定する他ないのだが、時間の流れを一望俯瞰する観照的主体において時間は流れていない。「孤立した単独の主体」において時間は流れない。時間が流れるためには、時間の流れを観照するとは別の仕方で経験する仕方を見出さねばならない。

理論的に語るのは難しいが、「時間が流れている」という実感を私たちは現実的にはありありと持つことがある。それは私のうちで誰か「私ならざるもの」が語り始める時である。私の中で他者が語る時に時間が流れる。

私とは違う視座から世界を眺め、私とは違う度量衡で事物を考量し、私とは違う論理で思惟し、私とは違う語法で語る「私ならざるもの」が私のうちで語り始めるということが、現実にはたしかにある。そしてその時、私はもう単独者ではない。その同伴者との「終わりなき対話」が始まるからだ。その往還を通じて時間は流れる。

レヴィナスとブランショはともに「同伴者」という概念につよいこだわりを示していた。それをただ「腹蔵なく話し合える友人」とか「同じ理想に向かって歩む同志」というような世界内部的なものと考えてはならない。同伴者とは、実在する人間のことではなくて、「私ならざるもの」が私のうちで語るのを私が聴くという経験そのもののことだからである。

ブランショの『終わりなき対話』にはたいへん理解の難しい一節がある。私は二十代の時にそれを読んで、まったく意味が分からなかった。しかし、これがブランショの思想と方法の根本に触れるものだということは分かった。ブランショはこう書いていた。

> どうしてただ一人の語り手では、ただ一つの言葉では、それを名指すことができないのだろう？　それを名指すには少なくとも二人必要だ。

「そう。私たちは二人でなければならない。」
「だが、なぜ二人なのだ？　どうして同じ一つのことを言うためには二つの言葉が必要なのだろう？」(Pourquoi deux paroles pour dire une chose?)
「それは、同じ一つのことを言う人間はつねに他者だからだ。」(C'est que celui qui la dit, c'est toujours l'autre)[72]

同じ一つのことを言う人間はつねに他者である。

これは言葉が生成する、思考がかたちをとる、感情がわき上がるという経験をもっとも根源的な仕方で表現した命題のように私には思われる。「私が語っている時、私の中では他者が語っている」とジャック・ラカンはどこかで書いていた。

たしかに、私たちが用いているのは「他者の言語」である。それは私たちが創造したものではない。私たちは母語を幼児の時から繰り返し聴かされ、それを身体に刻み込まれて育った。私たちは他者の言語なしには何一つ思考することも表現することもできない。まったく斬新な観念や前代未聞の感覚を表現する場合でさえ、私たちは母語の文法と音韻の外側には出ることができない。

Dadaという語がインパクトのある新語でありえたのは、フランス語にはDadaという語が存在しないということを「みんなが知っていた」からである。私たちが「新語」を創造できるのは、まだ誰も口にしたことのないその「新語」のニュアンスをただちに理解できる母語集団が存在しているからである。

人類が死に絶えて、私が地球に残る最後の一人になったとする。その時、私と意思疎通をする人間はもうどこにもいない。私はそのことにたいそう腹を立てており、傍らのゴミ箱を思い切り蹴飛ばした。奇妙な話だ。ゴミ箱を蹴飛ばすのは「私はたいそう腹を立てている」ということを誰かに伝えるための身振りである。世界に私一人しかいないのだから「私はたいそう腹を立てている」ということを全人類に周知させるために記号を迂回する必要はない。心に思うだけで十分である。しかし、私ならたぶんゴミ箱を蹴飛ばすだろう。そうしないと自分が腹を立てているということを自分にわからせることができないからである。私たちは他者に向かって「私はこう思う」と告げない限り、自分が何を考えているのかを知ることができない。

ブランショのこの言葉には、対話と他者とそしておそらくは時間についての彼の知見が凝縮したかたちで表現されている。一つのことを言うためには二人が必要である。私と他者である。それなしでは、いかなる思念も感情も存立することができない。

レヴィナスに戻る。「〈実存者〉は〈実存する〉を支配している」という命題の前で私たちは立ち止まっていたのだった。その少し前にレヴィナスは「位相転換を経由して、〈実存者〉は〈実存する〉と関係を取り結ぶ」と書いていた。どういう「関係」なのかがここでようやく少しだけ開示された。〈実存者〉は〈実存する〉を「支配する」のだ。

だが、「支配する」とはどういうことなのか？　レヴィナスの説明はこうだ。

72　Maurice Blanchot, *Entretien infini*, Gallimard, 1968, pp.581-2

もっと正確に言えば、〈実存者〉の出現は、それ自体根源的に匿名的なままにとどまっている〈実存する〉の中に、ある種の支配と、ある種の自由を設立することなのである。この匿名的な〈実存する〉のうちに〈実存者〉が存在しうるためには、そこにおいて自己からの離脱と自己への回帰、すなわち自己同一の働きが可能になるのでなければならない。その自己同一化によって、〈実存者〉は自分自身に対して自分を閉じてしまっているのである。[73]

自己同一化とは自己からの離脱と回帰のことである。これはヘーゲルの定義である。『精神現象学』でヘーゲルは、自己からの離脱と回帰を通じて初めて主体が立ち上がり、真理が顕現すると書いていた。

> 生きた実体こそ、真に主体的な、いいかえれば、真に現実的な存在だが、そういえるのは、実体が自分自身を確立すべく運動するからであり、自己の外に出ていきつつ自分のもとにとどまるからである。実体が主体であるということは、そこに純粋で単純な否定の力が働き、まさしくそれゆえに、単一のものが分裂するということである。が、対立の動きはもういちど起こって、分裂したそれぞれが相手と関係なくただむかいあって立つ、という状態が否定される。こうして再建される統一、いいかえれば、外に出ていきながら自分をふりかえるという動きこそが――最初にあった直接の統一とはちがう、この第二の統一こそが――真理なのだ。真理は

みずから生成するものであり、自分の終点を前もって目的に設定し、はじまりの地点ですでに目の前にもち、中間の展開過程を経て終点に達する時、はじめて現実的なものとなる円環なのである。[74]

ヘーゲルは「自己からの離脱と自己への回帰」という自己同一化の働きを、主体の創立、真理の顕現として語った。レヴィナスはそうではない。レヴィナスはその自己同一化の働きを、おのれ自身に釘付けにされること、主体の絶望的な孤独と見なしたからである。

21　位相転換(4)

自己同一的であること、それが主体を存立させる根本条件である。このことは西欧哲学において一度として疑われたことのない不可疑の前提である。レヴィナスはあえてそれに疑義を呈する。ただし、それを偽として退けたのではない。

たしかに主体は自己同一的なのである。それはまったく正しい。だが、問題は真偽のレベルにはない。レヴィナスは、主体が自己同一的でしかありえないこと、他者がいないこと、時間が流れな

73　TA, p.31
74　G・W・F・ヘーゲル、『精神現象学』、長谷川宏訳、作品社、一九九八年、一一頁

いことを耐えがたいものと感じた。私たちが生涯をかけて、全身全霊をあげて、孤立し単独である主体を成就しようとしているというのは本当のことなのか？　そう問いかけたのである。

自己同一的であることの不快をレヴィナスはオデュッセウスという神話的人物に託して語った。オデュッセウスとは「出来事にかかわりあわないという権能を保持しながら、出来事とかかわりをもつための一つの仕方」のことである。[75]　彼は決して出来事そのものに巻き込まれることがない理想的な観照者である。オデュッセウスはトロイ戦争のあと十年にわたる驚くべき冒険の旅を重ねる。けれども、「その冒険のすべては、ただ故郷の島に帰るために通過されるだけだった。」[76]　一つ目の巨人との戦いも、魔女キルケーとの恋も、セイレーンの歌も、どのような冒険もオデュッセウスの自己同一性を揺るがすことはなかった。オデュッセウスの経験するすべての冒険は、故郷へ向かう彼の旅程を挿話的に飾っただけである。そのような観照的主体のありようをレヴィナスは「光の孤独」と形容する。

> 私たちの宇宙を満たす光こそが現象学的には現象の条件であり、意味の条件である。（…）ここでは、外部から到来するものは、光に照らされて、理解される。理解されるとは私たちから由来するということである。（…）光を介して世界は私たちに与えられ、私たちに把持される。（…）光は内部による外部の包摂を可能にする。それがコギトと意味の構造である。思惟はつねに光であり、光の予兆である。光の奇跡が思惟の本質なのだ。光によって、対象は外部から到来するものであるにもかかわらず、それに先立つ地平のうちにおいてすでに私たちに所

有されている。対象はすでに把持された外部から到来する。それはあたかも私たちから由来するものであるかのように、私たちの自由によって命令されたものであるかのように出来するのである。[77]

対象そのものは未知のものであっても、それが出来する「地平」はすでに先駆的に把持されている。「すでに把持された外部」(un dehors déjà appréhendé)、つまりそのつどすでに内部化されている外部からしか対象は出来しない。

このことについては、先にフッサール現象学における「他我」について書いた時に触れた。「他我」は、私とは「別の主観」として、「同一の客観的世界」を経験している。私は他我と共同主観的に世界を構成している。だから、主観性はそのつどつねに共同主観性である。共同主観的に対象の出来する文脈が「地平」である。あらゆる対象は、私たちが認識する時にはすでに地平のうちにあり、間接的・非主題的にはすでに把持されている。いかなる地平もなしに、剥き出しで、無文脈的に、無背景的に出現する対象というものを現象学は想定していない。

オデュッセウスの出会った怪物たちはどれほど異形のものであっても、「故郷の島へ向かう英雄の帰還の旅を挿話的に飾る怪物たち」という、彼らを性格づける「地平」からは出ることができな

---

75 EE., p.77

76 HH, p.188

77 EE,pp.74-76

い。そして、その地平のうちにとどまる限り、怪物たちはオデュッセウスの自己同一性をいささかも揺るがすことができない。「出来事にかかわりあわないという権能を保持しながら、出来事とかかわりをもつ」このオデュッセウスの特権的立ち位置は、その代償として主体が孤立し単独であることを要求する。

「光の孤独」という事態を重く受け止めた人は文学者たちのうちにはいた。けれども、哲学者としては例外的だった。いかなる暗がりもなく、すみずみまで光によって暴露され、すべてが熟知された光の世界に西欧哲学は固執してきた。「対象を明るみのうちに暴露する」という真理形式を選んだ時に、西欧哲学はその代償として「孤立し単独であること」を受け入れたのである。別のテクストでレヴィナスはこう書いている。

西欧哲学とは〈他なるもの〉の暴露のことである。〈他なるもの〉はまさに〈他なるもの〉として顕現することによってその他者性を失う。だから、哲学は、その誕生の時から、〈他なるもの〉としての〈他なるもの〉に対する恐怖症に、抑えがたいアレルギーに罹患していたのである。西欧哲学は存在の哲学であり、存在了解がその哲学の最後の言葉であり、また人間の根本的構造となる。それゆえ西欧哲学は内在と自律の哲学に、言い換えれば無神論になる。なぜなら、哲学者たちの神は（アリストテレスからスコラ学者たちの神を経由してライプニッツに至るまで）理性と同一化する神だったからである。それは理解された神である。そのような神は意識の自律を乱すことができない。それゆえ、意識はあらゆる冒険を通じて自己同一的であり続け、冒険のあとはつねにわが家に帰還するのである。その冒険の旅がただ故郷の島へ向かうための通過点に過ぎなかったオデュッセウスのように。[78]

知は世界を照らし出し、世界を所有する。けれどもそのような世界に棲み着いた主体には、おのれの似姿と向き合い、おのれの発することばに耳を傾け、おのれが意味を付与した事物の意味を再発見することしか許されない。だとしたら、人間は何を経験したと言えるのか?

〈実存者〉は匿名的な〈実存する〉に対してある種の支配を行使しており、それゆえに〈実存者〉は孤立し、単独である。おのれを自己同一的なものとして維持するために、〈実存者〉は自分自身を閉じる。〈実存者〉には他者がいない。だから、「〈実存者〉はモナドであり、孤独なのだ。[79]」〈実存者〉が孤立し単独であるのは、位相転換の効果である。そこで何かが「逆転」し、「転換」し、「断絶」が生じる。

位相転換という出来事、それが現在である。現在はおのれから出発する。言葉を換えて言えば、現在はおのれからの離脱である。〈実存する〉という、始まりも終りもない無限の網目に生じた裂開なのだ。現在は引き裂き、そして再び縫合する。現在は始める。だが、現在が始ま

---

78 HH, p.188
79 TA, p.31

りそのものなのである。現在は過去を持つが、回想という形式においてである。現在は歴史を持つが、それ自身が歴史であるわけではない。[80]

レヴィナスはここでかなり絵画的な表象を私たちの前に手がかりとして差し出してくれた。「始まりも終りもない無限の網目（trame）に生じた裂け目」（déchirure）。それが「現在」だとレヴィナスは言う。なぜ「裂け目」が「現在」なのか。

私たちの頭が混乱するのは、フランス語の「現在」（présent）が名詞としては「過去」（passé）「未来」（futur）と差別化されると同時に、同じ語が「現前する」という意味の形容詞として「不在の」（absent）と差別化されているという事情による。

日本語話者である私たちは、時間的な「現在」が空間的に「目の前にあること」と同一の語で表されるということを辞書的意味としては理解しうるが、その語がフランス語話者の脳内ではいったいどのような意味像を結ぶのかを正確には追体験できない。ここからのレヴィナスの記述の分かりにくさは、いくぶんかはこの présent の両義性に由来している。つまり、フランス語話者の脳内においては、「現在」という時間的概念と、「現前」という空間的概念は分離していないのである。そして、レヴィナスはここで時間を現前から分離して論じようとしているのだが、彼の手元には空間的含意と時間的含意を共に含むその一語しかないのである。

22 位相転換（5）

présentをどう訳すべきか。私たち日本語話者は「現在」という語を「過去」「未来」という語との範列的な関係のうちで理解し、「現前」という語を「不在」との範列的な関係のうちで理解する。私たちは「現在」が何であるかをそれだけを取り出して言うことはできなくても、「過去ではなく、未来でもない」という欠性的な定義で当座の用を弁ずることができるし、「現前」は「不在」とは別のものであることについての確信を持つことができる。

présentはフランス語話者たちの経験をコスモロジカルに統御している本質的な記号であるが、日本語にはそれに対応するものがない。だから、レヴィナスがこのフランス語から空間的含意を削り落とそうとしている以下の苦闘を、私たちはうまく日本語に落とし込むことができないのである。

そういうことは実はよくある。フロイトは古代エジプト語の「ケン」が「大きい」と「小さい」を同時に含意する形容詞であることをどこかで指摘していた。日本語の「いい加減」には「適切」と「不適切」の両方の意味がある（かつて私はスイス人の友人から日本語の「いい加減」の使い方がどうしてもわからないと泣訴されたことがある）。ある言語では差別化されている概念が、ある言語では同一語で表現されるというのは「よくあること」なのである。フランス語のprésentは日

80　TA, p.32

本語話者が差異化する概念を同一語で表現する。そして、レヴィナスはそれを「差異化しろ」とフランス語話者に向かって求めているのである。私たちにその理路が見えにくいのは当たり前である。そのことを分かって読んで欲しい。

le présent はおのれからの離脱である。〈実存する〉という始まりも終りもない無限の網目に生じた裂開なのだ。le présent は引き裂き、そして再び縫合する。

この引用において、le présent はあきらかに空間的な意味で用いられている。「離脱」（départ）も「裂開」（déchirure）も「引き裂く」（déchirer）も「再縫合する」（renouer）も、いずれも空間的な現象だからである。時間について、私たちはふつうそういう言葉を使わない。フランス語話者はたぶんこのセンテンスを読んでいる時に、le présent を「現前」という空間的な意味に引き付けて読んでいるのだろうと思う（確信はないが）。

〈実存する〉という始まりも終りもない動詞の匿名性から「現前」という実詞が突出してくる。それが〈実存する〉というとらえどころのない広がりのうちに裂け目を作り、世界を分節する。そして世界はとりあえず局所的には記号化される。とりあえずそのような風景を想像することが許されるだろう。文章はこう続く。

le présent は始める。だが、le présent が始まりそのものなのである。le présent は過去を持つが、回想という形式においてである。le présent は歴史を持つが、それ自身が歴史であるわけではない。[81]

ここでは「始まり」（commencement）、「過去」（passé）、「回想」（souvenir）、「歴史」（histoire）という時間にかかわる語彙が集中的に用いられている。ということは、ここで le présent は時間的な意味に引き付けて読まれることを求められているということである。

同一語が文章の前の方では「現前」として読まれ、続く箇所では「現在」として読まれる。おそらく、そういうことが起きているのだと思う。フランス語話者たちは présent を、その周囲に配置されている他の語とのかかわりに応じて、ある時は空間的に、ある時は時間的な含意においてその都度読み替えている。自動的になされている作業なのだろうけれども、その切り替えは私たち非フランス語話者には追体験することが難しい。レヴィナスのここでの話が分かりにくい理由の一端はそこにある。

位相転換を le présent として措定すること、それはまだ存在のうちに時間を導入することではない。le présent という語によって、私たちは持続の直線的な列のうちで把持された時間の広がりを示しているのではないし、そのような列の中の一点を示しているのでもない。私たち

81　TA, p.32

が扱おうとしているのは、すでに構成されている時間から切り出された時間の一要素としての un présent ではない。私たちが問題にしているのは le présent の**本務**（fonction）、つまり、それが〈実存する〉の非人称的な無限のうちで行っている裂け目なのである。[82]

ここでは un présent と le présent というように、冠詞が使い分けられている。不定冠詞 un は続く名詞が具体的な属性を持ち、それが周知されていることを示す。le はそうではない。この総称的定冠詞はいわばそれに続く名詞に「網をかける」ような働きをしている。投げた網の中に採るつもりのなかった雑魚や海老がかかってしまうように、総称的定冠詞を付した名詞のうちには熟知されているものもまだ知られていないものも含まれる。un pain は目の前にある具体的な「一個のパン」であるが、le pain は「パンというもの」である。そこにはこれまで地上に存在したすべてのパン、これから存在するであろうすべてのパン、私が見たことも触れたことも食べたこともないパンも含まれている。それと同じように、レヴィナスはここで自分が問題にしているのは、時間の一部として切り出すことのできる、人々がよく知っている un présent ではなく、誰もまだ知らない le présent であると書いているのである。

それはまだ存在のうちに時間を導入することではない。

「まだ」というのは、方向は違っていないが、踏破すべき旅程が残っていることを意味する。向かう方向は間違っていないのだが、踏み込みが足りない。つまり、レヴィナスはprésentを空間的に表象しているだけでは時間を存在のうちに導入することはできないと言っているのである。présentは**存在を語る語法ではない**語法によって表象されなければならない。けれども、フランス語présentから空間的含意を「抜く」ことは簡単なわざではない。その語を見た時にフランス語話者の脳裏に描かれる因習的な意味像をたわめ、引き裂き、その先に突き抜けることが必要である。フランス語話者がprésentという文字を見て自動的に脳裏に描く意味像をいったん「かっこに入れる」ことができない限り、フランス語話者は「時間」も「他者」も理解できない。レヴィナスはそう言っている（のだと思う）。

語に新しい語義を付け加えることはそれほど難しいことではないが、その語にすでに癒着している含意を削り落とすことは難しい。新しい知識を身に付けることは容易だが、すでに知っていることを「知らないことにする」のはきわめて困難である。しかし、レヴィナスが読者たちに求めているのはそれに類することである。無反省的に与えられた世界についての存在信憑を「かっこに入れる」こと、それをフッサールは「エポケー」と呼んだ。レヴィナスがここで求めているのはそれと変わらない。

le présent　はひとつの出来事（événement）であって、何らかの事物（quelque chose）ではな

82　TA, p.32

い。le présent は実存しない。le présent は〈実存する〉という出来事であって、それを経由して、何らかの事物が出来するのである。[83]

私たちはしだいに解釈上の難所にかかってきた。

23 位相転換(6)

解釈が困難なのは、日本語に落とし込んで読もうとするからである。le présent は日本語にうまく訳せない語だと腹を括れば、少なくとも、ここが解釈上の難所である理由だけは分かる。le présent は目の前にある「事物」ではなくて、「出来事」である。そう言われると私たちは混乱する。私たち日本語話者は「現在」について、それが「事物」であるとか「出来事」であるとかふつうは言わないからである。もちろん「現在が存在する」と言葉で言うことはできる。だが、その文字列は解像度の高い概念像をもたらさない。その「うまく概念化できない」という不全感ゆえに、私たちは「時間は存在の語法によってはうまくとらえられない」という消息を直感できる。けれども、フランス語では「現在」は空間的な「現前」と同一の語である。だから「le présent が存在する」というセンテンスにフランス語話者は違和感を覚えない。レヴィナスはその語から空間的な含意を削ぎ落して、「現在」を単離することを、言い換えれば、「le présent が存在する」というセンテンスを読んで違和感を覚えてくれとレヴィナスはフランス語話者に要求しているのである。レヴィナスは「私たちの語彙に存在しない概念」についてその改鋳を求めているのである。読んで頭が混乱して当然である。だから、話をゆっくり進めよう。

le présent は「出来事」であって、「事物」ではない。レヴィナスはそう書いている。ここで「出来事」と訳した événement も「出来事」ではおそらく言葉が足りない。この語は「大事件」「騒乱」「驚天動地の出来事」を意味する。その直前までそんなことが起きるとは思っていなかったことが突発した時にフランス語話者は événement を用いる。私たちが「五月革命」と呼ぶ出来事の原語は événement de mai である。「五月の出来事」という恋愛映画のタイトルのような訳語では六八年五月に遭遇したフランス人たちの驚愕は表せないだろう。attendre heureux événement も「幸福な出来事を待つ」ではない。「もうすぐ子どもが生まれる」である。まさにそれまでそこに存在しなかったものが不意に出現するような激震的事態のことを événement と呼ぶのである。そういう語義を知った上で読むと、le présent は quelque chose ではなく、événement であるという文にレヴィナスが託した含意が少しは分かる。

「それはいまだ何らかの事物であるのではない」という箇所の「いまだ」(pas encore) も見落とせない。事物はふつう「存在する/存在しない」いずれかであり、その中間はない。だが、レヴィナスは「いまだ」という副詞を挟み込むことによって、事物には「いまだ存在しないが、いずれ出来する」という中間的な様態があることを示唆する。そして、レヴィナスは présent をそのような

---

83 TA, p.32

揺らぎのうちで把持することをフランス人読者に求めているのである。

次の文を読んでみよう。相手が誰でも「非常に分かりにくいこと」を書いたという自覚があれば、直後に同じことを少し言葉を換えて言い換える。レヴィナスもそうであるとよいのだが。

> le présent はいまだに動詞〈実存する〉によって表現されねばならぬ純粋な出来事であるのだが、この〈実存する〉のうちには抜け殻のようなものがあって、それはすでに事物であり、すでに実存者なのである。[84]

全く分かり易くなってはいないが、一つだけ印象的な語を手がかりに残してくれた。それは「抜け殻のようなもの」（comme une mue）である。「抜け殻」はたしかに時間と空間を同時的に含意しうる卓抜な詩的メタファーだ。「抜け殻」は生物が脱皮して成長したあとに遺すものである。それはもはや出来事ではなく、すでに事物である。それは生命を持たないし、もう変化もしない。抜け殻にはもう時間が流れていない。けれども、それはかつて生命を持ったものがそこにおり、かつてはそこで時間が流れていたこと、それが「出来事」であったことを証言する。

le présent はそのような両義性を持つ。le présent からいったん事物性を控除して、フランス人の知らない「空間的に表象しがたい現在」というものを取り出した後に、にもかかわらずそこには「抜け殻のようなもの」があるので、le présent は時間的現象であり、かつ空間的な現象なのだという話になる。

重要なのは、le présent を〈実存する〉と〈実存者〉の境界線においてつかむことである。というのは、その境界線において、〈実存する〉は、その本務として、すでに〈実存者〉に変移しているからである。[85]

ここで手がかりになるのは「境界線」（limite）という語である。動詞〈実存する〉と名詞〈実存者〉は決して連続することも混じり合うこともないが、一つの「境界線」において接触している。国と国の国境がそうであるように、分断されているという仕方で結びつけられている。境界線はかたちあるものではない。けれども、その線を越えた時に何かが決定的に変質する。そのような線を「境界線」と呼ぶ。

〈実存する〉が〈実存者〉に変移する境界線がある。それは事物的には存在しない。それまで存在しなかったものが、無文脈的に、無地平的に、不意に出現するという「激震的な出来事」（événement）が起きたことによって事後的にそこに境界線があったことが知れるのである。

もう一つ手がかりになるのは「本務」（fonction）という強調された語である。「〈実存する〉は〈実存者〉に変移することを以てその本務とする。」文法的なことを言うと、原文では fonction は無

84　TA, p.32
85　TA, p.32

冠詞名詞で、主語の〈実存する〉の同格である。これは「周知性」を含意している（Paris, capitale de la France「フランスの首都、パリ」のように使う）。fonction が無冠詞名詞であるのは「〈実存する〉は〈実存者〉に変移することを以てその本務とする。それは周知のことであり、〈実存する〉についてのそれ以上の詮索は無用である」を含意している。レヴィナスがそう言うなら私たちは従うしかない。

まさしく le présent は「出来する」を成就するための一つの仕方であるがゆえに、それはつねに消失（évanescence）なのである。le présent が持続するものであるならば、それはそれに先立つ何ものかからその実存を受け取っていたということになる。何らかの遺産の恩恵に浴していたことになる。だが、それは自生する（venir de soi）ものである。そして、自生するためには、過去からいかなるものも受け取っていないのでなければならない。それゆえ消失が始まりの本質的様態になるはずなのである。[86]

難解な文章だが、ここにも手がかりがある。それは「消失が始まりの本質的様態になる」という一言である。これはユダヤ神秘主義について少し知識がある人なら気づくはずのことである。

ユダヤ神秘主義のカバラーによれば、神の最初の行為は創造ではなく、収縮（消失）であった。神の自己収縮・自己消失によって空いた空間に万象が生じるのである。万象は無起源的に自生するのではない。〈無限者〉が立ち去ったことの効果なのである。創造とは撤収のことであり、始まりとは消失のことである。このカバラー的考想はレヴィナスの哲学のいたるところにその痕跡をとどめている。この事態を「何かが先行的に存在していて、それが何かを遺贈した」という文型で語ってはならない。それは存在の語法だからである。そうではなくて、先立つものが存在した痕跡をすべて消し去ったことによって何かが始まるのである。消えるまでは始まらない。消失と開始の間には絶対的な断絶があり、その絶対的な断絶こそが消失と開始を結びつけている。それが境界線で起きる出来事である。

ただし、レヴィナスが選んだ「消失」(évanescence)という語は、ただ「消え去る」というだけではなく、かたちあるものの輪郭がしだいに崩れ、おぼろげになり、消えつつあるという経時的な変化を含意している。消失は動的なプロセスなのである。消失と始まりという二項対立を前景化することによって、レヴィナスは境界線での出来事が時間的な現象であることを示唆しようとする。

24 位相転換(7)

消失と開始の境界線において〈実存する〉と〈実存者〉の位相転換が行われる。

だが、この消失はいかにして何ものかに到達するのであろうか? この弁証法的状況によっ

86 TA, p.32

てある現象が際立たされる。ここで前景化してくる現象、それが〈私〉(je)である。[87]

ここに〈私〉が登場する。それは消失と開始の境界線上の「弁証法的状況」において前景化する「現象」である。いきなり言われても意味が分からない。意味が分からない時はとりあえずその先を読む。

哲学者たちはこの〈私〉なるものに対してある両棲類的性格を認めてきた。〈私〉は単なる物質ではない。〈私〉は〈実存者〉の最たるものである。だが、〈私〉を霊性によって定義してみても、霊性というのが〈私〉のあれこれの属性のことを指すのなら、何も言っていないに等しい。〈私〉の実存する様態についても、〈私〉のうちにおいて、すべてを刷新する力と両立している絶対的なものについても、何も言っていないに等しい。[88]

「両棲類的性格」(un caractère amphibique)というのは見慣れない語だが、〈私〉が物質と精神という二つの境域の両方に帰属しているということなら分かる。〈私〉は単なる現世的な実体(substance)であるだけでなく、何らかの霊的な性格をも帯びている。けれども、〈私〉の霊性属性を列挙してみても、それは何も意味しないというのはその通りである。〈私〉の自己同一性を担保しているのは、属性ではないからだ。それは絶対的なもの(l'absolu)である。それは〈私〉においては、すべてを刷新する力(le pouvoir de renouvellement total)と両立している。何の力のことなのだろう。

この力がある絶対的な実存を有していると主張することは、この力を物質に換えてしまうことである。そうではなくて、この力を〈実存する〉と〈実存者〉の境界線上において、すなわち位相転換という働きとしてとらえるのであれば、自我は可変的なものと恒常的なものとの対立関係からも、存在と無というカテゴリー区分とも無縁のところに位置することになる。[89]

〈私〉が〈実存者〉であるのは、「絶対的なもの」と「すべてを刷新する力」が「両立」している力動的なプロセスのうちにあるからである。〈実存する〉と〈実存者〉の境界線上が〈私〉の居場所なのである。そこはある種の「ノーマンズ・ランド」であり、「可変的なもの／恒常的なもの」「存在／無」といった二元論的区分とは無縁の場である。

〈私〉はそもそも一個の〈実存者〉であるのではなく、端的に〈実存する〉仕方そのものであると理解するならば、つまり厳密に言えば、〈私〉は実存していない（n'existe pas）というこ

87　TA, p.33
88　TA, p.33
89　TA, p.33

とを理解するならば、この逆説は停止する。[90]

もの（substance）と仕方（mode）は別のものである。仕方はものではない。レヴィナスはのちに「存在するとは別の仕方で」（autrement qu'être）と「別の仕方で存在する」（être autrement）を峻別することを要求した。「別の仕方で」という副詞は「存在する」に回収されない。だからもし〈私〉が一個の〈実存者〉ではなく、端的に〈実存する〉**仕方**であるなら、〈私〉は〈実存する〉の境位にはいないことになる。〈私〉は〈実存する〉に回収されない。〈私〉は〈実存者〉ではなく、〈実存する〉仕方であり、それゆえ実存**しない**。どのような動詞にも回収されず、独立しておのれを持することのできる純粋な仕方、それが〈私〉である。

たしかにle présentと〈私〉は、〈実存者〉に転化するし、そこから時間を構成することも、時間を〈実存者〉として所有することも可能である。そして、この位相転換された時間についてなら、カント的あるいはベルクソン的経験を持つことも可能である。だが、それはあくまで位相転換された後の時間についての経験、**存在する**時間についての経験である。それはもはや〈実存する〉と〈実存者〉の間のスキームにかかわる本務における時間、位相転換という**純粋な出来事としての**時間ではない。[91]

レヴィナスはここで自分が論じているのは、「位相転換された後の時間」「それについて経験を持つことができる時間」「存在する時間」ではないと述べている。自分が問題にしているのは、そのような経験的に取り扱うことのできる時間ではなく「位相転換という純粋な出来事」としての時間である、と。

le présent を〈実存者〉の〈実存する〉に対する支配と措定し、また〈実存する〉から〈実存者〉への移行を探求することを通じて、われわれは経験と呼ぶことができぬ種類の探求の次元に身を置くことになる。現象学が根源的経験についての方法でしかない以上、われわれは現象学の彼方に身を置くことになる。[92]

経験についての探求ではないような探求を、根源的経験を解明する方法とは別の方法で行う。レヴィナスはそう宣言する。それが何であるかが明らかにされぬままに、レヴィナスはそれが何でないかを列挙してゆく。そして、時間についてのきわめて重要な定義がここで語られる。

le présent の位相転換はそもそも位相転換の一要素に過ぎない。時間は〈実存する〉と〈実存者〉の間のもう一つの別の関係をも指示することができるのである。のちにわれわれと他者

90 TA, p.33
91 TA, p.34
92 TA, p.34

の関係という出来事そのものとしてわれわれの前に現れ、それによって le présent の一元論的位相転換を乗り越える多元論的実存にわれわれが到達することを可能にするのは、そのような時間である。

今ここにある〈私〉、位相転換は自由である。〈実存者〉は〈実存する〉の支配者である。〈実存者〉はその実存の上に主体の雄々しい権力を行使する。〈実存者〉はその権力のうちに何かを所有している。最初の自由。それはまだ自由意志の自由ではない。そうではなくて、始まりの自由なのである。今ここにある何かを起点として実存はある。あらゆる主体のうちに含まれている自由、主体が存在するという事実そのもの、存在者が存在するという事実そのもののうちに含まれている自由。〈実存者〉の〈実存する〉に対する支配力そのものとしての自由。[93]

「位相転換」と題された節はこうして断ち切られるように終わる。最後のパラグラフはもうセンテンスを形成してさえいない。無冠詞名詞がいくつか叩きつけるように並べられているだけである。無冠詞名詞というのは裸形の名詞である。いかなる既知の文脈にも回収されることを拒絶する名詞である。

こういう単語を前にした時解釈者はどういう態度を示すべきなのだろう。「当惑する」というのが適切なのだろうと思う。レヴィナスはたぶん読者に当惑して欲しいのだと思う。この箇所を聴いて、納得して深く頷いた聴衆が当時の哲学学院の座席を満たしていたと私は思わない。聴衆の多くは途方に暮れたと思う。

レヴィナスが並べた四つの無冠詞名詞は「自由」(liberté)、「実存」(existence)、「主体」(sujet)、「存在者」(étant)である。これについてレヴィナスは読者にこれらの語を既知のものに還元してはならないと告げている。レヴィナスが求めているのは理解ではなく、保留なのである。

正直言って、私はこの二三頁をほとんど解釈することができないまま読み進んでいる。レヴィナスのフランス語テクストを、自分で読んでも意味の分からない日本語に置き換えているだけである。「ここには非常に重要なことが書いてあるらしい」というアンダーラインを引いているだけである。読者には申し訳ないが、あと少し辛抱して欲しい。

25 孤独と位相転換／孤独と質料性

「孤独と位相転換」と題された節に進む。

孤独は、この論考の冒頭において、〈実存者〉とその〈実存する〉こととの間の不可分の結びつきとして規定されたわけだが、孤独は他のものとの間に想定された何らかの前提に起因するものではない。孤独は他者との間にあらかじめ与えられた何らかの関係の欠如として出現する

93 TA, p.34

ものではない。孤独は位相転換によって生じるのである。[94]

レヴィナスが論考の冒頭で孤独について書いていたのは次の箇所である。

> 孤独の苦しみは何によって構成されているのであろうか。私たちは決して単数では存在しないと言うことはたやすい。たしかに、私たちは存在者や事物たちに取り囲まれており、それらのものとさまざまな関係を取り結んでいる。視覚を介し、触覚を介し、共感を介し、共同の労働を介し、われわれは他者たちと共にいる。これらの関係はどれも他動詞的である。私はある対象に触れる、私は〈他なるもの〉を見る。けれども、私は〈他なるもの〉**である**ことはない。私はまったく単独である。（…） 人はあらゆるものを交換できる。〈実存すること〉を除いては。[95]

孤独は他者との間の関係に何かが欠けているということではない。〈実存者〉は本質において単独なのである。単独が〈実存者〉の本質なのである。他者は誰一人「私」の代わりになることがない。私は私を生き、私を死ぬ。私の〈実存する〉を私は誰とも交換できない。だから私は自由であり、自由であるということは単独であるということだ。この理路なら私たちにも分かる。

孤独とは〈実存者〉の単一性そのものである。（…）主体は一なるがゆえに単独である。始まりの自由――すなわち〈実存者〉の〈実存する〉に対する支配――が成り立つためには、つまり、〈実存者〉が存在するためには、ある種の孤独が必要なのである。[96]

レヴィナスは孤独という言葉から因習的な情緒性や物語性を拭い去る。それはロビンソン・クルーソーのような「外界からの隔絶」のことではないし、「思いを他者に伝えられないこと」でもない。「〈実存者〉が存在するという事実そのもののこと」である。レヴィナスが語る孤独は、私たちが知っているどんな孤独とも違う。レヴィナスは私たちに向かって、私たちが「孤独」という文字列を見た時に思い描くすべての意味像を消去せよと命じているのである。私たちの中に根づいている因習的な孤独概念はこれから進める孤独の分析を妨げるから、それを退けることをレヴィナスは要求しているのである。孤独についてのすべての予断を廃せよ。「孤独が乗り越えられる状況」を考想するために私たちはそうしなければならない。その覚悟を持って次の引用を読む。

〈実存する〉ことは〈実存者〉によって支配されている。〈実存者〉はそれ自身と自己同一的であり、それゆえ単独なのである。自己同一性とは単におのれを起源にするということだけを言うのではない。それはまたおのれに帰着するということをも言うのである。〈実存者〉がお

---

94 TA, p.35
95 TA, p.21
96 TA, p.35

のれを定立することの代償は、〈実存者〉はおのれ自身から離れることができないという事実そのもののうちに存する。〈実存者〉はおのれを気づかい、おのれだけを相手にしている。おのれ自身に占有されているというこのありよう、それが主体の質料性（la matérialité du sujet）である。[97]

「主体の質料性」という文字列はここが初出である。質料（matière / hyle）は形相（forme / eidos）の対概念である。ギリシャ語ヒュレには「木材」の意味がある。家を作る時に建築家の脳裏に浮かぶ家の概念が形相(エイドス)である。実際に家を組み立てる時に用いられる資材が質料(ヒュレ)である。質料はそれ自体としてはまだ何ものでもない。用途が決まるまでは、これから何になるのかまだ分からない可能的な素材である。木材はいずれ船になるのかも知れないし、橋になるのかも知れないし、薪になって火にくべられるのかも知れない。だから質料は可能態(デュナミス)（dynamis /en puissance）である。この可能態としての質料を限定するのが形相である。形相が質料を限定し、特殊化し、かたちあるものに仕上げる、というのが術語の辞書的説明である。では、主体の質料性とは何を意味するのか？

レヴィナスはここでは質料の特性をおのれ自身への固着という性格においてとらえようとしている。木材は形相によって限定される以前は可能的であり、無限定的であるが、それでも木材以外のものではありえない。それは石ではないし、水でもない。木材は木材であることに釘付けにされている。レヴィナスが質料性という術語に託したのはそのような含意である。レヴィナスはこう続ける。

自己同一性は自己との無害な関係ではなく、自己への繋縛、おのれのみを気づかう必然性のことである。始まりは始まり自身の重みによってすでに重い。[98]

この前にレヴィナスは「最初の自由」(première liberté)、「始まりの自由」(liberté du commencement)について語っている。だが、そのような自由は実はある種の幽閉状態である。自己同一的であるとは自己に繋縛されることだからである。

主体の自由はその責任によってただちに限定される。これが自由の大いなるパラドクスである。自由な存在者はそのようなものとしてのおのれに対して責任を有するがゆえに、もはや自由ではないのだ。[99]

「私は自由である」と宣言した主体は、まさにそうしたことによって自由であることに繋縛される。

97 TA, p.36
98 TA, p.36
99 TA, p.36

過去と未来に対する自由としての現在は、おのれに鎖で繋がれることなのである。現在が質料的であるのは、過去が現在の上にのしかかっているからでもないし、未来に対して不安だからでもない。現在が質料的であるのは、現在が現在であるという事実に由来するのである。[100]

présentをここでは「現在」と訳した。「現在」という時間的意味と「現前」という空間的意味を同時に含意するこのフランス語はその両義性を保持するために原語表記してきたが、ここは過去未来との比較なので「現在」と訳しておいて問題ないだろう。

現在は歴史を知らない。現在は今に由来する。そして、それにもかかわらず、あるいはそれゆえに、現在はおのれ自身のうちに嵌入(かんにゅう)し、それゆえ責任を知り、質料性に転じるのである。[101]

私はすでにおのれに釘付けにされている。(…)私は仮借なくおのれなのである。[102]

「鎖で繋がれる」(enchaînement)、「嵌入している」(s'engager)、「釘付けにされている」(rivé)、「仮借なく」(irrémissiblement)といった語から知れるように、レヴィナスは現在であること、主体であること、自由であることをある種の苦役として記述する。私が私であるのは重荷を引きずるようなことなのだ。

おのれとの関係とは（…）私に鎖で繋がれた分身、私にまとわりつく、鈍重で、愚かしい分身との関係なのだ。まさしくその分身が私であるがゆえに、その分身と共にあることによって私は存在するのである。（…）私は精霊のように存在するわけではない。微笑みのように存在するのではない。あるいは風のように存在するのではない。私は責任抜きには存在しないのである。私の存在はある所有物によって二重化されている。私は私自身によって塞がれているのである。それが質料的実存ということなのである。[103]

レヴィナスは畳みかけるように文学的な比喩を並べる。「私にまとわりつく、鈍重で、愚かしい分身」によって二重化された私、私に対する責任を負わされた私、私自身によって塞がれ、私自身によって充満させられている私。ただ、それはいずれも何らかの「あるべき私」や「あるべき私の自由」の欠性的な様態ではない。「どうすればもっと私らしくなれるのか」というようなことがここでは問題になっているわけではない。問題はその先に、あるいはその手前にある。

100 TA, p.36
101 TA, p.37
102 TA, p.37
103 TA, p.37

> 質料性を、精神が肉体という墓場あるいは牢獄へたまたま転落したことというふうに記述することはできない。質料性は〈実存者〉の自由のうちへの主体の出現に——必然的に——伴うのである。[104]

> 孤独が悲劇的であるのは、孤独が他者を欠いているからではない。孤独がおのれの自己同一性という囚われのうちに幽閉されているからである。孤独が質料だからである。[105]

おのれ自身でしかあり得ないという〈実存者〉の幽閉状態からの「逃走」の道筋をレヴィナスは時間のうちに見出そうとする。

> 質料の繋縛を打ち砕くこと、それは位相転換の既決性を打ち砕くことである。それは時間のうちに存在する（être dans le temps）ことである。[106]

質料の繋縛を打ち砕くこと。おのれ自身への繋縛から身を解くこと。私が仮借なくおのれ自身であるという状況から逃れること。その離脱の道筋があるとレヴィナスは言う。それは「時間のうちに存在すること」である。私が自己同一的であるのは、私が時間のうちに存在していないからである。自己同一的な私においては時間が流れていないからである。

孤独とは時間の不在のことである。**与えられた**時間、それ自体が位相転換された時間、経験された時間、踏破されるべき時間、そのような時間の中にある限り、主体はおのれの自己同一性を保ったままである。それは位相転換の結びつきをほどくことのできぬ時間である。[107]

それとは違う時間を目指さなければならない。与えられた時間ではない時間、位相転換されない時間、経験されない時間、踏破されることのない時間、主体が自己同一性を保持できない時間。そのような時間においてはじめて〈実存者〉と〈実存する〉の間の分離不能と思われていた結びつきはほどかれる。

104　TA, p.37
105　TA, p.38
106　TA, p.38
107　TA, p.38

第Ⅱ講の読解

26　日常生活と救済（1）

『時間と他者』は四章から成っている。ここで第一講が終わる。追記された序文を除く七三頁のうち三八頁、約半分来たことになる。

ここまでの理路の頭痛がするほどの難渋さは、そこで用いられている哲学用語のほとんどについて、レヴィナスが一意的な定義を保留したまま読み進むことを読者に要求しているからである。

たしかにレヴィナスは私たち読者に伝えたいことがある。緊急に理解して欲しいことがある。けれども、私たちがおのれの知的肺活量を最大化して、「意味の酸欠」に耐えられる身体を作らない限り、私たちには「レヴィナスの用事」が何であるかに手が届かない。その作業は天井まで水没したトンネルを泳いで潜り抜ける難事業に似ている。いったん潜ったら、次に酸素のあるところにたどりつくまで息継ぎの機会はない。でも、この暗いトンネルがどこまで続いているのかは潜り始める前には分からない。そして、潜り始めて、肺に残った酸素が半分を切ったら、もう後戻りはできない。息が苦しくなり始めたら、もう泳ぎ切るしかない。そして、この時に死力を尽くして泳ぎ切るためには「レヴィナスは私たちがこれまで誰からも聴いたことのない叡智の言葉を語ろうとしている」という断定がどうしても必要になる。ここで迷いがあれば、私たちはもう泳ぎ続ける意欲を維持できない。

第一講の終わりに私たちは重要な手がかりを二つ手に入れた。一つは「孤独とは時間の不在である」という命題。もう一つは「自己同一性の繋縛を打ち砕くとは、時間のうちに存在することである」という命題である。時間のうちに身を置く時、〈実存者〉の孤独は乗り越えられる。言葉では言える。けれども、それが具体的に何を意味するのかは、まだ分からない。

質料は位相転換の不幸である。孤独と質料は一つだ。孤独とはすべての欲求が満たされた存在者に開示される高級な不安というようなものではない。孤独は「死へとかかわる存在者」の特権的経験ではなく、質料に取り憑かれている日常的実存のいわば同伴者なのである。[1]

レヴィナスは死と孤独についてのハイデガーの所説を否定する。ハイデガーは、世界内部的に頽落している日常的現存在が死を前にした時にはじめてある種の孤独のうちにおのれの唯一無二性を経験するというふうに考えた。

私たちは近しい人の死に遭遇すると、ある種の喪失感を覚える。けれども、「われわれは純正な意味では他者の死亡を経験することはないのであって、せいぜいつねにただ『その場に居あわせて』いるだけなのである。」[2] 私たちは誰か他者の「身代わりになって」死ぬことはできるが、他者の死そのものを死ぬことはできない。ハイデガーはこう書く。

1　TA, p.39
2　ハイデガー、前掲書、三九三－四頁

死亡は、それぞれの現存在がそのときどきにみずからわが身に引き受けざるを得ないものなのである。死は、それが「存在する」限り、本質的にそのつど私のものなのである。しかも死は、一つの特有な存在可能性を意味しているのであって、この存在可能性においては、そのつどおのれに固有な現存在の存在へとひたすらかかわりゆくことが問題なのである。[3]

誰にも身代わりされ得ない、おのれ自身の死を死ぬ他ないという排他性において、現存在の「おのれに固有な現存在の存在」すなわち自己同一性は際立つ。その消息をハイデガーが熟果になぞらえたことは前に書いた。「未了は、果実の固有な存在の中に含みこまれている」構成要素なのである。同じように「現存在もまた、現存在が存在しているかぎり、**そのつどすでにおのれの未了なのである。**」[4]

現存在は、「そのつどすでにおのれの未了」であり、「いちはやくおのれの終わりである」という先駆的な仕方において「おのれに最も固有な存在しうること」に手を伸ばす。「この存在しうることを先駆しつつ露呈させることのうちで現存在は、おのれの最も極端な可能性に関して、おのれをおのれ自身に開示する」のである。[5] そこから「死は現存在の最も固有な可能性」であり、それが「現存在にその最も固有な存在しうることを開示する」というハイデガーの核心的命題が導かれるということもすでに述べた。[6]

ハイデガーはこのようにして「死へとかかわる存在」の観念を仕上げるのだが、それと対比的に提示されるのが、「日常」への頽落のうちで死から眼を背け、死を逃れようとする非本来的な存在者である。それはハイデガーが「ひと」（das Mann）と名づけた現存在の頽落態である。世界内部的な「物語」のうちで無反省的に暮らし、おのれの本質について深く思量することがない人間である。「ひと」にとって、死は日常的な出来事に過ぎない。人は死ぬ。自分もいつかは死ぬ。けれども、当分は死なない。そのような「死の確実性の曖昧な承認」のうちに人は安らぎ、死の切迫から眼を逸らしている。

死に直面してそこから日常的に頽落しつつ回避することは、**死へとかかわる非本来的**存在なのである。[7]

レヴィナスはハイデガーのこの「死へとかかわる存在」と「日常性のうちに頽落している非本来的な〈ひと〉」の対立を無効化しようとする。孤独を超える困難な旅程の足場は、おのれに固有の存在しうることを開示されて、おのれに託されたその世界史的宿命の達成をめざす英雄的な「死へ

3 同書、三九五頁
4 同書、四〇一頁
5 同書、四二七頁
6 同書、四二八頁
7 同書、四二二頁

とかかわる存在」にではなく、むしろそこから頽落した「ひと」のうちにある。

位相転換そのものから由来するところの質料の不安がわれわれの実存者の自由という出来事そのものを表現している限り、日常生活は、頽落であるどころか、われわれの形而上学的運命に対する裏切りとして現出するどころか、われわれの孤独から流れ出て、孤独の完成そのものを、孤独という深い不幸に応えようとする厳粛なる試みをかたちづくっているのである。日常生活とは救済への気づかいなのである。[8]

日常生活は頽落などではない。日常生活こそが私たちの孤独の完成なのである。この断定のうちにレヴィナス哲学の「レヴィナスらしさ」が凝縮されていると言えるだろう。私たちの日々の生活、働いたり、怠けたり、愛し合ったり、憎み合ったり、希望を抱いたり、絶望したり、食べたり、飢えたり、眠ったり、眠れなかったり、享楽したり、苦悩したり……という、当たり前の日常のうちに、思量するに値するすべての哲学的論点は揃っている。レヴィナスはそう考える。『タルムード四講話』において、レヴィナスは、タルムードが扱っている論争的課題が具体的であり、生活上の些事にわたるがゆえに、タルムードは深遠でありうるのだと述べる。

例えば、「祭礼の日に産まれた鶏卵」を食べる権利にかかわる議論や、「荒れ狂う牛」によってもたらされた被害に対する賠償にかかわる議論の中で、タルムードの博士たちは鶏卵のことや牛のことを話しているのではない。そうではなく、そんな気配を露ほども見せぬままに根本的な概念を検討に付しているのである。[9]

それは生活上の些事を一つの素材として、哲学的思考の「入口」として、功利的に用いるということとは違う。そうではなくて、それ自体が哲学的思考の対象なのだ。そのような生活の些事を徹底的に考え抜くことを哲学というのだ。「日常のうちに頽落して、酔生夢死のうちにある〈ひと〉」と「おのれの召命を自覚して、おのれの自己同一性を成就しようとする現存在」というハイデガーの二項対立をレヴィナスは退ける。日常生活の生々しさ、曖昧さ、複雑さ、無意味さ、そのような生の現場のうちに散らばる経験をこそ徹底的に思量せねばならない。

タルムードは、その学知の偉大なる師たちに従うならば、生活に基づいてしか理解することができない。生活のもたらす教訓、生活経験から導き出された知見（と豊かな想像力）がタルムード解釈上役に立つという話をしているのではない。タルムードの記号そのものをどう理解するか、どう感じ取るかは生活によって決まるということなのである。具体的な日々の現実は生活の文脈のうちに置いてはじめてその意味が分かる。それと同じように、これらの記号――

8　TA, p.39

9　QLT, p.12

聖句、事物、登場人物たち、状況、儀礼――は完全記号として機能しているのである。[10] 記号を読み解くのは生きた個人である。「完全記号」から叡智を汲み出そうとする個人の懇請である。

懇請は個人から発する。目を見開き、耳をそばだて、解釈すべき章句を含むエクリチュールの全体に注意を向けると同時に生活に――都市に、街路に、他の人々に――同じだけの注意を向けるような個人から。懇請は、そのかけがえのなさを通じて、そのつど代替不能の意味を記号から引き剥がすことのできる個人から発する。[11]

生活する者、生身の身体を持つ者、日常生活のうちに深く沈む者こそが哲学の主体となるべきだ。レヴィナスにおける「ハイデガー的圏域との訣別」とはこの方向転換のことなのである。

27　日常生活と救済(2)

私たちは生身の身体のうちに囚われて、世の人々との日々の営みのうちに嵌入している。この生活をそこから脱出すべき非本来的な様態として否定的に語るのか、あるいは哲学的思量の創造的な起点として見定めるのか、いずれなのか。もし、ハイデガーの説くように、「おのれに固有な現存在の存在へとひたすらかかわりゆくこと」が現存在の使命なのだとすれば、私たちの営んでいる日常とはまさにそこから脱出すべき「真正なる経験の堕落」の形式に過ぎない。ハイデガーに限られない、西欧哲学は一貫して「孤独であること」と「人との交わりのうちにあること」を対立させてきた。

孤独の感情は、人と対話することの喜び、集団的な営み、そしておよそこの世界を居住可能たらしめるすべてのことを、パスカル的気晴らしとして、孤独の忘却として告発することを可能にする。[12]

パスカル的気晴らし（divertissement pascalien）とは人間であることの根源的な苦悩や悲嘆を直視せず、そこから目を逸らすことである。多くの人は、おのれ自身であることの困難さを直視せず、慰めを栄光や富貴のような虚しい気晴らしのうちに求める。しかし、哲学者たちは空疎で無意味な世界内部的な空語を語ることで孤独の苦痛を癒そうとすることを許さない。

世界のうちに住み着くこと、事物に気を取られること、事物に執着すること、事物を支配し

10 QLT, p.20
11 AV, p.136
12 TA, p.40

ようとすることさえも、孤独の経験に照らすならば価値のないことであるばかりか、孤独の哲学によって説明されてしまうことなのである。事物や欲求に気を取られること、それは欲求そのものが含意する究極的宿命性を前にしての頽落であり、逃避であり、一貫性の欠如であり、非－真理である。たしかにそれもまた宿命的なものではあるのだが、劣等であり、忌むべきであるという刻印を負っているのである。[13]

だが、世界のうちに住み着くことの非本来性をどれほど哲学的に非難しようとも、あるいは「パスカル的、キェルケゴール的、ニーチェ的、ハイデガー的な不安のうちにあろうとも」[14]、人は日々の生活から逃れ切ることはできない。私たちはそれでもやはり食い、眠り、働き、同類たちとのさまざまな絡み合いのうちにいやでも巻き込まれている。

私たちの長い日々はさまざまな気遣いによって満たされている。そのせいで、私たちは孤独であることができず、わが同類たちとの関係のうちに投じられているわけだが、それを頽落であるとか、日常生活であるとか、動物性であるとか、劣化であるとか、あさましい物質主義であるとか名付けてみても何も始まらない。この気遣いはいずれにせよなくて済まされるものではないからだ。正統的時間とは自己からの離脱であると考えることはできるが、それでも人は自分のために腕時計を買う。実存は裸形であると言うことはできるが、それでもふだんはできるだけまともな服装をする方がよい。不安についての書物を書くことはできるが、読者を想定せずに書くことはできないし、編集から出版に至るもろもろの手順を経由しないわけにはゆかないし、時には不安の商人としてふるまうこともある。死刑を宣告された囚人も処刑場への途中で服装を正すし、最後の一服を断らないし、一斉射撃の前には気の利いた一言を思いつく。[15]

レヴィナスにしてはずいぶん皮肉な筆致である。たしかにこれは現実を蔑(なみ)するある種の哲学者たちの態度を痛撃している。貨幣の幻想性を語る書物の著者も印税を貨幣で受け取ることは拒まないし、国家は擬制であると語る人も海外でその所説を講ずるためにはパスポートを申請するし、絞首台に登る階段で躓(つまず)けば死刑囚も転ばないようにバランスを取る。死刑囚に向かって「あと少しで死ぬ身なのだから、今ここで転ばないようにすることには何の意味もない」と言っても、死刑囚にバランスを取ることを禁じることはできない。「この気遣いはいずれにせよなくて済まされるものではないからだ。」それは、その「どうでもよいこと」のうちに何かしら「どうでもよくないもの」が含まれているからである。あえて論理矛盾を犯して言えば、この非真正性のうちには何かしら真正なものが含まれている。

13　TA, p.40
14　TA, p.41
15　TA, pp.41-2

自分たちは不安よりもパンの方が気がかりだという時に、大衆がエリートに向ける否認の中には無思慮とは違う何かがある。経済的問題から出発するヒューマニズムのうちにある衝き動かすもの、労働者階級がヒューマニズムであろうとして掲げる諸要求の力はそこに由来する。[16]

だから、不安の哲学者たちには「パンを気づかう」人々を「非真正的な生き方のうちに頽落している」と冷たく突き放すべきではない。「飢えた者にパンを」という要求には「力」がある。

孤独とそれがもたらす不安は、建設的で向日的な社会主義から見ると、連帯と明晰さを求める世界の中にあって、砂の中に頭を突っ込んで嵐の過ぎ去るのを待つ駝鳥の構えに等しい。(…)それゆえ、孤独の哲学が用いるのと等しい権利を以て、社会主義的ヒューマニズムは、死と孤独の不安を、虚偽、空語、ごまかし、みせかけだけの雄弁、本質的なものを前にしての逃走、衰弱と呼ぶことができるのである。[17]

解釈に際して忘れてはならないのは、この講演が行われたのがいつだったのかということである。それは〈解放〉の直後、おのれの不安や孤独よりもむしろ隣人の不安と孤独を気づかう人々が、ナチズムとヴィシーの政治に対して最後の人間的な〈抵抗〉をかたちづくったことを人々が知った時である。その時代の「空気」は例えば、同時代の、きわめて行動的であった若い哲学者の次のような挑発的な言葉にもはっきりと見て取れる。

真に論ずるに足る哲学的問題は一つしか存在しない。それは自殺である。人生は生きるに値するか否かについて判断すること、それは哲学の根本的な問いに答えることである。それ以外のこと、世界には三つの次元があるのかどうかとか、精神には九つのカテゴリーがあるのか十二のカテゴリーがあるのかといったことは、その後の話だ。そんなのは遊びに過ぎない。（…）この問いが他の問いより緊急であるのは、この問いが行動に直結するからだ。私はかつて存在論的主張のために死んだ人があることを知らない。ガリレオは重要な科学的真理を信じていたが、そのせいで命が危うくなるとたちまちそれを放棄した。ある意味で彼は正しくふるまったのだ。このような真理は火刑にされてまで守るに値しない。地球が太陽の周りをまわろうと、太陽が地球の周りをまわろうと、そんなことは実はどうでもいいのだ。それは取るに足りない問いだ。だが、その一方で、人生は生きるに値しないと判断して死んだ多くの人間を私は見てきた。彼らに生きる理由を与えた理念や幻想のために殺されることになった人々を見てきた（彼らにおいては生きる理由が同時に堂々たる死ぬ理由であったのだ）。それゆえ私は人生の意味があらゆる問いのうちで最も緊急なものだと考えるのである。[18]

---

16 TA, p.42

17 TA, pp.42-3

18 Albert Camus, 'Le Mythe de Sisyphe', in *Éssais*, Gallimard, 1965, p.99

若きアルベール・カミュの放った「私はかつて存在論的主張のために死んだ人があることを知らない」というのは大戦間期を覆った「孤独と不安の哲学」に対する痛烈な皮肉であった。この文章が公開された時（一九四二年）に、著者は『異邦人』で鮮烈なデビューを飾ったばかりの新進作家だった。この「暴言」に講壇哲学者たちはただ眉をひそめたが、カミュが占領下フランスのレジスタンス運動の中核的な指導者の一人だったことが後に明らかになった時に、人々はこの若者が本気でこの文章を書いていたことを知った。カミュはいかなる哲学的主張のためにも死ぬ気はなかったが、一市民として尊厳のある生き方を貫くためには死ぬ覚悟があった。彼はこの時代に使われていた語義における「ヒューマニズム」の人であった。

レヴィナスがここで用いた「社会主義的ヒューマニズム」という語の含意はこれに近いものだと私は思う。スターリン以後の時代にいる私たちはこの語をある種の不信と懐疑を抜きに口にすることができないけれど、まだその語がどういう運命をたどることになるのかが知られていない段階で語られた言葉は、歴史的風雪を経た後にそれがまとわりつかせたさまざまな含意を削ぎ落して、その時点での生々しい意味において読まれなければならない。

レヴィナスはここで「観念論者」と「唯物論者」の対立という定型的な図式を提示してみせる。「自己救済の欲求」と「欠如を満たす欲求」を対比させる。むろんレヴィナスはそのような単純な二項対立で話を終わらるためにそうしているのではない。そうではなくて、レヴィナスはこのような二項対立でものを考える習慣そのものが「ハイデガー的圏域」を形成していると考えるのである。

この「圏域」からの離脱を果すためには、この二つの「分かりやすい理説」を疑似的な二律背反として絶えず分泌している言説生成のループ構造そのものを俎上に載せなければならない。

自己救済の欲求と自己満足の欲求の二律背反、ヤコブとエサウの対立だ。[19]

なぜこの対立が「ヤコブとエサウの対立」と呼ばれるのか。『創世記』によれば、父イサクの目が見えなくなったことを利用して、兄エサウが受けるべき長子としての祝福をヤコブが横取りする。ヤコブに遅れて父の下に来たエサウには与えるべき祝福がもう何も残されていない。「私をも祝福してください」と泣訴するエサウにイサクはこう告げる。「お前に与えることのできるものは何もない。けれども、「おまえはおのれの剣によって生き、おまえの弟に仕えることになる。おまえが奮い立つならば、おまえは彼のくびきを自分の首から解き捨てるであろう。[20]」主からの祝福はヤコブに下り、エサウには「剣」によって弟の「くびき」から逃れる機会だけが残された。天上的な恩寵に浴する権利と、地上的な自己解放の権利、それがヤコブとエサウそれぞれが未来に期待できたものである。

レヴィナスが観念論者と唯物論者の対立をあえて「ヤコブとエサウ」に対比させたのは、彼らが

19　TA, p.43
20　『創世記』二七・四〇

ともにイサクの血を分けた子たちであり、長子権を奪い合う（ということは相互に代替可能な）同類だということを含意している。「孤独の哲学」と「社会主義的ヒューマニズム」は外形的には対立しているように見えるが、どちらもが西洋哲学の「長子権」を争う「イサクの子たち」なのだ。

この二つのものの関係をレヴィナスは次のような複雑な修辞を以て記述する。

> 救済と充足の真の関係、それは古典的な観念論が構想し、現代の実存主義が今もなお引きずっているようなものではない。霊的救済は、上位の形式がその基礎がたしかなものであることを求めるような仕方で、物質的欲求の充足を求めているわけではない。われわれの日常生活が平凡な繰り返しであるのは、われわれの動物性が霊性の活動によって絶えず超克されているからではない。たしかに欲求の不充足がたまたま救済の不安をもたらすということはあるかも知れない。貧困やプロレタリアというあり方が〈神の王国〉の扉を垣間見る機会であるように。だが、救済への不安は欲求の不充足に起因するわけではない。労働者階級が今苦しんでいる圧政は、経済的解放の彼方にある形而上学的解放に対する郷愁を労働者階級のうちに覚醒させるためだけの純粋な圧政経験だと私たちは考えない。革命闘争がもし霊的生活の基礎としてのみ役立つものであるなら、革命闘争がもろもろの危機を通じて人々におのれの召命を開示するためだけのものなら、革命闘争はその本義と現実的意図から逸脱していることになるだろう。というのは、経済闘争は*すでにそのまま救済のための闘争だから*である。経済闘争は、最初の自由がそれを経由して構成される位相転換の弁証法そのものに基礎づけられているからであ

る。[21]

レヴィナスは、物質的欲求の不充足という世俗的経験を足場にして霊的救済を果たすという「二段階論」を否定する。動物的な生活、物質のうちに頽落した「世人」の生活が下位のものであり、その境位を脱することで、人間は上位の「霊的境位」に達するという階層的なとらえ方を否定する。ヤコブとエサウの戦いで、二人が父イサクから得ようとして争ったのは「天の露と地の肥沃、豊かな穀物と新しいぶどう酒」という物質的な財産と、「国々の民はおまえに仕え、国民はおまえを伏し拝み、おまえは兄弟たちの主となる」という政治的ヘゲモニーと、そして「おまえを呪うものは呪われ、おまえを祝福するものは祝福される」という呪術的権能であった。二人が奪い合った遺贈品のリストを見ると分かるが、長子権をめぐる闘争において、経済闘争はすでにそのまま救済のための闘争だったのである。日常生活はそのまま救済への気づかいなのである。

28　世界による救済——糧（かて）

質料性とはおのれ自身に鎖で繋がれていることである。だから、孤独と主体の質料性は不可分なのである。そのことを踏まえた上で、われわれは、世界と世界内におけるわれわれの実

21　TA, pp.43-4

存が、主体にとっての主体自身の重みを乗り越え、主体の質料性を乗り越え、つまり、〈おのれ〉(le soi)と〈私〉(le moi)の結びつきをほどくための主体の根源的な歩みをかたちづくることになる、その道筋を示したいと思うのである。[22]

〈おのれ〉と〈私〉の結びつきを解きほぐす(dénouer le lien entre le soi et le moi)という印象深い言葉でレヴィナスはこの節を終える。「おのれ自身に繋縛される/釘付けにされる」という表現で、これまでもレヴィナスはさまざまな箇所において、私(le moi)とおのれ(le soi)を結びつけられたもの、それゆえ離別可能なものとして表現してきた。

「**私**はすでにおのれに釘付けにされている」(le *je* est déjà rivé à soi)。「私は仮借なくおのれである」(le moi est irrémissiblement soi)。「私は私自身によって塞がれている」(je suis encombré par moi-même)「恥辱においてあらわになるのは、まさにおのれ自身に釘付けにされている(être rivé à soi-même)という事実、自分自身から身を隠すために自分自身から逃れることができないという根源的な不可能性(l'impossibilité radicale de se fuir)、自分の自分自身に対する仮借なき現前(le présence irrémissible du moi à soi-même)である。」

私がおのれ自身でしかありえないこと、それが自己同一性である。レヴィナスはその「おのれ自身でしかありえない」という宿命的な繋縛から逃れ出る「道筋を示す」と言う。続く節は「世界による救済――糧」と題されている。「糧」という新しい概念が、その「道筋」の道標になる。

日常的実存のうちで、世界のうちで、主体の質料的構造は、ある程度までは、乗り越えられている。すなわち、私とおのれの間に、ある隔絶が生じているのだ。自己同一的な主体は直接的に自己回帰するわけではない。[23]

日常的実存においては、「ある隔絶」（un intervalle）が〈私〉と〈おのれ〉を隔てている。何かが〈私〉と〈おのれ〉の間に介入して、自己同一化を妨げている。つまり、〈私〉と〈おのれ〉の繋縛を解きほぐすことは、私たちの働きかけを待たず、私たちが「日常的実存のうち」にあるだけで、すでにいくぶんかは達成されているということである。だが、それはどういう意味なのか。それが「糧」に養われているということである。

ハイデガー以後、私たちは世界を道具の総体として眺めることに慣れてきた。世界のうちに存在するとは行為すること、その行為の目的が最終的には私たちの実存そのものであるような仕方で行為することなのである。道具は相互にそれぞれの道具を指示しているのだが、最終的にはそれらは私たちの実存することへの気遣いを指示するのである。[24]

---

22 TA, p.44
23 TA, p.45
24 TA, p.45

ハイデガーの「道具」（Zeug）について少し説明しておく。私たちは世界内に存在している限り「事物そのもの」や「自然そのもの」に出会うことはない。私たちがこの世界内で出会うものはすべて世界内部的に分節されており、私たちが剥き出しの「ものそれ自体」に出会うことはない。その中にあって道具は他の事物とはいささか異なる独特のあり方をしている。道具は私たちの「実践」と相関して前景化するからである。ものを製造・加工するという具体的実践のうちにおいてのみ道具はある。「用途の知られていない道具、使い方の分からない道具」というようなものを私たちはさしあたり道具としては認識しない。私たちが日常生活の中で出会うのは例えば「文房具、裁縫具、仕事や乗用や測量のための道具」などであるが、それらは私たちの行為と結び付けられて、その用途や機能についての性格づけをなされてからそれとして認識される。ハイデガーによれば、それらの道具は「道具全体性」（Zeugganzheit）のネットワークのうちに配列されて出来する。

道具の存在にはそのつどなんらかの道具全体が属しているのであって、そうした道具全体のうちでその道具は、その道具がそれである当の道具でありうるのである。道具は、本質上、「何々するための手段である或るもの」なのである。有用であり、寄与し、利用されることができ、手ごろであるといったような、この「手段性」のさまざまな在り方が、道具全体性というものを構成するのである。[25]

道具は単体では存在しない。すべての道具は他の道具との関連性のうちに配置されて存在する。

道具は、その道具的性格に応じて、文房具、ペン、インク、紙、下敷き、机、ランプ、家具、窓、ドア、部屋などのように、他の道具への帰属性にもとづいて、そこから、つねに存在している。[26]

例えば、部屋は何よりもまず「住むための道具」として存在するのであり、「四つの壁の間」というような抽象的・幾何学的な仕方では存在しない。道具はこの部屋の然るべき空間的位置に、果たすべき機能を託された調度としてのみ開示される。だから、「部屋」が存在しない世界においては、「床」や「扉」や「壁」が単体で存在して、道具として認識されるということはない。私たちの前にまず現われるのはあらゆる道具を網羅した「道具全体性」の体系であり、個々の道具はその中に配列されて「適所を得る」というかたちでしか存在しないし、認識されない。「個々の道具に先立って、そのつどすでになんらかの道具全体性が暴露されているのである」というのはそのことである。[27]

道具的存在者は、さしあたりのすべての他の道具たちと同時に、同一視野のうちに俯瞰され、そ

25 ハイデガー、前掲書、一五七頁
26 同書、一五七頁
27 同書、一五八頁

の体系内の他の項と差異化されて存在する。道具的存在者に向けられるこの固有の見方のことをハイデガーは「配視／周囲を見回すまなざし」（Umsicht）と術語化した。

レヴィナスが「「ハイデガー以後、私たちは世界を道具の総体として眺めることに慣れてきた」」と書いているのはこのことである。それに続く「世界のうちに存在するとは、行為することである」というのもハイデガーの用語法そのままである。世界のうちに存在するとは、道具全体性のうちに存在することである。そして、道具は最終的には「私たちの実存そのものをめざす」。道具的全体性のうちに配置されているそれらの道具を道具たらしめているのは「私たちの気遣い」だからである。

ここまではハイデガーの祖述である。だが、ここからレヴィナスの理路はあらぬ方向に踏み外してゆく。

　ハイデガーの眼を逃れているように思えるものは――このような論件についてハイデガーの眼を逃れ得るものが何かあるとすればの話だが――それは道具の体系（un système d'outils）であるより先に、世界は糧の総体（un ensemble de nourritures）だということである。[28]

道具とは違う仕方で世界内に存在する事物がある。それは「糧」である。それは「ハイデガーの眼を逃れている」とレヴィナスは言う。「糧」とは何のことなのか。これはハイデガーを読み続けてきた人たちにとっては虚を衝かれる語だと思う。ハイデガーが「道具」について論じた数頁において道具の例として列挙してきた全名詞をもう一度見直してみる。

文房具、ペン、インク、紙、下敷き、机、ランプ、家具、窓、ドア、部屋、ハンマー、鉋、針、やっとこ、鋼、鉄、銅、岩石、木材、屋根つきのプラットフォーム、時計。

これらが『存在と時間』でハイデガーが列挙した「道具」のリストである。いずれも人間が「手」を用いて制作したり、操作したりできるものという意味では人間の実践と深く親しんではいる。けれども、気づいた人もいると思うが、このリストの中には人間が食べられるものが一つも含まれていない。人間の身を養うものが一つも含まれていない。屋根についてはかろうじて言及されていたが、人間がそれなしでは生きられないもの、食べ物と身にまとうものについては、ハイデガーは言及していない。「ハイデガーの眼を逃れた」のは生身の人間が生き延びてゆくためにどうしても必要なものであった。

レヴィナスにとって、世界をみたす事物のうちで前景化するものは、何よりもまず生きるために摂取するものであった。ハンマーももちろん有用ではある。けれども、糧の有用性とハンマーの有用性は次元が違う。ハンマーの働きは例えば自然石や硬い木でも代用できるが、糧に代わるものは糧の他にない。

> われわれは食べるために生きているというのはおそらく適切ではない。だが、われわれは生

28 TA, p.45

きるために食べているというのも同じように適切ではない。食べることの究極的な目的は食物のうちに含まれている。[29]

食べるという動作はハンマーを使って「釘を打つ」というような動作とは次元が違う。というのは、食物はそれを享受する主体とどこかで交じり合うからだ。われわれは「食べるために生きている」わけでもないし、「生きるために食べている」わけでもない。というのは、「われわれ」と発語しているこの主体はすでに「食べること」の成果としてここにいるからである。かつて一度も糧を享受したことのない者が観想的な主体として自存しており、「糧を目的とすべきか手段とすべきか」を思量するというようなことはありえない。糧を前にしている主体は、これまで糧を享受してきた結果として、「糧を享受しうる者」として今ここにいるのである。このような「糧」と「主体」の相互浸透は道具において見ることのできぬ特色である。

> われわれが一輪の花の香りを嗅ぐ時、この行為の究極目的は香りである。外を散歩する時、その目的は空気を吸うことである。健康のためではない、空気のためである。われわれの世界内の実存を性格づけているのは糧である。脱自的実存はおのれの外をめざす存在者であるのだが、それはその対象によって限定されているのである。[30]

このような実存の特異な対象とのかかわりをレヴィナスは「享受する」(jouir)と術語化する。

レヴィナスがここまで書いてきたことは依然としてよく分からないが、これからどういう道を進むのかについては、少しだけ見通しが立ってきた。

29 光と理性の超越（1）

享受として特徴づけることができる対象との関係。あらゆる享受は存在する仕方であると同時に感覚、つまり光と認識でもある。対象の吸収であり、また対象からの遠ざかりでもある。[31]

私たちと糧との関係をレヴィナスは「享受」と呼ぶ。それは私たちと道具との関係とは違うものである。道具的連関のうちでは、私たちは道具と一意的に関係する。道具は私の作業（ものを書いたり、あたりを照らしたり、石を砕いたりするような仕事）を支援し、それを可能にしてはくれるが、道具が私の一部に化したり、私と道具が癒合するということは起こらない。その点で糧は道具と異なる。主体は糧を他動詞的な仕方で摂取するのだが、その当の主体は糧によって養われ、糧によって生きている。

糧との関係は「存在する仕方」（une manière d'être）であり、かつ「感覚」（sensation）であると

---

29 TA, p.45
30 TA, pp.45-6
31 TA, p.46

レヴィナスは書く。「感覚」とは「対象の吸収」(absorption de l'objet) でありかつ「対象からの遠ざかり」(distance à l'égard de l'objet) である。

享受が「吸収」でありかつ「遠ざかり」であることは、糧を摂取するという営みを考えれば分かる。食物を口にする。食物は玩味され、咀嚼（そしゃく）され、嚥下（えんげ）され、消化されて、やがて私たちの身体に吸収される。けれども、同時に、その過程で、私たちは歯ざわりや舌ざわりや香りなどを通じて、その食物を観察し、吟味し、評価し、時には商品的連関のうちに位置づけ、興が乗れば記号的に表象して「食べ物エッセイ」を書いたりする。口中に投じてから消化までのプロセスは対象との一体化であるが、食物についての理解や説明や査定は対象を遠ざけることなしには果たし得ない。そして、主体が対象を遠ざけるのはもちろんそれを光のうちで認識するためである。

> 享受することには本質的にある種の知が、ある種の明るさが帰属している。それゆえ、主体は自らを与える糧を前にした時に空間のうちに存在する。つまり、存在するために必須のものである対象と距離を取るのである。位相転換の純粋にして単純な自己同一性のうちにおいては、主体はおのれ自身のうちに逃れ難く嵌入しているのに対して、世界のうちにおいては、主体の自己回帰の代わりに、「存在するために必要なすべてのものとの関係」が存在するのである。[32]

ここでレヴィナスは「位相転換の純粋にして単純な自己同一性のうち」と「世界のうち」とを対比させる。位相転換においては、主体はひたすら自己に回帰する。位相転換において、〈実存者〉

には外部がなく、他者がいない。〈実存者〉は絶対的な孤独のうちにある。それとは対比的に、「世界のうち」において、「主体はおのれ自身から切り離される」（Le sujet est séparé de lui-même）のである。[33]

なぜ「世界のうち」で主体は「最も根源的で、最も仮借ない繫縛」を断ち切ることができるのか。私たちはようやく本論考の核心部分に踏み込んできた。

光がかかる可能性の条件である。その意味において、われわれの日常生活はすでにして主体がそれを経由して自己成就するところの始原の質料性から自己解放する一つの仕方（une manière de se libérer de la matérialité initiale）なのである。日常生活はそのような自己忘却を含んでいる。[34]

おのれ自身に鎖で繫がれること、それが質料性である。しかし、日常生活と光が、〈おのれ〉と〈私〉の繫縛を解除する。ただし、話は一筋縄ではゆかない。光は私を質料性から解放する方向に導きはするのだが、「私の解放にはまだ足りない」からである。

---

32 TA, p.46
33 TA, p.46
34 TA, p.46

しかし、自己忘却、享受の明るさも、この光が、主体の居所である質料性という存在論的出来事から切り離されるのなら、この光が、理性の名の下で絶対的なものに祭り上げられるのであれば、私のおのれへの仮借ない繋縛を断ち切ることはできない。光によって与えられた空隙はただちに光によって吸収されてしまうからだ。光を介在させると、私とは別のものが見える。しかし、その何ものかは私から出てきたもののようにも思われる。私たちは光に照らし出された対象に出会う。けれどもそれと同時に、まさにその対象が光に照らし出されているという当の事実ゆえに、その対象は私たち自身から由来したものであるかのようにも思われるのである。対象は根源的な異邦性を持たない。この対象の超越性は内在性のうちに包み込まれている。認識と享受のうちで私が私を再び見出す時、そこにはすでに私自身がいる。光の外在性だけでは、おのれの虜囚である私の解放にはまだ足りないのである。[35]

光はおのれ自身から切り離されるための条件である。だが、光だけでは私の解放にはまだ足りない。光はたしかに私が「私ならざるもの」と出会うための条件である。私たちは対象を光のうちで見出す。けれども、それだけでは対象が「私ならざるもの」であることは哲学的には根拠づけられない。というのは、私たちが私たちの視野に何を見出すかは、私たちがどこに視野を向けているか、どのような光源によってそこを照らし出しているか、私たちがそもそも何をそこに見出すことを期待しているかなどによって限定されているからである。私たちが見出すものはほとんどの場合「私たちがそこに見出すつもりでいたもの」であり、私たちが「まさかそこでそんなものを見出すとは想像もしていなかったもの」はしばしば対象としては把持されない。それは私たちには経験的に熟知されていることである。

私たちが光のうちで見出すものの多くは、私たちがそこに（あらかじめ、無意識のうちに）置いておいたものである。だから、光に照らされて認識された限りでは、対象は根源的な異邦性を持たない。主体と無関係にあたりを照らし出す絶対的な理性の光などというものは存在しない。光のうちで私たちが見出すものは、質料性によって、つまり私がおのれ自身に鎖で繋がれているという原事実によって、その異邦性・外部性をあらかじめ損なわれているのである。

30　光と理性の超越（2）

光のうちで私たちは対象を見る。見るためには対象から離れなければならない。その限りでは、見ている私と見られている対象は確かに別ものである。けれども、私たちがそこに見出す対象は、私たちがそこに見出すべく宿命づけられているものである。光のうちで見出される限り対象は根源的な異邦性を持たない。対象が私の外にあるというだけでは、私が超越的なものとかかわりを持ったということにはならない。認識するだけでは孤独を超克したことにはならない。

35　TA, p.47

〈実存する〉ことの匿名性からは解放されたけれど、その質料性から距離を取る時の同一的なふるまいによって、〈実存者〉は依然としておのれ自身に繋縛されている（つまり、質料化されている）。（…）理性と光は、それだけで、存在者としての存在者の孤独を完成し、あらゆるものについての唯一無二の指標であるというその宿命を成就する。[36]

万象をその普遍性のうちに包摂することによって、理性はそのつどおのれ自身を孤独のうちに見出す。独我論は錯乱でも詭弁でもない。それは理性の構造そのものなのだ。理性が結びつけるもろもろの感覚の「主観的」性格ゆえにではなく、認識の普遍性ゆえに、つまり、光の無限定性と、いかなるものもその外部にあることができないという不可能性ゆえに、理性は孤独なのだ。それゆえ、理性は語りかけるべき他の理性を決して見出すことがないのである。[37]

語りかけるべき他の理性を見出すことができない。孤独とはそのことである。孤独とは光のうちにあり、見るものすべてが既知であり、触れるものすべてにすでにおのれの所有印が押してある世界に住むことである。

意識の志向性は私と事物とを識別することを可能にするが、それは独我論を消滅させることを意味しない。というのは、独我論の境位である光は私たちを外の世界の主人にしてはくれるが、私たちがそこに仲間を見出すようにはしてくれないからである。[38]

超越とは出発点に戻ることではない。ここと は違う場所へ踏み出すことである。仲間（pair）を見出すためには、ここと は違う場所に踏み出さなければならない。

出発点への帰還ではないような超越に基礎づけられない限り、空間の超越が現実的なものとして確証されることはあり得ない。[39]

「出発点への帰還」（retour au point de départ）はオデュッセウスの巡歴のことである。出発点に帰還することのない旅立ちとは、私の生まれ故郷、私の父の家に別れを告げ、主の呼びかけに答えて外に出たアブラハムの最初の一歩のことである。私が孤独なのは、私の故郷、私の父の家にとどまり、ついに語りかけるべき他の理性を持たないからである。

生は、質料との戦いにおいて、日常的超越がつねに同一の一点に帰還することを妨げるよう

---

36 TA, p.48
37 TA, p.48
38 TA, p.48
39 TA, p.48

な出来事に出会うことがなければ、救いの道となることはできないだろう。[40]

前にも触れた通り、質料（ヒュレ）の原義は「木材」である。質料は未決的・可塑的な素材であるから、用途の道具的可能性は広く開かれている。けれども、木材は木材以外のものではありえない。質料性とはその「本性に釘付けにされていること」である。「おのれ自身に占有されている」ことである。それが「主体の質料性」である。

だから、ここでレヴィナスの言う「質料との戦い」（lutte avec la matière）とは、自分が自分自身でしかありえないという自己同一性の軛（くびき）からの離脱の企てを指す。それは生（la vie）がそのまま「救いの道」（le chemin de rédemption）になるということだとレヴィナスは書く。「救い」という宗教的な語が唐突にここに出てきた。

単に非日常的な、驚嘆すべき冒険であるというだけでは自己超越は果たせない。オデュッセウス的な冒険にとどまる限り、「どれほど異邦的なものも、どれほど奇怪なものも、視覚的に現出するということによって、権力に把持され、自我に服属する。」[41]

超越は、異邦的なものでも、奇怪なものでも、冒険的なものでもない。むしろ超越は日常のうちにある。日常的な生活のうちにこそ超越の契機は宿っている。日々の生活のうちで、食べて、寝て、働いて、祈って、癒して、愛して……、という日々の実践そのものにおいて、絶えずおのれの外に踏み出そうとする者は「日常的超越がつねに同一の一点に帰還することを妨げるような出来事」に出会う可能性に実は豊かに恵まれているのだ。レヴィナスはおそらくそう言おうとしている。それゆえ、この第二講は次のような言葉で終わる。

光の超越を下支えし、外部の世界にリアルな外部性を与えているこの超越を見て取るためには、光が享受のうちにおいて与えられている具体的状況、すなわち質料的実存に立ち戻る必要がある。[42]

私たちの日々の「具体的状況」、私たちの生々しい「質料的実存」に立ち戻る必要がある。

40 TA, p.49
41 SM, p.13
42 TA, p.49

第Ⅲ講の読解

31　労働

第三講はここまでの理路をもう一度たどり直すところから始まる。さすがにこれだけわかりにくい話になると、時々は振り返りをしないと聴衆もとても話についてゆけないと思ったのだろう。私たちもレヴィナスに従って、ここまでの理路を振り返ることにしたい。

私たちはここまで単独者としての主体を論じてきた。主体は〈実存者〉であるがゆえに孤独である。主体の孤独はその〈実存する〉との関係に由来する。というのは、〈実存者〉は〈実存する〉の支配者だからである。〈実存する〉に対するこの支配は始める能力、おのれから出てゆく能力のことである。行動するためにではない、思考するためにではない、存在するために、主体はおのれの外に出てゆくのである。そのことを私たちはまず論じた。[1]

続いて私たちは〈実存者〉においては、匿名的な〈実存する〉からの解放がおのれへの繋縛、自己同一性という繋縛そのものに化することを示した。私が私と自己同一的であるということは、私がおのれ自身によって塞がれているということであり、私がおのれ自身について気遣っているということである。それが質料性である。未来や過去との関係を捨象して言えば、主体はおのれをおのれに押しつけている。それも現在の自由そのもののうちにおいて。主体の孤独とは、発生的には主体が誰からも支援されないという事実を言うのではない。そうではなくて、主体がおのれ自身に対する餌として投じられているという事実によるのである。それが質料性ということである。[2]

質料性とはおのれ自身に釘付けにされていること、おのれに帰着すること、おのれに占有されていることである。この自己繋縛から逃れ出るための外部への踏み越し、すなわち語りかけることのできる他の理性との出会いは、出発点への帰還ではないような超越として遂行されねばならない。外部の世界にリアルな外部性を与えている超越を観取するためには、光が享受のうちにおいて与えられている具体的状況に立ち戻る必要がある。

さすがに何度も似たような言い回しを読まされていると、「読み慣れてくる」ということはある。以前にも用いた比喩だが、まったく理解できない言語で上演されている芝居でも、毎日見ているうちに「ひいき」の役者もできるし、「きかせどころ」や「盛り上がり」もわかるようになる。ある種の興趣や感動を覚えることもある。レヴィナスを読む体験はそれに似ている。意味がわからないけれど「なじみのフレーズ」が繰り返し出てくると、「やあ、また会いましたね」と挨拶したいような気分になる。いちいち自分の理解できる言葉や手持ちのイメージに落とし込まなくても、「そ

1　TA, p.51
2　TA, p.51

れはそれ」で話が進むなら、そのまま話についてゆく。とりあえずはそれでよいと私は思う。言葉が先で実感が後というのは、私たちが子どもの時に語彙を獲得していった時の順序だからである。

光に照らし出された対象は、その根源的な異邦性・外部性を損なわれる。光のうちで観取された対象は、たしかに私ならざるものであるという限りでは外部的なのだが、「光のうちに対象を見る」という条件によってその外部性を傷つけられている。私たちは期待の地平、「想起の境位」のうちに登場するものしか見ることができないからだ。光に照らし出された世界を観照している時、主体はたしかに「外の世界の主人」となってはいるのだが、そこに「自分と等格の仲間」を見出すことはない。

では、主体はどのようにして「仲間」を見出すことができるのか。レヴィナスは「質料との戦いにおいて、日常的超越がつねに同一の一点に帰還することを妨げるような出来事に出会うことによって、と答える。自己解放は「つねに同一の一点に帰着することを妨げるような出来事」との出会いによって成就されるであろう。対象を観想することではなく、対象を吸収すること、糧を享受することによって。

欲求の超越のまさにその瞬間において、主体を糧の前に、糧としての世界の前面に置くことによって、質料性は主体におのれ自身からの解放の機会を提供する。世界は主体を、享受という形式において、〈実存する〉に関与させ、その結果、主体はおのれから距離を置いて〈実存する〉ことができるようになる。主体は対象のうちに吸収され、対象を吸収する。そして、それにもかかわらずこの対象と一定の距離を保っている。あらゆる享受は同時に感覚である。つまり認識であり、光である。それは決しておのれの消滅ではない。だが、おのれを忘れること、最初の自己忘却である。[3]

糧を享受する経験において主体はいわば半分だけ自分から解放される。おのれは消滅してはいないが、忘却されている。第三講ではこうして「労働」という新しい論件に踏み込むことになる。

空隙の発生によるこの一瞬の超越も孤独から外に抜け出させてはくれない。というのは、光はおのれとは異なるものとの出会いを可能にしてくれるわけだが、光はそのものがあたかもおのれから出てきたものであるかのようにして出会わせるからである。光、明るさ、それは理解可能性そのものである。光ゆえに万物が私から由来し、あらゆる経験は想起の境位に帰着する。だから、理性は孤独なのだ。その意味において、認識は世界の中では真に他であるものとは決して出会わないのである。観念論の深遠なる真理はここに存する。それによって、空間的な外部性と瞬間の間の外部性の、すなわちある瞬間に対する別の瞬間の外部性の根源的差異が告知されるのである。[4]

3　TA, pp.51-52
4　TA, p.53

上の引用によるならば、外部性には二つの種類がある。空間的な外部性（extériorité spatiale）と、瞬間と瞬間の間の時間的な外部性（extériorité des instants）である。その二つの間には根源的な差異（différence radicale）がある。いわば不徹底な外部性と徹底的な外部性である。

ここでまた一息つかせてもらうが、レヴィナス哲学の難しさはこのように「程度差」を重く見る点にある。正誤・真偽のレベルの問題であれば、私たちはレヴィナスとともに論件をいわば「外から」眺めることができる。レヴィナスがある命題にバツをつけたら、それが間違っている（らしい）と頷いてみせることができる。けれども、「程度の差」にかかわる問題についてはそう簡単にはゆかない。レヴィナスが何を言いたいのかを知るためには、レヴィナスに手を引かれて、論件の「中に」踏み込んでゆかなければならないからである。実際に深みに踏み込んで、「この辺」に「根源的差異」があるということをこちらも手触りで実感しないと、分かったふりさえできない。

今レヴィナスが私たちに突き付けてきたのは、空間的に外部であることと時間的に外部であることは根源的に違うということである。この二つの外部性が別物なのだということは言われてみれば、私たちは頷いてみせることができる。だが、私たちは果たしてこれまでその違いを本当に分かっていたのだろうか。「どこがどう違うか説明してみろ」と言われても私には即答できない。

たしかに、私は私自身を含む風景を上空にしつらえた想像的な鳥瞰的視座から見ることができる。想像力さえあれば、私と「私の外部にあるもの」を一望的にとらえた図像を脳裏に思い描くこともできる。けれども、時間についてはそれができない。たしかに、現在と過去と未来を一望俯瞰した「図像」を描くことはできる。「時間を絵に描いてくれ」という注文に対して、凡庸な画家なら、迷うことなく過去・現在・未来を色分けして、一列に並べた絵を描いてみせるだろう。時間的外部性を空間的外部性と混同する人間だけが「時間を絵に描く」とことができる。

だが、空間的に表象するというのは、光のうちにおいて把持することである。光のうちにおいて把持されるものは、その根源的な外部性・異邦性・他者性をすでに損なわれている。レヴィナスは繰り返しそう書いているではないか。

時間は空間的に表象できない。してはならない。時間的外部性は空間的に表象された時に外部性を失う。外部性は空間的に表象されることのない純粋な時間的経験としてのみ把持される。だが、どうやって私たちは「瞬間と瞬間の間の外部性」を精密に把持できるのであろうか。レヴィナスは私たちのためにここで「労働」という補助線を提示する。

> 欲求という具体的なものにおいて、私たちを私たち自身から遠ざけている空隙はつねに征服すべきものである。空隙は克服されねばならない。対象はつかみとられねばならない。つまり、おのれの手で労働しなければならない。[5]
>
> 労働において、すなわち努力において、その苦役と、その苦痛において、主体は〈実存者〉としての自由そのものが前提にしている実存の重みを再び見出す。苦役と苦痛、それが〈実存

5　TA, p.53

者〉の孤独が最後に至り着く現象なのである。私たちはそれをこれから分析してみたいと思う。[6]

32　苦悩と死

日常生活において、私たちはおのれの生理的欲求を満たさなければならない。私たちの生理的欲求を満たす糧と、それを摂取しようとする私たち自身の間には、たしかにある種の隔たりがある。その隔たりを乗り越え、対象をつかみ取り、それを摂取すること、レヴィナスによれば、それが労働である。私たちが実存するためには、労働の苦役と苦痛を避けることはできない。そして、そこに主体が孤独から逃れ出て、「私をおのれ自身に繋いでいる鎖」を解きほぐす道筋が観取される。レヴィナスはそう言う。

苦役において、苦悩において、苦痛において、私たちは孤独の悲劇を構築する決定的なものに、その純粋状態で、再び出会うことになる。享受も一つの脱自ではあるが、それだけではこの決定的なものを乗り越えることはできない。強調しておかなければならないことが二点ある。一つは、私たちが孤独の分析を行おうとしているのは、欲求と労働という苦しみに即してであって、無の苦悩に即してではないということである。二つ目は、私たちがこだわるのは軽々しく「身体的」と呼ばれている苦しみだということである。というのは、実存への嵌入はこの身

> 体的苦痛において一切の曖昧さを持たぬかたちで現れるからである。精神的苦悩においては尊厳と体面を保つことができる。その分だけ人は自分自身から解放されている。それに対して、身体的苦痛は、あらゆる段階において、実存しているその瞬間からおのれを切り離すことができない。[7]

この引用を読んで、私たちは『逃走について』における恥辱の分析のことを思い出す。レヴィナスはこう書いていた。

「恥辱においてあらわになるのは、まさにおのれ自身に釘付けにされているという事実、自分自身から身を隠すために自分自身から逃れることができないという根源的な不可能性、自分の自分自身に対する仮借なき現前なのである。」

たしかに「精神的苦悩」においてなら、私は「苦悩している私」を少し離れたところから観察することができる。「苦悩している私」について語ることもできるし、場合によってはそれを分析したり、自己治癒の処方を示すこともできる。けれども、「身体的苦痛」においてはそういうことができない。私と苦痛は切り離すことができない仕方で結ばれているからである。苦痛においては、私が身体を有してそこに主体として実存していることが苦痛を存立させているからである。

6　TA, p.53
7　TA, p.55

> 苦痛は存在の仮借なさそのものである。苦痛の内実は苦痛から逃れることの不可能性と混じり合っているのである。（…）苦痛には避難する先がない。苦痛とは存在に直接曝露されているという事実のことなのである。苦痛は逃げること、後ずさりすることの不可能性から構成されている。苦痛の激しさはこの後退することの不可能性のうちに存するのである。苦痛とは否応なく生と存在へと追いつめられているという事実のことである。その意味において、苦痛は無の不可能性なのである。[8]

この箇所を書いているレヴィナスはハイデガーの「無」についての議論を念頭に置いているのだと思う。

ハイデガーによれば、頽落態のうちにある現存在は、世界内部的適所性のうちに安らぎ、「おのれ自身とその本来性」から目を背け、存在との直面から逃避し、後ずさりする。この逃避（Flucht）や頽落（Verfall）を動機づけるのは「不安」（Angst）である。だが、現存在に「不安」という情動を催させるのは、何らかの世界内部的な存在者ではない。そうではなくて、「不安の対象は世界内存在そのものなのである」。不安にとらえられた現存在は確かに何かに怯えており、何かに脅かされているのだが、辺りを見渡しても、世界内部的な「脅かしをおよぼすもの」はどこにも見出すことができない。

脅かしをおよぼすものがどこにもないということが、不安の対象を性格づける。不安は、おのれがそれに対して不安がるのが何であるかを「知らない」のである。（…）それはすでに「現にそこに」あるのだが――しかもどこにもないのである。つまり、脅威をおよぼすものは、胸苦しくさせて、ひとの息をふさぐほど近くにあるのだが――しかもどこにもないのである。不安の対象においては、「それは無であって、どこにもない」ということがあらわになる。[9]

ハイデガーはこのような手続きを経て「無」（Nichts）という概念を導く。ハイデガーは無を前にした現存在の存在論的な不安を存在考究の起点に定める。おのれ自身の本来性から目を背けて、逃避し、後退する「ひと」の存在論的不安から話は始まる。レヴィナスは手続きが違う。そうではなくて、〈実存者〉はおのれ自身の本来性に釘付けにされており、そこから目を背けることも、逃避することも、後退することもできないという「仮借のなさ」、「無の不可能性」をその哲学的考究の起点とするのである。「無」に続いてレヴィナスはハイデガーの中心概念である「死」（Tod）を採り上げる。

しかし、苦痛のうちには不可能な無への呼びかけと同時に死の近さがある。それは単に苦痛

---

8 TA, pp.55-56

9 ハイデガー、前掲書、三二三－四頁

が場合によっては死に至ることもあるという感覚や知識のことを言うのではない。苦しみそのもののうちには「まだその先がある」という予感が含まれているということなのである。あたかも苦痛よりもさらに悲痛な何ものかがこれから生起するかのように、あたかも苦痛を構成しているのが避難先の完全な欠如であるにもかかわらず、さらなる出来事のための余地がまだ存在するかのように、さらに何ものかを恐れなければならないかのように、あたかも苦痛のうちでは隅々までが覆いを剥がされているはずなのにもかかわらず、未だ暴露されざる何らかの出来事がまだあって、それが今まさにわれわれに切迫しているかのように。[10]

レヴィナスの哲学的テクストの説得力はこのレトリックに依存している。点滴が石を穿つように、打ち寄せる波が磯辺の岩を砕いてしまうように、「あたかも……のように」(comme si) の連打によって、そこにないもの、明示的には決して「それ」として名指し得ないものの像を迂回的に浮かび上がらせる技術である。苦痛のうちには「その先の最悪期」(paroxysme) が予兆されている。苦痛の絶頂は苦痛の彼方にある。それがレヴィナスにとっての「死」である。それは予感であり、予兆であり、切迫であるけれど、私たちはそれが「何」であるかを名指すことができない。

苦痛の構造は*苦痛から逃れることができないという事実そのもののうちにある*わけだが、それはさらに延長されて、ついには光の語法では記述し得ぬ、ある未知のものに至る。われわれのすべての経験がそこに帰着するところの、おのれの私への親密さ (l'intimité de soi à moi) に抗うところの未知なるものに至るのである。[11]

この「未知なるもの」(un inconnu) が死である。

死が未知であるというのは、死はそこから誰一人戻ってきた者がいない領域であるがゆえに未知なるものであり続けるということを意味するのではない。死の未知性が意味するのは、死との関係は光のうちで生起するのではないということである。主体はそこでおのれから由来するのではないものと関わりを持つようになるということである。主体はその時神秘 (mystère) と関わりを持つと言うことができるだろう。[12]

世界を構成する事象のすべては、それが光のうちで把持され、理解される限り、私たちにとって本当の意味で外部ではない。光に照らし出された世界のうちには「主体から由来するのではないもの」は存在しない。しかし、「死の未知性」において私たちははじめて「主体から由来するのではないもの」「神秘」との関わりを経験することになる。

10 TA, p.56
11 TA, p.56
12 TA, p.56

死は、苦痛においてすべての光の外部に告知されるわけだが、それが告知される仕方はあらゆる場合に能動的であり続けてきた主体にとって受動性の経験である。[13]受動性の経験（une expérience de la passivité）。受動性という名詞のこれが本書における初出である。

私は「受動性の経験」と言ったが、それはそういう言い方もできるということに過ぎない。というのは、経験という語はつねに知識と光と主導権を意味しているからであり、つねに対象の主体への帰還を意味しているからである。神秘としての死はそのように理解された経験とはまったくの別物である。知においては、あらゆる受動性は、光を介在させることによって、能動性に変換される。私が出会う対象は理解される。ということは要するに私によって構成されているということである。しかるに、死は主体が支配力を及ぼし得ない出来事を告知する。それとの関わりにおいては主体がもはや主体ではないような出来事を告知するのである。[14]

33　死と未来

苦痛において死は「苦痛のその先にある最悪期／苦痛の絶頂」として、いまだ到来せざるものとして欠性的に指示される。「未知なるもの」、「主体から由来するのではないもの」、「神秘」と主体はここで関わりを持つことになる。けれども、この主体の経験はハイデガーの「死へ向かう存在」とは言葉づかいは似ているけれども、別物である。どこが違うのか。レヴィナスはこう説明する。

死へ向かう存在は、ハイデガーの正統的な実存においては、至高の明晰性であり、それゆえ至高の男性性である。それは現存在（Dasein）による実存の究極の可能性の引き受けであり、それゆえ、それこそが他のすべての可能性を可能にし、可能性をつかむという事実そのものを可能にし、それゆえそれこそが活動性と自由に他ならぬのである。[15]

死はハイデガーにおいては活動性と自由を意味する。しかし、苦痛はそんなものではない。

苦痛において、主体は可能的なものの限界にいるようにわれわれには見える。主体は鎖で縛られ、先を越され、いわば受動的な状態にある。（…）分析が起点としなければならないのは死という無ではない（われわれはそれについて何も知らない）。そうではなくて、分析が起点とすべきは、絶対的に認識不能な何ものかが出現してくるある状況なのである。絶対的に認識不能なもの、それはつまりいかなる光とも無縁のものということだが、それがあらゆる可能性

13 TA, p.57
14 TA, p.57
15 TA, p.57

の引き受けを不可能にする。そして、われわれはまさにそこに囚われているのである。[16]

死は語り得ぬもの、知り得ぬものである。だから、死は決して「今／ここ」になることがない。だからといって、誰も死を厄介払いできるわけではない。

死への恐怖を追い払うために古人はこんな言葉を残した。「お前がいるなら、死はいない。死がいる時は、お前はいない。」だが、これは死の逆説を見落としている。この言葉はわれわれと死との関係を消し去ってしまうが、まさに死との関係こそわれわれと未来の唯一の関係なのである。[17]

古諺が教えているのは、死はつねに「永遠の未来」（éternel avenir）であるということだけである。死はつねに未だ来たらざるものとしてしか経験されることがない。

死はどのような現在にも居場所を持たない。それはわれわれが死を前にして逃げ出すからではない。至高の時を迎えんとする時に死以外のものに気を向けるからでもない。そうではなくて、死が把持不能であるがゆえに、死が主体の男性性と英雄性の終わりであるがゆえに、死はどのような現在にも居場所を持つことがないのである。今（maintenant）というのは、私が支配者だという事実のことである。可能性の支配者、可能性を把持することの支配者だという事実のことである。死は決して今になることがない。死がそこにある時、私はもうそこにいない。けれども、それは私が無だからではない。そうではなくて、私には把持することができないからである。主体たる私の支配権、私の男性性、私の雄々しさも、死との関わりにおいては、男性性でも雄々しさでもありえない。われわれがそのただ中において死の隣接を――それも現象の次元で――感じた苦痛のうちで、この主体の能動性の受動性への転換が起きるのである。[18]

「今」を表すフランス語 maintenant は動詞 maintenir（手で持つ）の現在分詞から派生した語である。レヴィナスが、「今」は「私が支配者だという事実」「可能性を把持することの支配者だという事実」のことだというのは、この語源的な意味に基づいている。死の切迫のうちで主体が「不能」の様態に陥るありさまをレヴィナスは表現を変えつつ、繰り返し語る。それは死は現存在の可能性そのものであるというハイデガーの死の定義を転倒するためである。

ハイデガーによれば、現存在のうちには、現存在自身の「存在しうること」として、いまだ現実化していないものがつねに「未済」として残されており、「未済」こそが現存在の本質を規定している。現存在とは「おのれのすべての未済分を決して達成できないもの」という欠性的な様態を本来的なありようとするのである。果実における「未了」は果実にとって何らかの欠如ではなく、む

16 TA, pp.57-58
17 TA, p.59
18 TA, p.59

しろ「未了」こそが成熟に向かう方位を示す果実の根本性格なのである。だから、「現存在もまた、現存在が存在しているかぎり、そのつどすでにおのれの未了なのである。」[19]

それゆえ、ハイデガーにおいて、死は現存在の終わりではないし、その諸可能性の「汲み尽くし」でもないし、「未了」の完了でもないし、「未済」の完済でもない。一度引用した箇所だけれど、もう一度引く。

> 死において現存在は、完成されるのでもなければ、また単純に消滅してしまうのでもない。ましてや仕上がってしまうのでもない（…）むしろ現存在は、現存在が存在しているかぎり、不断に、すでにおのれの未了なので**ある**のだが、それと同じく現存在は、いちはやくつねにおのれの終わりなので**ある**。（…）死は、現存在が存在するやいなや、現存在が引き受ける一つの存在する仕方なのである。[20]

ハイデガーにおいて死は「存在する一つの仕方」である。

> 死は、そのつど現存在が引き受けなければならない一つの存在可能性なのである。死とともに現存在自身は、おのれの最も固有な存在しうることにおいて、おのれに切迫している。[21]

死は「一つの存在する仕方」であり、「存在可能性」であるというハイデガーにレヴィナスはきっぱりと異議を申し立てる。死は「存在する仕方」ではない。死は「絶対的に認識不能なもの」、「いかなる光とも無縁のもの」である。死はあらゆる可能性の引き受けを不可能にする。死は主体の男性性、英雄性の終りである。それゆえ、死を前にした時に、主体の能動性は受動性に逆転する。主体は「幼さ」(enfance)と「嗚咽」(sanglot)のうちに崩れ落ちる。死を前にするというのは「『できる』ということがもはやできなくなること」である。

苦痛がその純化の極限に達し、われわれと苦痛の間にいかなる隔たりももはやなくなった時、この極限的受諾という至高の有責性は、至高の無責任性へ、幼さへと変じる。これが嗚咽である。まさに嗚咽を通じて死は告知されるのである。死ぬこと、それはこの無責任状態への帰還のことであり、嗚咽という幼さへ崩れ落ちることである。[22]

けれども、レヴィナスは、だから「死を前にして主体は無力だ」という全面的な屈服を受け入れろと言っているわけではない。そうではなくて、「『できる』ことができなくなった」状況において、なおも主体は、この把持し得ぬものを前にして、私がそれに対して男性的でも英雄的でもあること

---

19 ハイデガー、前掲書、四〇一頁
20 同書、四〇三頁
21 同書、四一〇頁
22 TA, p.60

ができぬものを前にして、幼さや嗚咽以外の構えを採ることができる一筋の隘路があるのではないかと問うているのである。

その手がかりとしてレヴィナスはシェークスピアを召喚する。レヴィナスがしばしばシェークスピアを引くのは、戯曲の中の劇的状況や台詞が哲学的命題にとってカラフルな「喩え」として役立つからではない。話は逆なのだ。シェークスピアのうちには容易な解釈を許さない不可解な人間の実相が描かれており、それが哲学者たちに自分の安住の地からの踏み出しを要求してくるからである。シェークスピアをレヴィナスが引くのは「答えを出す」ためではなく、むしろ「問いをより回答し難いものにするため」である。

死を前にした主体は「死もまた一つの存在する仕方である」と揚言して存在にしがみつくのか、あるいはすべての英雄性を放棄して幼さと嗚咽のうちに崩れ落ちるのかという二者択一を設定した後、レヴィナスは「第三の道」を『マクベス』のうちに求める。

物語の終わり近く、マクベスはバーナムの森がダンシネインの城に近づいてくるのを見る。「バーナムの森が動かない限り、王位は安泰だ」という魔女の予言を信じるなら、それは敗北の予兆に他ならない。けれどもマクベスは雄々しく戦うことを止めない。それは魔女のもう一つの予言「女の腹から生まれた者（one of woman borne）はマクベスに手をかけることができない」を信じたからである。しかし、マクベスに肉迫してきた敵将マクダフは、自分は帝王切開で母の胎から取り出されたものなので、woman borne ではないと告げる。マクベスはおのれの敗北が不可避であることをその時に知る。

これがあの受動性である。もはや何の希望もない。私が「男性性の終焉」と呼んだのはこのような状況のことである。だが、消えたはずの希望はただちに甦る。マクベスは最後にこう言う。「バーナムの森がダンシネインに向かって動こうとも、私がこうして女の腹から生まれなかった者を眼前にしていようと、私は最後の機会を試みる。」[23]
死を眼前にしても、まだマクベスは「最後の機会」を試そうとする。それはかれが「英雄」だからである。

英雄とはどんな場合にも最後の機会を見出す者のことである。機会を見出す努力を決して放棄しない者のことである。それゆえ、死は決して引き受けられることがない。死は引き受けられるのではなく、到来するのである。(…)死の永遠の切迫が死の本質をかたちづくっている。[24]

死の本質は死の引き受けや死の先取りではなく、*その永遠の切迫*のうちにある。

23 TA, p.61
24 TA, p.61

この表現はユダヤ人にとっては奇異なものではないのだろう。それは「死」を「メシア」に言い換えれば分かる。メシア思想とは「決して到来することがないものを永遠に待ち続けること」だからである。決して現在になることのない未来に向かっておのれを開放状態に保ち続けることだからである。ロベール・アロンは「切迫」だけがあって、「到来」することがないメシアについてこう書いている。

> 決して到来しないメシア。しかしそれを待望することだけが、たとえ永遠に期待を裏切られ続けるにしても、有効かつ必須のことなのである。[25]

メシアはそのように欠性的な仕方で臨在し、切迫し、人々の生活を律する。その「永遠に到来しないもの」を待ち受ける作法が「希望」である。

34　死と他者(1)

死は引き受けられない。死は到来する。この永遠の切迫が死の本質をかたちづくる。主体は死を引き受けることができない。死に触れることもできない。死を先取りすることもできない。死は「存在する一つの仕方」ではない。主体と死の間には乗り超えることのできない「余白」(marge)がある。そして、希望はその隙間に住まう。希望は死に付け加えられるのではない。死と主体の間、が希望の居場所なのである。
Dum spiro, spero「私が呼吸している限り、私は希望を持つ」というラテン語の古諺を引いた後、レヴィナスはもう一つのシェークスピアの作品を次の証人に召喚する。

まさに「ハムレット」こそは死を引き受けることのこの不可能性についての長大な証言である。[26]

> 無は不可能なのだ。無ならば、人間に死を引き受ける可能性を残したかも知れない。(…)「生きるべきか死ぬべきか」(to be or not to be) とは、おのれを無にすることのこの不可能性を意識するということだ。[27]

to be と not to be 以外に選択肢がないのなら、「生きつつ死ぬ」ことも「死につつ生きる」こともありえない。死は「存在する一つの仕方」ではありえない。シェークスピアからの引用をハイデガーに突き付けて、「死と未来」と題された節はここで終わる。「出来事と他者」と題された次節でも、レヴィナスは死について語り続ける。

---

25 ロベール・アロン他、『ユダヤ教　過去と未来』、内田樹訳、ヨルダン社、一九九八年、一四頁
26 TA, p.61
27 TA, p.61

死についてのここまでの分析から私たちは何を引き出すことができるだろうか？　とりあえず分かったのは、死は主体の男性性の限界だということである。匿名的な存在のただ中で位相転換によって可能となった男性性、「現在／現前」という現象において、光のうちにおいて顕現した男性性の、ここが終点である。それは主体にとって不可能な企てが存在するということではないし、主体の権能が何らかの仕方で限界づけられているということでもない。死はわれわれがそれに対して何もなしえない現実、それに対してわれわれの力が不十分であるような現実を告知するのではない。われわれの力を超えるような現実は光の世界のうちにすでにいくらでも出現している。死の接近において重要なのは、ある時点において、われわれがもはやできるということができなくなる（*nous ne pouvons plus pouvoir*）ということである。主体が主体としての支配力そのものを失うのはまさにそのような仕方においてなのである。[28]

主体の属性として使われる「男性性／男らしさ」（virilité）とか「英雄性／雄々しさ」（héroïsme）といった語が気になるという読者がいることは私にも分かる。主体と死という哲学概念を考究する文脈において、どうして因習的な性的含意を持つ語をわざわざ使うのか。

それについてレヴィナスに代わって私がここで一言弁明しておきたいと思う。レヴィナスが『マクベス』を引用する時に述べた「哲学のすべてはシェークスピアについての一つの省察に過ぎない」（toute la philosophie n'est qu'une méditation de Shakespeare.）という命題を参照して欲しい。この言葉は引用ではなく、レヴィナスのオリジナルである。そして、レヴィナスの言葉として最もよく引用されるものの一つである。

レヴィナスの哲学は、高邁な思弁の体系として、日常生活と隔たること遠い叡智の境位に構築されているわけではない。こう言ってよければ（たぶんよくないとは思うが）、レヴィナス哲学のすべてはエマニュエル・レヴィナスという人間の生きた経験についての一つの省察に他ならない。リトアニア生まれのユダヤ人として、モーリス・ブランショの友人として、ハイデガー哲学の熱烈な宣布者として、捕虜のフランス兵士として、フランス・ユダヤ人社会の霊的再建をおのれの逃れることのできない責務として引き受けた教育者として、夫として父として、この講演の日まで四〇年あまり生きてきたエマニュエル・レヴィナスという男の人生についての、これは「一つの省察」に他ならないのである。

彼の哲学が、彼の生きてきたすべての時間、すべての経験の意味を汲み尽くすことはありえない。そんなことはどのような哲学者にも不可能である。生身の哲学者の経験の広がりと奥行きはつねにその哲学を凌駕するからである。彼が日常生活でふと口にする因習的な言葉づかいもまた、彼が一意的に運用できる哲学用語の体系には包摂することができない。

レヴィナスがここで用いた「男らしさ」とか「雄々しさ」という生な言葉は、おそらくレヴィナス自身が死の切迫を実感した時に彼の脳裏に浮かび、口を衝いて出た言葉なのだろうと思う。「あ

28　TA, p.62

あ、今俺は『男らしさの限界』に立っている」と、レヴィナスは死の切迫を実感した時の自分の経験を実際にそのような言葉づかいで記述したのだと思う。なぜ死の切迫のうちで「そんな言葉」が出てきたのか。なぜそのような没哲学的な生活用語で自分の置かれた事況を記述しようとしたのか。レヴィナスはむしろそれを知ろうと思って、哲学的な思索を続けているのではないか。

「哲学のすべてはシェークスピアについての一つの省察に過ぎない」というフレーズもおそらくは不意に口を衝いて出てきた言葉だと思う。でも、その言葉には何か有無を言わせぬリアリティがあった。それは誰からの借り物でもなく、まさに彼自身の体内から滲み出てきたものだからである。「なぜ私はこのような言葉を用いて思量するのか?」という問いもまたレヴィナスの哲学的営為を駆動している力源の一つである。

ハイデガー批判にしてもそうである。レヴィナスはハイデガー批判の論理を周到に構築した上でこの講演を行っているわけではないように私には感じられる。「ハイデガーの言うことは、何か違う。どうしても腑に落ちない」という身体的な実感がまずあって、その「腑に落ちなさ」に哲学的な「かたち」を与えるためにレヴィナスは語っている。そんなふうに私には思われる。「言いたいこと」があらかじめ完成原稿として準備されていて、それを読み上げているのだとしたら、これほど分かりにくい話になるはずがない。

これほど「分かりにくい話」が講演というかたちで行われて、（どれほどの数かは知らないけれど）聴衆がその話を聴くことができたということは、「ハイデガーは何か違う」という実感だけはその場の全員に共有されていたということを意味している。ただ、その実感を明晰な哲学の語法で語ることはこの時点ではまだ誰にもできなかった。レヴィナスはその困難なミッションのために最初に手を挙げた。かつてハイデガーに敬意を抱き、その哲学の宣布に加担した者たちのうちの誰かがその仕事を引き受けなければならないと思ったからだ。それは誰よりも自分の仕事だとレヴィナスは感じていた。とにかく今ここで立ち上がって何かを言わなければならない。その切実さだけは間違いなく聴衆たちに伝わっていたはずである。

だから、これは平時に、大学の教室で、哲学の先生が講じている「ハイデガー批判」のようなものだと思ってはいけない。これはそのような心穏やかな講話ではない。ナチズムを賛美し、ユダヤ人同胞六〇〇万人の死に間接的ではあれ加担した哲学者の思想に、なぜ自分はかつてあれほど熱狂したのか。その個人史的経験をレヴィナスは講壇において抉り出そうとしているのである。かつてハイデガーにレヴィナスは熱狂した。でも、今はそれができなくなった。なぜなのか。それを明らかにしない限り、レヴィナスにとって二十代の自分が浮かばれない。「ハイデガーに熱狂していた大戦間期の自分」と「ハイデガーを受け付けられなくなった戦後の自分」がレヴィナスの内部で葛藤している。ハイデガーを「ナチスの加担者」として切り捨てることは簡単である（実際に多くの哲学者たちはそうした）。けれども、それでは過去の自分が浮かばれない。ハイデガー哲学の最良の部分を損なうことなく、そこに欠落していた何かを探り当てること。それがさしあたりの哲学史的急務である。レヴィナスはそう感じていた。そして、哲学学院の聴衆たちは、レヴィナスが何を言っているかは理解できなくても、レヴィナスがなぜそこに立って、これほど分かりにくい話をしなければならないのか、その理由は知っていた。

35 死と他者(2)

できるということがもはやできなくなる。奇妙な表現だ。力が不十分であるために、あるいは与えられた課題が困難過ぎるせいで、何かしたいことができないということはよくある。しかし、死の切迫がもたらす不能はそれとは違う。それは、これはできるがあれはできないというかたちの不能ではない。できるということそのものができないのである。

レヴィナスは次に「了解」と「企投」についての『存在と時間』の定義を俎上に載せる。

現存在はつねにある目的、ある働きのうちにある。ただし、その目的は何か、何を達成するために自分はこの世界に投じられているのかは完全な仕方では現存在に開示されていない。けれども、現存在のうちにはある種の帰巣本能のようなものがあり（未熟果が熟果をめざすように）、それに導かれて、迷いや逸脱から醒めて、おのれの宿命を見出すことができる。非哲学的な言い方をすれば（してはいけないのだが）そういうことになる。

現存在は「おのれの最も固有な存在しうること」（das eigenste Seinkönnen）を非主題的にはすでに知っており、未済・未完了という仕方ではすでにそれなのである。現存在は未だ達成されてはいない「あること」を「なしうる」（etwas können）ということをその根本性格としている。可能存在（Möglichsein）であること、それが現存在を現存在たらしめている。

現存在は、或ることをなしうるということを添え物としてそのうえ所有している一つの事物的存在者ではなく、第一次的に可能存在なのである。現存在は、そのつど、おのれがそれでありうる当のものであり、おのれの可能性であるとおりのものである。[29]

現存在の根本性格は「できる」である。たしかに、現存在はそのつど不完全な存在了解のうちに嵌入しているのだが、そのような錯誤や失認は現存在の「可能性」としての根本性格をいささかも損なうことがない。というのは、「現存在は、おのれ自身に対して、言いかえれば、おのれの存在しうることに対して、おのれがとるべき立場を『知っている』」からである。現存在は「そのつどすでに、迷いこんでしまっており、おのれを見誤ってしまっている」わけだが、まさにその迷走や逸脱を通じて、「おのれの存在しうることにおいて現存在は、おのれの諸可能性においてようやくふたたびおのれを見出すという可能性に、委ねられているのである。」[30]

「ようやくふたたび」(erst wieder) という印象的な副詞がここでは用いられている。そこから私たちは現存在が「オデュッセウス的な存在者」だということを改めて思い知らされる。オデュッセウスの冒険の旅程のすべては故郷の島に帰還するための迂回と遅延に過ぎなかった。オデュッセウスはその旅程において繰り返し「迷い込んだり、おのれを見誤った」。しかし、それらはすべ

29 ハイデガー、前掲書、二六四頁
30 同書、二六五頁

て「おのれの諸可能性においてようやくふたたびおのれを見出す」ための、故郷のイタケーという「おのれの最も固有な存在しうること」に向かう旅程であった。旅をしているオデュッセウスは自分が目的地にまだたどりついていないということを知っていた。「目的地はまだ遠い」ということを知っている旅人は、欠性的な仕方ではあるが、目的地にすでに指先が届いている。ハイデガー的な言い方をすれば、「まだたどりつかないという仕方でもうたどりついている」のである。

現存在は、おのれの最も固有な存在しうることに向かって自由であるという可能性なのである。[31]

レヴィナスはこの「現存在の可能性」に対して、「できるということがもはやできなくなる」という無能性を対置させる。故郷の島への帰還の旅とは違う旅、「おのれの最も固有な存在しうること」への帰還ではないような旅。それが「主体が主体としての支配力そのものを失う」「支配の終焉」という経験である。

この支配の終焉が示しているのは、われわれは〈実存する〉を受け容れたのだが、それはわれわれには受け容れがたい**出来事**でもわれわれの身には起こり得るという仕方で受け容れたということである。経験的世界のうちに埋没している時に、われわれは視覚を介して出来事を受け容れるわけだけれど、そのような仕方とは違う仕方で受け容れたということである。ある出来事がわれわれの身に起こる。それについてわれわれが**先験的に**全く何一つ有していない出来事が、それについていかなる〈今日使われているような意味での〉〈企投〉をもなし得ぬ出来事が、われわれの身に起こるのである。[32]

「今日使われているような意味での〈企投〉(projet)」とはもちろんハイデガーの企投(Entwurf)を指している。

ドイツ語 Entwurf は日常語としては「設計図、見取り図、下絵、略図、デザイン、草案、構想」といった意味を持つ。哲学用語としての「企投」は「下絵を描かれた未来に向けておのれを投げ入れる」というもう少し限定的な意味になる。現存在はそのつどすでにある「下絵」のうちにすでに投じられており、すでに何らかの働きのうちにある。ハイデガーはこう説明する。

> 現存在であるからには現存在は、そのつどすでにおのれを企投してしまっており、現存在が存在しているかぎり、企投しつつ存在している。(…)企投は、投げることにおいて、可能性を可能性としておのれのためにまえもって投げ、そうした可能性としておのれを存在させるのである。(…)言いかえれば、現存在は、実存論的には、現存在がおのれの存在しうることに

31 同書、二六五頁
32 TA, p.62

おいて**まだ**それで**ない**ものなので**ある**。[33]

企投において「設計図」が設計図として機能しうるのは、現存在がおのれをその中に投じ、すでにそれに従って作業を始めているからである。現存在がその「構想」に従ってすでに行動を始めているがゆえに、それは「構想」として認知されるのである。企投を賦活するのは、企投している当の現存在である。現存在はそのようにして「まだそれでないものなのである」という独特の仕方で未来を先取りしている。

現存在の根本性格は、未来をそのつど現在に繰り込んでゆく、時間をフライングするようなこの前のめりの力動性のうちにある。現存在は企投という仕方で、未来をいわば「先食い」するのである。そのようにして、現存在は死を「存在することの一つの仕方」に回収し、未来はその他者性と未知性を奪われるのである。

そのような可能性に充たされた現存在に対して、レヴィナスは「それについてわれわれが先験的に全く何一つ有していない出来事」「それについていかなる企投をもなし得ぬ出来事」を対置させる。

われわれはただちにこう言わねばならぬ。実存は複数的である（l'existence est pluraliste）、と。ここで言う複数的であるとは〈実存者〉の多数性ということではない。それは〈実存する〉そのもののうちに出現する。これまで嫉妬深くも主体ひとりによって引き受けられ、受苦を通じて顕現されたきた〈実存者〉の〈実存する〉そのもののうちに、複数性が浸入してくるのである。死において、〈実存者〉の〈実存する〉は疎外される。確かに、ここで告知される「他なるもの」は主体が所有するような〈実存する〉を所有してはいない。私の〈実存する〉に対する支配力は神秘的である。神秘的であるというのは、未だ知られていない（inconnu）ということではなく、知ることができない（inconnaissable）ということである。あらゆる光に抗うということである。まさしくそれが示すのは、他なるものはいかなる仕方においてももう一人の私ではないということである。私と共に共同的な実存のうちに参加しているもう一人の私ではないということである。[34]

36　死と他者(3)

講演の冒頭で、レヴィナスは「他者との根源的関係を記述すべき前置詞は mit（と共に）ではないということを示したいと思う」と宣言していた。他者は、ハイデガーにおいては、共同存在（Miteinandersein）というかたちで出現する。私と他者は共通のプラットフォームの上に立っている。主体と他者は真理に向けて隣り合っている。私はつねに他者と世界を分かち合っている。「現存在

33　ハイデガー、前掲書、二六七頁
34　TA, p.63

の世界は共世界なのである。」[35]

現存在は単独で存在している時も「世界の内での共存在」である。ハイデガーが言うように、「ひとりで存在していることは共存在の一つの欠損的様態なのであって、ひとりで存在していることが可能であることこそ、共存在を証明するものなのである。」[36]

フッサールの他我は私とは違う場所から同一の世界を経験している。私はそう願えば他我がいる場所に行くことができる。他我は「私がそうしようと思えば、できること」をしている仮想的な「私」である。だから、他我と私は共同主観的・相互主観的に世界を経験しているということになる。私が経験しているのは「すべての人に対して現存していて、その中にある対象を通してすべての人がそれに接することのできる世界」[37]なのである。

「主体は他者と世界を共にしている」というのはフッサール現象学とハイデガー存在論という二つの哲学的理説の基幹的な命題である。そして、レヴィナスはまさにこの根本命題を退けるのである。主体と他者の間には「共に」の関係はない、と。

他なるものとの関係は牧歌的で調和的な交感の関係ではないし、共感でもない。共感とは他なるものの身になってみて、他なるものをわれわれの外部にあるけれど、われわれに似たものとして認識する関係のことであるが、それではない。他なるものとの関係は「神秘」との関係である。他なるものの全存在を構成するのは、その外部性（extériorité）である。いや、むしろその他者性（altérité）と言うべきか。というのは、外部性というのは空間の属性であり、それゆえ光を介して主体を再びおのれ自身へ連れ戻すからである。[38]

「共に」という手がかりを持たない関係、光に媒介されることのない関係、他者の他者性を毀損することのない関係、それが他なるものとの関係の本当のかたちなのだ。それは主体と死の関係と同じものだ。死は把持不能である。私たちは死を光のうちで見ることがない。死の顔を見た時に、私はもう死んでいる。死の本質は、主体はそれを引き受けることも先取りすることもできず、永遠の切迫としてのみ経験されるということのうちに存する。

それゆえ、苦痛によって孤独という痙攣状態に達した存在者、死と関わることになった存在者だけが、他なるものとの関係が可能になる境域に身を置き得るのである。ある可能性を把持するという事実に決してなることのない他なるものとの関係。それがどのようなものであるかを言おうとするなら、光を記述する関係とは全く異なる語法による他ないだろう。私はエロス的関係（relation érotique）がその原型を提供してくれると考えている。[39]

35 ハイデガー、前掲書、二二八頁
36 同書、二三一頁
37 フッサール、『デカルト的省察』、二七六頁
38 TA, p.63
39 TA, p.64

ここで私たちはレヴィナスの他者論・時間論のまったく新しい局面に足を踏み入れる。まったき外部、まったき他者、神秘とかかわる隘路として、レヴィナスは「エロス的関係」を提示するからである。

> エロスは死と同じほど強い。だから、エロスは神秘とのこの関係を分析する基盤をわれわれに提供してくれるだろう。ただし、それはプラトニズムの語法とはまったく異なる語法によって論じられなければならない。というのも、プラトニズムは光の世界だからである。[40]

エロス的関係は神秘との関係であるという点において、未来との関係でもある。

> いかなる手立てによっても把持することのかなわぬもの、それは未来である。未来の外部性は、まさにそれが絶対的に予見不能であるという事実ゆえに、空間的外部性とは全く別のものである。未来を先取りすること、未来へ投射すること、それがこれまでベルクソンからサルトルに至るあらゆる理論によって時間の本質として信認されてきたわけだが、それらは未来の現在に他ならず、真正な未来ではない。未来とは把持されないものであり、われわれの上に落ちかかってくるものであり、われわれを拉致し去るものである。未来は他なるものである。だから、**未来との関係は他なるものとの関係そのものなの**である。単独の主体における時間につい

て語ること、純粋に個人的な持続について語ることは、私には不可能だと思われる。[41]

死とエロスと未来。それらはすべて主体によっては把持不能なものであり、「われわれの上に落ちかかってくるもの」であり、「われわれを拉致し去るもの」である。それこそが主体が他なるものとかかわる関係なのである。そのような関係を私たちはどう記述することができるのか。

死とエロスと未来はレヴィナスの言う通り、絶対的に外部的であり、絶対的に他者的なものであるにもかかわらず、私たちの日常である。私たちは日々、この一瞬一瞬も、それらの「他なるもの」の切迫の下に生きている。現に、私たちの日々の活動のほとんどは、死とエロスと未来をみつめ、その前に立ちすくみ、それに「拉致」され、その切迫に戦慄することから成り立っている。にもかかわらず、主体は、それを把持や理解や分類や所有といった他動詞的な働きにおいて記述することができない。

私たちにとって最も日常的であり、最も具体的であり、今この瞬間も私たちのうちに深く切り込み、深く浸入し、私たちを根源的な仕方で衝き動かしている当のものが、哲学的には最も遠く、最もとらえがたいものなのである。最も身近なものが最も疎遠であり、最も顕わなものが最も秘匿されており、最も日常的なものが最も言葉にし難い。これはレヴィナスの揺るぎなき確信であった。

---

40 TA, p.64
41 TA, p.64

37　他なるものと他者

われわれはこれまで死のうちに出来事の可能性を示してきた。われわれは主体がもはや出来事の支配者ではなくなってしまっているこの出来事の可能性を、主体がつねにその支配者である対象、つまりそれとともにある限り、主体がつねに単独者であるような対象の可能性に対置してみせた。われわれはこの出来事を神秘として性格づけた。というのは、この出来事は先取りされることがなく、把持されることがないものだからである。それはどのような現在のうちにも入り込むことがなく、それが現在に入り込む時は、現在に入り込まないものとして入り込むからである。[42]

死とエロスと未来。それはどれも「主体がもはやその出来事の支配者ではない」出来事である。それを私たちは先取りできず、把持できない。それは不意に到来し、われわれを拉致し去る。それは決して時間的現在のうちにも空間的現前のうちにも到来しない。つまり、主体はその出来事を「今」としても「これ」としても経験することができない。そのような出来事を「神秘」と呼ぶ。

しかし、他なるものとして、私の実存の疎外としてこうして告知された死は、それでもまだ**私**の死なのだろうか？　もし死が孤独に開口部を穿つものであったとしても、それはこの孤独を打ち砕き、主体性そのものを打ち砕くだけではないのか？　現に、死のうちには、出来事と、出来事の到来を待つ主体とを隔てる深淵がある。[43]

主体にはとらえられない出来事がなぜ主体に到来するのか？　なぜ、他なるものは乗り越え不能の隔たりを介してまで、私と関係しようとするのか？　主体にとって死は神秘であるはずなのに、どうして私は「私の」死という所有形容詞を死ぬ瞬間まで手放さないのか？　これらの問いはより本質的な次の問いに集約されることになる。

〈実存者〉は他なるものによってそのおのれ自身を打ち砕かれることなしに、他なるものと関係を取り結ぶことができるのか？[44]

超越における私の保存（la conservation du moi dans la transcendance）という新しい論点がここで提起される。

超越とかかわる時、私は私の知的枠組みそのものを凌駕するものとのかかわりを「私」として経験する。最後まで「私」は維持される。「私の死」の経験は私には予測できず、把持できず、死は

42　TA, p.65
43　TA, p.65
44　TA, p.65

ついに私には「知り得ぬもの」であるけれども、私はそれでも「私の」死という所有形容詞を死ぬまで手放さない。死と私は深淵をはさんで対峙している。死は把持することも、認識することも、支配することもできないまったき外部であるにもかかわらず、私にとってはこれ以上ないほど切実で、具体的なものである。このような死とのかかわりは、私が対象を認識したり、把握したり、所有したり、支配したりする時の他動詞的な能作とはまったく別のものである。なぜ私は死とこのような独特の関係を取り結ぶことができるのか？「私と死の間の和解」(conciliation entre le moi et la mort)はどのようにして可能なのか？

どのようにして自我は死を可能性として引き受けることなしになお死を引き受けることができるのか？　死を前にした時に、人はもはや「できる」ということができなくなるわけだが、どのようにして人は死が告知する出来事を前にしておのれであり続けることができるのか？[45]

生きるのか死ぬのか。ハムレットの苦悩は、その二つのうちのいずれかを選択することができないことにある。けれども、それが人間の本質的な苦悩のかたちである。生きることと死ぬこと。光のうちに対象をくまなく見取ろうとすることと、光から逃れ去るものを追い求めること。この二つの相容れない行為を主体は同時に求める。

われわれは同時に、死ぬことを欲し、存在することを欲するのだ。[46]

人は神秘の切迫を感じる。たしかに、それを通常の事物のように迎え入れることはできないのだが、私たちは手持ちの度量衡をもってしては決して考量し得ぬものの切迫を感じることはできる。主がアブラハムやモーセに呼びかけた時のように、それが何であるかはわからないものが自分に呼びかけていることは分かる。発信者が何ものであるのか、そのメッセージが何を意味するのか、それは分からない。しかし、そのメッセージが自分宛てであることには完全な確信がある。この「自分が宛先である」という揺るぎない実感のことをレヴィナスは「切迫」(obsession)と呼び、あるいは「弁証法的状況」(une situation dialectique)とも言い換える。むろん「弁証法」という語はヘーゲルを踏まえて選ばれている。

ヘーゲルによれば、人間的欲望とは「他者の欲望」、「他者から承認されることへの欲望」である。

私は他者が私の価値を彼の価値として「承認する」ことを欲するのであり、私は彼が私を自立した一つの価値として「承認する」ことを欲するのである。還元すれば、**人間的欲望**、人間の生成をもたらす**欲望**、**自己意識**つまりは人間的実在性の生みの親としての欲望は、いかなるものであれ、終局的には、「承認」への欲望に基づいている。[47]

---

45 TA, p.66

46 TA, p.66

47 アレクサンドル・コジェーヴ、『ヘーゲル読解入門 「精神現象学」を読む』、上妻精ほか訳、国文社、一九八承認を求める二つの自己意識が出会うと、それぞれが「おのれを他者に承認させ、至高の価値として自己を他者に認めさせ」ようとする。当然、その出会いは「生死を賭した闘争とならざるを得ない」[48]のだが、この「生死を賭した闘争」は「生死を賭した」と言いながら、一方の死によって終わるわけではない。他者が死んでしまうと、「他者によって承認される」ことが不可能になるからだ。「人間的実在性が『承認された』実在性として構成されうるためには、敵対する双方が闘争の後も生存していなければならない。」敗者は「自己の欲望を放棄し、他者の欲望を充足せしめねばならない。」[49]

このように他者を「承認する」こと、これはその他者を自己の**主**として承認することであり、自己を**主**の**奴**として承認し、また承認されることである。換言すれば、人間となろうとしている時、人間は決して端的に人間であるのではない。人間は、つねに、必然的かつ本質的に、或いは**主**であり、或いは**奴**である。(…)もしも開示された人間的実在性が世界史以外の他の何物でもないならば、この歴史は**主であること**と**奴であること**との相互交渉の歴史とならねばならない。すなわち、歴史的な「弁証法」とは**主**と**奴**との「弁証法」である。[50]

ヘーゲルが「弁証法的に揚棄する」というのは、「廃棄されるものを保存しながら廃棄すること」であり、「廃棄されたもの」は、「この保存による廃棄もしくは廃棄による保存の中で、そしてそれによって『より高い在りかたに』昇華される」のである。
　弁証法的に揚棄された存在は（直接的で）自然的かつ所与のものとしての偶然的（かつ意味を欠いた非理性的な）側面においては廃棄されるが、その本質的な（有意味で意味豊かな）側面においては保存される。かくして否定により媒介されることになる。[51]

　レヴィナスが主体と死の対峙を「ひとつの弁証法的状況」と呼ぶのは、おそらくそこにおいて「承認」と「否定による媒介」が鍵になるからである。

　死が主体を問答無用に呑み込んでしまったとしたら、その後、主体のいない世界においては、死はもはや超越でも神秘でもあり得ない。主体なき世界において死は何ものでもない。死が超越であり神秘であるとされるのは、あらゆる対象を光のうちで可視化する権力的な主体だけが、死の切迫のうちで「できるということができない」という無力感に深く蝕まれることができるからである。

　人は人知をもっては説明しがたい事象の説明原理として「神」という概念を創り出した。その時、

七年、一六頁
48 同書、一六頁
49 同書、一七頁
50 同書、一八頁
51 同書、二六頁

同時に「神を畏れる」という宗教的感受性が生まれた。神という「超越者」が存立するためには、神を畏れる人間が存立しなければならない。ヘーゲルの弁証法において、「主」が存立するためには、「奴」が「主」を承認し、「主」を欲望しなければならない。それと図式的には同じである。そこには一種の相補的な関係がある。

けれども、もちろんレヴィナスはそのようなできあいのスキームに落とし込むために「弁証法」という語をあえて用いたわけではない。レヴィナスがここで「弁証法的」という（誤解を招きやすい）語をあえて用いたのは、ヘーゲルの「主と奴」という分かりやすい弁証法的な構図を読者たちが頭に思い描いてもらう方が、レヴィナスが構想している「神秘」や「超越」や「他者」との向き合いという構図の分かりにくさがむしろ際立つと考えたからである。レヴィナスの分かりにくさはそこにある。レヴィナスが私たちに何か「分かりやすい言葉」を差し出すのは、「私が言いたいのはそのことではない」と言って、それを私たちの前から消去するためなのである。

> 出来事が、それを引き受けられない主体、それについて何もできない主体の身に到来するというこの状況、にもかかわらず、出来事がある固有の仕方において主体の眼前にあるというこの状況、それが他者との関係、他者との顔と顔を向き合わせた関係（le face à face avec autrui）、顔との出会い（la rencontre d'un visage）という関係である。顔は他者を与え、そして奪う。「引き受けられた」他なるもの、それが他者である。[52]

レヴィナス哲学の核心的な概念である「顔」がここで出てくる。

38　時間と他者

主体が引き受けることのできない出来事が主体に到来すること、それが他者との関係、顔との出会いである。このレヴィナスの言葉づかい自体はひろく知られているものなのだが、だが、「ひろく知られている」ということと「その意味が理解されている」ということは別の話である。というのは、「顔との出会い」というのは明らかに空間的な言葉づかいであるが、レヴィナスはその関係が時間なのだと言うのである。分かりやすい話のはずがない。

何度も引用したように、レヴィナスは講演の目的を「時間とは孤立した単独の主体にかかわることがらではなく、主体と他者の関係そのものであることを証明することにある」と宣言していた。時間とは主体と他者の関係である。書いてしまうと一言だが、この命題を自分に納得させ、ひとに説明することは容易でない。読者がこの命題を呑み込んでくれるまでには、まだいくつもの理論的な隘路を抜けなければならない。最初の手がかりは「未来とは主体と他者の関係である」という命題である。これなら説明がつきそうだ。レヴィナスは未来の外部性についてこう書いていた。

52　TA, p.67

> 未来の外部性は、まさにそれが絶対的に予見不能であるという事実ゆえに、空間的外部性とは全く別のものである。（…）未来は他なるものである。だから、未来との関係は他なるものとの関係そのものなのである。[53]

未来は絶対的に未知である。むろん、未来について蓋然性の高い予測を立てることはできる。だがヒュームが意地悪く言ったように、昨日まで太陽が東から昇ったことは明日太陽が東から昇ることを保証しない。彗星が地球に衝突すれば永遠に明日は来ないし、太陽が白色矮星となった後も明日は来ない。私たちはそういう未来の予見不能性については考えないことにして、とりあえず未来の未知性を解毒している。けれども、「考えない」ようにできるのは、実は「考えている」からである。未来の未知性を感じないように思考停止できるのは、未来の未知性を実感しているからである。不十分な仕方ではあるけれど、私たちは未来と完全に断絶されているわけではない。そこには一筋の糸がかかっている。

> 死がもたらす未来、出来事の未来はまだ時間ではない。というのは、このような未来は誰のものでもないからだ。この未来にはそれを引き受ける人間がいない。この未来が時間の一要素となるためには、それでもやはり現在／現前との関係のうちに踏み込んでゆかねばならない。[54]

現在／現前と訳した le présent は、「今」と「ここ」を同時に含意する、日本語には存在しない語であることは繰り返し述べた。そして、レヴィナスはこの語の両義性を利用して、空間と時間を架橋するというアクロバシーを演じるのである。

現在と未来という二つの瞬間の間を結び付けるものは何か？　この二つの瞬間の間には隙間がある。深淵がある。それが現在と死を隔てている。わずかなようにも思えるし無限のようにも思えるこの隔たりのうちに、希望のための場所がつねに存在する。[55]

これなら意味が分かる。それは「二つの瞬間の間」(entre les deux instants)、「隙間」(intervalle)、「深淵」(abîme)、「隔たり」(marge) といった語がすべて空間的なものを指すからである。レヴィナスはここで時間の隔たりを空間的に表象している。しかし、時間を空間的に表象するということは、現在と未来を一望俯瞰できる視座を仮想してそこに立つということである。対象を光のうちで隈なく見るということであり、それは「できる」ということである。

私たちは把持できない対象の切迫、「『できる』ということができない」という事況に即して未来の外部性・他者性を吟味するという作業をしているところである。その時に不用意に時間を空間的

53　TA, p.64
54　TA, p.68
55　TA, p.68

に表象する言葉づかいに立ち返ると、私たちはレヴィナスのテクストを読んでいるつもりで、まったく別の方向に迷い込んでしまう。

自前の知的な枠組みのうちで時間を理解しようとしたら、私たちは必ず空間的に時間を表象してしまう。これは避けることができない。しかし、そうすることで、私たちは時間の未知性・外部性を毀損してしまう。だから、私たちは絶えず理解することを断念しながらレヴィナスの文章を読み進まなければならない。

現在と未来の二つの瞬間の間にあるのは、断じて単純な同時性の関係ではない。そのような関係であれば、時間を空間に変容させてしまうことになるだろう。だからと言って、それは力動説や持続の飛躍ではさらにない。というのも、現在／現前にとって、それ自身の彼方へ超越し、未来へ侵入するこの能力は、死という神秘そのものによってまさに排除されているもののようにわれわれには見えるからだ。[56]

レヴィナスはここで、ベルクソンの「純粋持続」（durée pure）や「生命の跳躍」（élan vital）といった時間概念と自分の言う時間はまったく別物だということを読者に確認している。ベルクソンもまた時間を思量する時に空間的表象に依存することのリスクについては十分に自覚的だった。だからこそ、一切の空間的表象を拭い去った「純粋持続」という概念をその時間論の中心に据えたのである。ベルクソンはこう書いている。

私たちは自分を表現するのに言葉に頼らざるをえないし、またたいていの場合、空間の中でものを考えている。（…）或る種の哲学的問題が引き起こす乗り越えがたい困難の原因は、本来は空間のうちに場所を占めない現象を空間のうちに執拗に併置しようとする点にあるのではないだろうか。[57]

ベルクソンもこの点ではレヴィナスと違うことを言っているわけではない。だが、その後両者の理路は分岐する。

ベルクソンによれば、おのれを空間的に表象するというのは、外部の環境の中に自分を置いて、その枠組みの中で自己を定位し、自己を了解するためである。無反省的・因習的には人は必ずおのれを空間的に表象する。私たちの感情や思念は一瞬として同一のものにとどまることなく、絶えず揺れ動く、とらえどころのないものであるので、それを自我の核として確保することが難しい。だから、「考えるよりはむしろ話す」生き物である私たちは、おのれの主観的状態を記述し、確定し、人に伝えようとする時にも、「できるかぎりそれらの外的原因の表象を持ち込んで、それらの状態を客観化することに一切の関心を傾ける。」[58]

56　TA, p.68

57　アンリ・ベルクソン、『時間と自由』、中村文郎訳、岩波文庫、二〇〇一年、九頁

58　同書、八七頁

私たちが自分の主観的な状態を説明する時に、「勇気をもらった」とか「生きる意欲を失った」とかいうふうに好んで量の増減の比喩を用いるのは、その方が客観的だと信じているからであり、その方が相互理解に達しやすいと思っているからであり、にべもない言い方をすれば、主観的状態を質的に記述するだけの言語能力がないからである。

この難局を解決するために、ベルクソンは「二つの異なる自我」というものを持ち出す。二つの自我とは、本然の姿である「内的な自我」と「その外的投影」「その自我の空間的・社会的な表現」に過ぎない「外的な自我」である。

「私たちの生存は、時間におけるよりも、むしろ空間において繰り広げられる」ので、「たいていの場合、私たちは自分自身が外的に生きており、自我については、その色褪せた亡霊、純粋持続が空間のなかに投影する影にしか気づかない。」[59] しかし、まれに私たちは「自分自身を捉え直」し、そして「自由」になることがある。ベルクソンはそのような生き方を私たちに勧奨する。

> 自由に行動するということは、自己を取り戻すことであり、純粋持続のなかに身を置き直すことなのである。[60]

もちろんレヴィナスの哲学的な関心は「自由に行動すること」にも「自己を取り戻すこと」にもない。「自己を取り戻す」というような言葉づかいは「存在論の語法」に他ならず、レヴィナスはまさにそこからの離脱の方位を探って、この講演を行っているのである。

聴衆に既知のあらゆる「外部性」概念への参照を禁じたまま、第三日目の講演は次のような言葉で締めくくられる。

未来との関係、現在における未来の臨在が成就するのは他者との顔と顔の向き合いにおいてであるように思われる。おそらくは顔と顔を向き合わせた状況が時間の成就そのものであるのだ。現在／現前による未来の侵食はひとりの主体が単独でなしうることではない。それは間主観的関係なのである。時間の条件は人間同士のつながりのうちに、歴史のうちに存在する。[61]

歴史という語も、これが本講演の初出である。人間同士のつながりと歴史のうちに時間が生成するとはどういうことなのか？　私たちはこの問いと共にようやく講演最終日を迎える。

59 同書、二七六頁

60 同書、二七六頁

61 TA, pp.68-69

第Ⅳ講の読解

39　顔を隠す神

未来は未知であり、いかなる予測も投企も飛躍も受け付けない。

> 　このような未来についての概念から出発して時間を理解すること、それは時間を「不動の永遠性の可動的な像」のようなものとしては決して把持しないということである。
>
> 　現在からあらゆる予測を取り去ってしまうと、未来は現在との質的な共通性（conaturalité）のすべてを失う。未来は、あらかじめ用意された永遠性のうちに嵌入しているのではない（そうであれば、われわれはそこで未来を捉えることもできるだろう）。未来は絶対的に他なるものであり、新しいものなのである（Il est absolument autre et nouveau）。そのようにしてはじめて現在のうちに未来の等価物を見出すことの絶対的な不可能性、つまり、未来を把持するすべての手がかりの欠如という時間の現実性を理解することができるのである。[1]

レヴィナスはこう書いた後、もう一度ベルクソンに言及して、ベルクソンの「持続」とレヴィナスの「時間」の違いを確かめる。

　ベルクソンは、未来に対するある種の権能を現在に与えている。持続は創造だからである。

この死なき哲学を批判するためには、創造を被造物の主要な属性に帰す近代哲学の流れのうちにベルクソンを置くだけでは十分ではない。創造そのものが、ある種の神秘に対する開かれを前提にしていることを示さなければならない。[2]

レヴィナスはここで「創造」（création）「被造物」（créature）という宗教用語を出してくる。いずれもこれが初出である。私自身は解説の中で繰り返しこれらの語を用いてきたけれど、レヴィナス自身はここまで宗教的語彙を周到に回避してきている。そして、講演最終日に至って、レヴィナスはようやく彼の時間論・他者論が一神教信仰に深いかかわりがあることを聴衆たちに明らかにしたのである。

ここでレヴィナスは「創造」概念の再検討を要求する。被造物による創造とは、単に新しいものを創り出すということには尽くされない。それは「ある種の神秘に対する開かれ」（une ouverture sur un mystère）でなければならない。

主体の自己同一性それだけでは、この開かれをもたらすことはできない。[3]

1　TA, p.71
2　TA, p.72
3　TA, p.72

主体が主体であるだけでは、他なるものとの出会いを果たすことはできない。「おのれの外に踏み出すことができないもの」、レヴィナスの用語で言い換えれば「自己同一者」(le Même)においては、あらゆる他者経験は畢竟するところ自己体験に他ならない。この主体による外部性・他者性の毀損を、主体はどうやって解除することができるのか? これは新しい哲学的な問いである。主体が「神秘」の神秘性を毀損することなく「神秘」と出会い得るための条件は何か?

主体はおのれから由来するのではないもの(ce qui ne vient pas de lui)、すなわち「神秘」とかかわりを持つことができる。見るべきなのは、「神秘とかかわりを持つ主体の働き」(l'œuvre d'un sujet en relation avec le mystère)である。

その働きは単なる創造による刷新ではない。現在/現前に繋ぎ止められたままの創造は創造主にピグマリオンの悲しみをしかもたらさない。[4]

創造主(créateur)とピグマリオン(Pygmalion)という二つのキーワードが提示される。レヴィナスは主体と他者のかかわりを、被造物と創造主のかかわりに類比して語ろうとしているのである。ピグマリオンは自分が彫った石像に恋をしたキプロス島の王の名である。作品はたしかに創造者の欲望や理想をまるごと投影してみごとに造型されたのだが、その美しさや魅力はどれも彼がすでに所有しており、自ら作品のうちに仕込んだものであった。「ピグマリオンの悲しみ」とは「自分を愛するようにあらかじめプログラムされたロボット」から愛を打ち明けられた時の発明者の砂を噛むような虚しさのことである。

レヴィナスはここで、果たして創造主は「ピグマリオンの悲しみ」を感じたであろうかという問いを発している。創造主が真にその威徳にふさわしい存在であるなら、「ピグマリオンの悲しみ」を経験するはずがない（「おのれの全能性にうんざりしている全能者」というのは背理だ）。もし創造主が本当に全能のものであるなら、「自分を崇拝するようにプログラムした被造物」を創造するようなことはあり得ない。それでは腹話術師が人形に「あなたを崇拝しています」と言わせているのと変わらない。神が腹話術師であるはずがない。だとすれば、神は「神に命じられることなく、自発的に神を畏れることのできる人間」を創造したはずである。私たちは以前にもこの論件に触れた。レヴィナスはかつて次のような印象深いフレーズを書き残していた。

> 「すべては神のみ手のうちにある。神を畏れる心（la crainte de Dieu）を除いては」とラヴ・ハニナは語った、とタルムードの古い一節のうちには書かれている（「ベラコット篇」三三b）。神を畏れるのは人間の仕事なのである。神学的には全能のはずの神が、全能でありながらなお被造物のうちに吹き込まずにはいられなかった恐怖は、それゆえ神を畏れる心とは違うものだ。というのは、ラヴ・ハニナはこう言葉を続けているからである。神を畏れる心は「天の宝物殿

4　TA, p.72

が収蔵しているただ一つの宝物」である、と。[5]

神は全能であるけれど、「神を畏れる心」を人間に吹き込むことだけはしなかった。それは神を畏れる心こそ「天の宝物殿が収蔵する唯一つの宝物」だからである。つまり、「神を畏れる心」はこの宇宙で最も貴重なものであり、創造主といえども被造物に与えることをはばかるものだということである。この天の宝物を人間は自力で手に入れるしかない。「天の宝物」を自力で手に入れることができるまでに外部に開かれた被造物を創造したという事実そのものが「天の宝物」なのである。神の栄光は、神から隔てられつつ、神の不在に苦しみつつ、なお遠くから神を探し求め、神の声に耳傾けることのできる存在者を創造したことのうちにある。これがユダヤ一神教の信仰の原点にある逆説である。レヴィナスは『困難な自由』でこう書いている。

> その顔を隠す神とは、神学者の抽象でも詩人のイメージでもない。義人がおのれの外部にひとりの支援者も見出し得ない時、いかなる制度も彼を保護してくれない時、幼児的な宗教感情を通じて神が現前するという慰めが禁じられている時、個人がその意識において、すなわち受難の中でしか勝利し得ない時のことである。それが受難という言葉の特殊ユダヤ的な意味である。（…）秩序なき世界、善が勝利し得ない世界において、犠牲者の位置にあること、それが受難である。そのような受難が、救いのために顕現することを断念し、すべての責任を一身に引き受けるような人間の全き成熟を求める神を開示するのである。[6]

神を畏れる心を人間が獲得したのは、神が人間世界の出来事に天上的に介入して、鮮やかに悪を滅ぼし、正義をうち立てたからではない。神がそうされなかったからである。もし神自らが人間たちの所業の善悪の判断を下し、勧善懲悪の裁きを下したら、人間は霊的に決して成熟することがなくなる。どのような不正がなされ、非道が行われていても、人間にはそれをとどめる義務がない。神がすべてを処理してくださるからである。神が全能である世界では、人間たちは無能であることを許される。むしろ、無能であることを求められる。それゆえ、神は人間の前でその顔を隠すのである。

いかなる外からの支援も見出し得ず、「人間だけが善と悪の判定者であるような世界」に取り残され、この世界に正義と慈愛をあらしめるのは他ならぬ自分の仕事であると感じる人間のうちにはじめて「神を畏れる心」は生成する。おのれの双肩に「神に負託されたすべての責任」[7]を感知した霊的な成人にのみ「神を畏れる心」は兆すのである。

5　DL, p.265
6　DL, p.203
7　DL, p.202

40　権力と他者関係(1)

死の到来、死の異邦性は主体にいかなる主導権(initiative)も与えない。現在と死の間、自我と神秘の他者性の間には、一つの深淵がある。私たちが強調してきたのは、死が実存を停止させるという事実、死が終わりであり無であるという事実ではない。そうではなくて、**自我は絶対的に主導権を持たないまま死に直面する**という事実である。[8]

現在と死の間には乗り越えがたい深淵がある。そのことは私たちもうよく分かった。私たちが今前にしているのは「超越における私の保存」という論件である。主体は他なるものによって**おのれ自身を打ち砕かれることなしに**、他なるものと関係を取り結ぶことができるのかという問いである。

死は予測できず、把持できない。私の死はただ切迫するだけである。にもかかわらず、私は「私の死」という言い方を止めない。「私の」という所有形容詞を手放さない。それにはいったい何の意味があるのか?　なぜ私が「主導権」を行使し得ない死を、私はそれでもなお「私の死」と名づけ続けるのか?

「私の」という所有形容詞を手放さないのは、「死を克服する」(vaincre la mort)ためである。「死を克服する」というのは、永遠の生を享受するという意味ではない。

死を克服するとは、死という出来事の他者性との間になお個人的なものであるべき関係を取り結ぶことである。[9]

死という絶対的に異邦的・他者的な出来事との間に、私はそれでもまだ「個人的なものであるべき関係」（une relation qui doit être personnelle）を取り結ぶことができる。

世界に対する主体の権限とは別ものであり、にもかかわらず個人性を保持しているこの関係とは、いかなるものであるのか？　いかにして、ある種の仕方で受動性のうちにとどまっているものとして主体を定義することができるのか？　人間のうちには、あの男性性とは別の、あのできる能力（pouvoir de pouvoir）とは別の、可能なものを把持する能力とは別の支配力（maîtrise）があるのだろうか？[10]

レヴィナスは「死は主体の男性性の限界」だと書いていた。死の接近において、われわれはもは

8　TA, p.73

9　TA, p.73

10　TA, p.73

や「できるということができなくなる」。「主体が主体としての支配力そのものを失う」、と。[11] 死において主体は主体としての支配力を失う。にもかかわらず、それが「私の死」であるとなお言い得るのだとしたら、そこにはそれとは別の支配力が働いているということになる。それは何か？

　われわれがその支配力を見出すことがあるとすれば、それは時間の場そのものが構成することになるあの関係においてである。私はさきにこの関係は他者との関係であると述べた。しかし、問題となっている当の語を繰り返しているだけでは、問題の解決にはならない。私たちがしなければならないことは、この他者との関係がいかなるものであり得るかを明確にすることである。[12]

主体が能動性・権力性を失いながらなお個人性を保持できるような他者との関係とはいかなるものかという問いへの接近を、レヴィナスはまずそれが何でないかから始める。

　私はかつてこう反論されたことがある。他者と私の関係において、私が出会うのは他者の未来だけではあるまい。〈実存者〉としての他なるものは私にとってのひとつの過去を有しており、それゆえ、未来の特権を有してはいないのではないか、と。[13]

つまり、こういうことだ。「未来は絶対的に他なるものであり、新しいものである」とレヴィナスは書いているが、今私の目の前にいる他者は、生きている限りは固有の過去を有している。その過去のうちには、いくばくか私にすでに知られているもの、私に理解し得るものが含まれているのではないか。その場合、そのような他者を「絶対的に他なるもの」と呼ぶことは適切であろうか？そのような反論をレヴィナスは自説の点検のために、あえて自分自身に向ける。そして、その仮設された反論にレヴィナスは自らこう答える。

この反論に答えることを通じて、われわれは本日の私の論の展開の核心的な部分に迫ることができる。私は他なるものを未来によっては定義しない。そうではなくて、未来を他なるものによって定義するのである。というのは、死という未来そのものがその全的他者性によって構成されているからである。[14]

他者との関係は神秘との諸関係以上のものを含んでいる。というのは、われわれは他者と日常生活の中で現に出会っており、そこでは他者の孤独、その根源的他者性はすでに節度によっ

11　TA, p.62
12　TA, p.73
13　TA, pp.73-74
14　TA, p.74

て覆い隠されているからである。[15]

他者（l'autre）と私たちは日常的に出会っている。しかし、他者の根源的他者性は日常生活においては隠蔽されているのである。私は彼らを観察し、理解し、分類し、支配し、統制することによって、その根源的他者性を毀損している。

主体にとって例外的な場所は存在しない。他者は、共感を介して、もう一人の私自身として、「他我」として知られるのである。[16]

私たちが日常的・無反省的に他者と取り結ぶ関係はそういうものになる。他者は共感され、私と共に共同主観的に世界を形成することにより、その根源的他者性を隠蔽されている。その端的なかたちをレヴィナスはモーリス・ブランショの小説『アミナダブ』のうちに見出す。

ブランショの小説『アミナダブ』では、この状況が不条理なまでに推し進められる。奇妙な家の中を歩き回る登場人物たちの間では、何の行動も起こらず、継続すべきいかなる事業もなく、人々はただそこに滞在しているだけ、つまり〈実存する〉だけであり、この社会的関係は完全な相互性になる。人々は交換可能であるのではなく、相互的なのである。あるいは相互的であるがゆえに交換可能なのである。だから、他なるものとの関係は不可能になるのである。[17]

これがブランショのこの小説の要約として適切かどうかの判断を私は留保するが、「私と他人が相互的であるがゆえに交換可能である」場においては他なるものとの関係は不可能になるという理路は理解できる。

根源的他者性が隠蔽されている限り、私たちは他者に出会うことができない。しかし、それは言い方を換えれば、あたかも相互的・交換可能なものであるかのように仮象するとしても、そのような他者の背後にはつねに、非主題的な仕方ではあれ、根源的他者性が潜んでいるということである。

> 他者とは私ならざるものである。他者が私ならざるものであるのは、その性質が私と違うからでも、その相貌が私と違うからでも、その心理が私と違うからでもなく、その他者性そのものによって私とは違うものなのである。他者とは、具体的には、弱者であり、貧者であり、「寡婦であり孤児」であり、それに対して、私は富者であり、あるいは強者なのである。[18]

15 TA, p.74
16 TA, pp.74-75
17 TA, p.75
18 TA, p.75

レヴィナスの言葉として広く人口に膾炙(かいしゃ)したフレーズである。他者と私は単に非相互的で交換不可能であるだけではない。私は他者に対して義務を負ったものとしてまず存在するのである。

41　権力と他者関係(2)

フランソワ・ポワリエによるインタビューでレヴィナスは「他者に対する、他者の身代わりとしての有責性は、具体的にはどのような行為として実現されることになるのでしょうか?」と問われたことがある。その問いにレヴィナスはこう回答した。

他者はそのあらゆる物質的窮状を通じて私にかかわってきます。時には他者に食料を与えることが、時には服を着せることが問題になります。それが聖書の言っていることです。飢えている者には食べ物を与えなさい。裸で行く者には服を着せなさい、渇いている者には水を飲ませなさい。身を寄せる場所のない者には宿を貸しなさい。人間の物質的側面、物質的生活、それが他者について、私が配慮すべきことなのです。他者について、私にとって深い意味のあることなのです。それは私の「聖性」にかかわることなのです。何度か引用した「マタイ伝」の二五章を思い出してください。あの対話を思い出してください。「おまえたちは私を追い出し、私を駆り立てた。」「いつ、私たちがあなたを追い出し、あなたを駆り立てたことがあるでしょう?」「おまえたちが貧しい者に食べ物をあげることを拒み、貧しい者たちを追い払い、彼らに見向きもしなかった時に。」つまり、他者に対して、私は食べること、飲むことから始まる有責性を負っているのです。私が追い出した他者は、追い出された神に等しいのです。（…）自分の発意に基づいて何かを行うという考えは邪なものです。それより先に有責であると覚知することが大事なのです。[19]

このレヴィナスの言葉のうちに「他者と時間」という主題は凝縮されている。レヴィナスは私たちに時間意識の根源的な読み直しを要求する。

私たちは既に時間意識を持った者としてこの世界に存在しており、その手持ちの時間意識の流れのうちに出来事を経時的に配列し、そこに因果関係を見出そうとする。ふつうはそうである。私が他者に何かひどいことをする。それに対して罰を受ける。あるいは、私が何か他者に善行を施す。それに対して報奨を授かる。これは因果である。けれど、レヴィナスは他者との関わりをそのような経時的な因果関係のうちに配列する考え方そのものの廃絶を私たちに求めるのである。

レヴィナスが引いた『マタイ伝』によれば、私たちは「まず」神によって告発される。した覚えのない悪行について告発される。「おまえたちは私を追い出し、私を駆り立てた」と。でも、私たちにはそのようなことをした記憶がない。だから罪責感もない。当然こう反問する。「いつ、私たちがあなたを追い出し、あなたを駆り立てたことがあるでしょう?」この問いに神はこう答える。

19　EL, p.114

「おまえたちが貧しい者に食べ物をあげることを拒み、貧しい者たちを追い払い、彼らに見向きもしなかった時に。」

この返答を聞いて思い当たることがあった者もいたかも知れない。しかし、かのヨブのような篤信者は「そんなことを私は一度もしたことがない」と抗議したはずである。私はつねに貧者を歓待し、貧者に施してきたと。にもかかわらず、なぜあなたは私を非とするのか。そのような抗議をなす者にとってこの神からの返答は不条理である。

だから、この問答には「続き」がなければならない。それが『ヨブ記』には書かれている。主がヨブに開示したのは、ヨブが何をしたか、何をしなかったかというレベルのことではない。そうではなくて、「おまえは遅れてこの世界に現れた」ということである。

ヨブはこの世界に遅れて登場した。にもかかわらずそれを自覚していない。自分の現在／現前に先立つ時があり、その過去の瞬間を、後から到来した者は決して現在として経験することができないということに気づいていない。ヨブは、過去とはその時々における現在だと考えている。あらゆる過去は、一度は現在として生きられた時だと考えている。かつて一度も現在として生きられたことのない過去というものをヨブは考想することができない。だから、おのれの記憶をいくら探っても主に罰を受けるような過誤が見当たらないと思い、主に向かって「私に教えよ。そうすれば私は黙ろう。私がどんなあやまちを犯したか、私に悟らせよ」[20]と昂然と胸を張ったのである。

ヨブは「主は全知全能であり、人間はそれに比べればはるかに矮小な存在である」というスケールの差は理解している。ヨブが理解していないのは、彼が弁疏（べんそ）に際して繰り返し用いた「いつ？」

という疑問詞そのものが一神教の成立がもたらしたものだということである。ヨブの賢しらは「いつ？」という問いを立てることができるように創造された被造物の立場から「いつ？」という問いで創造主を問責し得ると考えたことにある。ヨブが神への訴えにおいて準拠した「因果」という概念そのものが「創造」のもたらしたものだということを忘れていることである。

あえてフライングを恐れずに言えば、時間意識の発生と一神教の成立は同時的である。「因果」という概念と「神」という概念は同時的に人間に到来した。「今に先立って何かがあった。その今に先立つ『何か』が消え去ったことによって今／ここ／私が存立している」と考えた人間の出現によって、はじめて「過去」と「現在」という概念は意味を持つ。一人の人間が「私は世界に遅れて登場してきた。私は被造物である」という自覚を抱いた瞬間に、「私に先立ち、私を創造した後に、ここを立ち去ったもの」としての「創造主」という概念が存立する。信仰とはこの「遅れ」の自覚のことである。

神がモーセに臨む場面はこのように描写されていた。

> すると主の使いが彼に、現れた。柴の中の火の炎であった。よく見ると、火で燃えていたのに柴は焼け尽きなかった。
>
> モーセは言った。「なぜ柴が燃えていないのか、あちらへ行って、この大いなる光景を見る

20　『ヨブ記』六・二四

ことにしよう」

主は彼が横切って見に来るのをご覧になった。神は柴の中から彼を呼び、「モーセ、モーセ。」と仰せられた。彼は「はい、ここにおります。」と答えた。[21]

「はい、ここにおります」(Me voici) というのが神の呼びかけに対する人間からの応答であった。主の呼びかけに対して応答した人間の出現と同時に一神教信仰は生まれる。そして、モーセが応答することができたのは自分が呼びかけに遅れた者であると自覚していたからである。応答するという行為は遅れの時間意識なしには成立しない。当たり前過ぎて私たちが忘れていることだ。

レヴィナス哲学の鍵概念である responsabilite にこれまで私たちは「有責性」「責任」「応答可能性」など、さまざまな訳語を当ててきたが、それらの訳語から私たちが汲み取るべき最も重要な意味は、応答したり責任を引き受けたりできるのは「遅れを覚知した者」だけだということである。もう一度書くが、一神教信仰の成立とは「遅れ」という時間意識の成立のことである。それゆえに時間意識を持った者は他者を前にした時に神との出会いをそのつど再演してみせなければならない。それが、「時間とは孤立した単独の主体にかかわることがらではなく、主体と他者の関係そのものである」というレヴィナスの命題の私なりの解釈である。だが、読者諸氏にこの理路を理解いただくためには、もうしばらく迂回的な考察に耐えていただかなければならない。

42　始源の遅れ(1)

一神教信仰、あるいは広く宗教は、「遅れ」という時間意識抜きには成り立ち得ない。言い換えるならば、「始源の遅れ」という時間意識を内面化し得た者だけが、「現在／現前に絶対的に包摂し得ぬもの」としての超越者・絶対的他者について思量し得るということである。「私」は遅れてこの世界に登場した。絶対的な他者が「私」に先行し、「私」を今ここにあるようなものたらしめた。それゆえ今ここにいるこの「私」は、そのこと自体によって、他者に遅れており、応答責任を負い、他者に借りがある。

この説明を納得してもらうためには、「遅れ」という時間意識を持つことのできない人間を想定して、それと対比してみることが有効かも知れない。

ヨブはその一例である。彼は神に向かって「それはいつの話だ?」と問う程度の時間意識は有していたけれど、世界の起源にまで及ぶような深みのある時間意識は持っていなかった。だから、聖書はその賢しらを諫めたのである。『ヨブ記』は時間意識の拡大と信仰の深まりは相関することを教えている。

レヴィナスがここで時間を問題にしているのは、そのような時間意識を欠如させた、あるいは時

21　『出エジプト記』三・一－四

間意識が未成熟な人間が、これまでも、これからも存在するということを知っており、そのような人間を心の底から恐れていたからだ、というのが私の仮説である。というのは、そのような人間、「今／ここ」にしかリアリティーを感じない人間、過去を「少し前の現在」、未来を「少し後の現在」としかみなさない人間、誰に対しても「遅れ」も「罪の意識」も「応答責任」も感じない人間たち、すなわちハイデガー存在論の圏域から出ることのできない人間たちによってホロコーストはなされたとレヴィナスは考えていたからである。

本論考の冒頭で、私はレヴィナスが「解放」直後のパリの聴衆の前でこのような異常に分かりにくい時間論を語ったのは「希望の時間論」を語るためだったからだと述べた。レヴィナスは深みのある時間意識を持つことのできる人間（他の著作でレヴィナスが「成人」と呼んだ人間）の出現を待望し、そのような人間を創り出すためにこの時間論を語った、というのが私の仮説である。

これは「時間とは何か／他者とは何か」ということを哲学的に一意的に定義するための論考ではない。レヴィナスの他の著作がそうであるように、この時間論もまた「時間とは何か／他者とは何か」についての思考の深みへ読者たちを誘い込み、その理路を踏破することで「成人」となることを支援するという、すぐれて遂行的課題をもった営みなのである。

この講演が行われたのと同じ年にレヴィナスは、同じカルチェラタンに開かれた東方イスラエル師範学校の校長に招聘された。それはホロコーストで物心両面に壊滅的な傷を負ったフランス・ユダヤ人共同体を再生するという民族的な実践的課題に応えるためだった。その職務に就いた時にレヴィナスが自らに課したミッションがいかなるものであったのか。その四〇年後に哲学者の八〇歳を祝う会が卒業生たちによって開かれた時にレヴィナスが語った言葉を、卒業生であったサロモン・マルカが書き留めている。

彼が東方イスラエル師範学校校長時代の最初の日々について言及したのははじめてのことだった。彼は自分がそこに何をもたらそうとしたのか、どのような空間を創り上げようとしたのか、どのような生き方を導き入れようとしていたのかについて話した。「ユダヤ人であること、それはユダヤ人であることの傲慢や虚栄ではありません。そんなものは何ものでもありません。それは並外れた特権の意識のことです。存在を脱－凡庸化する特権、全人類に先んじて人間的であるような集団（un peuple, humain avant l'humanité）に属する特権の意識のことです。」[22]

レヴィナスは一六区の市庁舎の横にあった師範学校敷地内に住居を与えられていた。サンジェルマン・デ・プレ教会の横の哲学学院までは歩いて二〇分ほどの距離である。その歩みの間に、レヴィナスがその教化的情熱をクールダウンさせたと私は考えない。「集団」とか「特権」とかいう言葉づかいは抑制したにしても、聴衆たちに「全人類に先んじて人間的であるような」生き方を説くという構えに変化があったとは考えない。この講演は教化的な意図によって駆動されていたと私が

22　Salomon Malka, *Lévinas, sa vie et la trace*, Albin Michel, 2002, p.99（サロモン・マルカ、『評伝レヴィナス――生と痕跡』斎藤慶典他訳、慶応義塾大学出版会、二〇一六年）

書くのはそのようなことである。レヴィナスは聴衆に「存在を脱－凡庸化」すること、他の人類が、どうであれ、それに先んじて人間的であることを求めたのである。それをレヴィナスはここで「時間意識を熟成させる」という遂行的課題として提示した。

　時間意識というものは万人に同じ仕方で共有されているというふうに私たちは無反省的には考えがちだが、少し落ち着いて考えてみれば、そんなことがあるはずはないということに気づく。

　時間については、自分がどのように時間を経験しているのかを他者に理解させることはできない。空間認識についてならできる。自分が何を見ているのかを、私たちはかたわらの人に裏書きしてもらうことができる。かたわらに人間がいなくても、空間的な対象についてなら他我を権利上動員することができる。空間的認識の場合には他我たちが私の認識の客観性、通約可能性を保証してくれる。けれども時間は違う。「あそこに一軒の家がある」というような言明によって、私の時間経験を誰かと共有し、誰かによってその確実性を保証してもらうことはできない。時間はつねに私ひとりのものであり、「すべての人に対して現存する」という様態を取ることができない。時間は徹底的に個人的な経験である。時間経験には同一の時間を生きている他我がいないからである。私が経験している時間がどのようなものであるかを裏書きし、保証してくれる他我はいない。相互主観的な世界は存在するが、相互主観的な時間は存在しない。時間意識の熟成は、何よりもまずこの根源的事実の覚知から始まる。

　時間意識が未分化の段階から次第に熟成してゆくものだということについて、私たちは古代中国の文献から多くの知見を得ることができる。時間は徹底的に個人的な経験であるということを人に説明しようとする時、今でもおそらく多くの人はまず前にも引いた『邯鄲の枕』の話を引くと思う。

盧生という若者がいた。故郷を出て、栄達を求めて趙の都の邯鄲に向かった。そこで一人の道士に出会い、夢がかなうという枕を授かる。その枕の上で寝入ると、夢の中で盧生はさまざまの幸運不運に遭遇し、紆余曲折の末に華やかな出世を遂げ、やがて子孫に囲まれて老いて死ぬ。目覚めるとそれは火にかけた粥が煮えるまでのわずかな時間に過ぎなかった。須臾のうちに一生を生きた盧生は、出世欲も物欲もきれいに失い、捨てたはずの故郷に再び戻る。そういう話である。

粥が炊き上がるまでの間に盧生は五十年の人生をありありと経験する。そして、目覚めた時には、栄耀栄華をきわめたのちに、老衰して幸福な人生を終えた人間になっていた。粥が炊けるまでの時間が「客観的時間」であり、夢の中で生きられた五十年は「主観的時間」に過ぎないと切り分けて、夢の中で過ごした時間は非現実であるといくら盧生に説き聞かせても、彼を翻意させることはできなかっただろう。盧生は現にその五十年を生きたからである。

43 始源の遅れ(2)

中国の古典には時間意識を扱ったものが多い。次に『荘子』斉物論篇の「胡蝶の夢」を引く。これもまた経験の共有不能性についての物語である。

荘周はある時胡蝶になった夢を見た。胡蝶になって心行くままに飛んでいた。目が覚めたら人間に戻っていた。人間が胡蝶になった夢を見ているのか、胡蝶が人間になった夢を見ているのか、人間はそれを決定する権利があるのか。荘子はその問いをオープン・クエスチョンとして残した。「胡蝶になった時の荘子」が経験した現実の厚みや確かさは、同じ夢を見たことがない人間には追体験することができない。ある個人によって生きられた時間は他者には通約不可能である。「邯鄲の夢枕」は戦国時代の物語である。荘子も同時代の人である。二つの物語はいずれも時間経験は通約不能であるということ、哲学的な用語法で言い換えれば、共同主観的・相互主観的な時間というものは存在しないということを伝えている。

このような物語が選好されたのには理由があるはずだ。私の仮説は、「間主観的な時間は存在しない」という命題はその頃に「発見」されたということである。事実、時間意識の熟成にかかわる逸話は春秋時代（紀元前八世紀から紀元前五世紀）に集中している。われわれが時間意識にかかわる熟語として知っているものはほぼすべてこの時期に生まれたものである。さらにいくつか実例を引く。朝三暮四（「列子」）。

> 宋の狙公が猿を飼っていた。毎日橡（とち）の実を朝四つ暮に四つを与えていた。ところが手元不如意となり、十分な餌代が捻出できなくなった。そこで猿たちをたぶらかすために、まず朝は三つで暮は四つにすると提案した。猿たちは激怒した。そこで朝は四つで暮は三つでどうかと提案し直したら、猿たちは喜んだ。

私はこれを時間意識が未成熟な人たちの実相を叙した実話だと解する。この時代には時間意識が未熟な人たちがおそらくまだ実在したのである。彼らは過去／現在／未来という時間系列をうまく理解できず、「今／ここ」にしかリアリティーを感じることができなかった。だから、「もう現在ではない時間」や「まだ現在ではない時間」を生きている「私」をうまく想像することができなかった。だから、猿たちは「朝の猿」は誰とも知れぬ「暮の猿」の取り分を横領できたことを喜んだのである。

鼓腹撃壌（『十八史略』）でも、時間意識の熟成した人間と未熟な人間が対比的に扱われている。

> 治世五十年に及んだ後、帝堯（ぎょう）は天下が治まっているかどうか、臣民が帝に心服しているのかどうかを知るために、身をやつして街に出た。すると、童謡が聴こえた。「私たち万民の生活がなりたっているのは帝の至徳のおかげです。私たちはそれと知らず帝を範として暮らしています。」また野良へ出ると一人の老人が口に食べ物を含み、腹鼓を打ちながら、足拍子を踏みながらこう歌っていた。「日が出れば働き、日が沈めば休む。井を穿（うが）って水を飲み、田を耕して食らふ。帝力何ぞ我に有らんや」と。

童謡を歌う子らは日々の暮らしが明君の善政の効果であることを感謝するが、老人には自分が享受している平安が善政の帰結だという自覚がない。童謡には自分たちの現実が過去の出来事の帰結であるという「遅れ」の感覚がいくぶんか書き込まれているが、老人の歌にはそれがない。ここに対比されているのは政治意識のではなく、時間意識の発達差である。鼓腹撃壌する老人は時間意識の未熟さにおいて実は「狙公の猿」と変わらないのである。

守株待兎（「韓非子」）もやはり時間意識にかかわる。宋の国の農民が畑を耕していた。畑の切り株に駆けてきた兎が触れて、転んで首の骨を折って死んだ。これを見た農民は畑を耕すことを止めて、日々株を守って兎を待った。兎は二度と株に触れず、農夫は国中の笑いものとなった。

この農夫は無償で手に入れた兎肉で「現在の自分」が享受した快楽に居着き、「未来の自分」が高い確率で経験するはずの飢えの苦しみを勘定に入れ忘れた。未来の自分と現在の自分の間に自己同一性を感知できない人間の愚かしさを嗤（わら）うという点で「朝三暮四」と同じ話である。

『韓非子』には「矛盾」という有名な逸話もある。矛（ほこ）と盾（たて）を商っている者がいた。「この盾はどんな矛でもはねかえす」と売り込み、一方「この矛はどんな盾でも突き通す」と売り込んだ。見物人が「あんたの矛であんたの盾を突いたらどうなる？」と訊いたら、商人は黙ってしまった。

話は「その人応（こた）うる能（あた）はざる也（なり）」で終わる。商人は問いに答えられなかった。でも、彼はやりこめられたわけでもないし、おのれの不明を恥じたわけでもない。武器商人が黙っていたのは、見物人の設定した「盾を持つ自分」と「矛を持つ自分」が同一時間において向き合うという状況そのものを想像することができなかったからであると私は解する。

喩え話というのは、ややこしい話を誰でもすぐに分かる話に引き付けて理解の一助とするための方便である。韓非は統治にかかわるかなりややこしい話を論じていた。だから、喩えとして、当時の人なら誰でも知っている笑い話を引いたのである。「守株待兎」も「矛盾」も誰でも知っている笑い話だったということは、韓非の生きた時代には、そういう人たちがまだ身近にいたということである。

例はこれで十分だろう。ここから知れるのは、春秋戦国時代の中国には、時間意識が未成熟である人々が現実にまだまわりにおり、知者たちは、彼らを啓蒙し時間意識を熟成させることが文明史的な急務であると感じていたということである。それはものごとの因果関係や矛盾律は時間意識が熟成しない限り理解できないからである。何より「遅れ」という観念を内面化しない限り、ひとは「超越」という概念を持つことができないからである。

44 時間意識の成熟(1)

私たちは時間のうちで思考する。「因果」も「矛盾」も「確率」も「蓋然性」も「帰納」も、すべて熟成した時間意識を持つ者にしか理解できない。けれども、見た通り、時間意識が未熟で、過去と未来にわたって自己同一性を保つことができない人たちというのは人類史のある時点まではたしかに存在した。だからこそ、紀元前五世紀頃に、時間意識を成熟させることが人類史的に喫緊の課題だと気づいた哲人や聖者たちが世界各地に次々と登場したのである。さいわい、彼らの教化的努力のおかげで、多くの人のうちで時間意識は順調に育てられた。けれども、それは十分なものではなかった。その後も時間意識の未熟な人たちは存在したし、再生産されたし、ついにヨーロッパ文明のただ中において恐るべきかたちをとることになった。ヒトラー主義は「あれほど重要な文化を持つドイツから、ライプニッツとカントとゲーテとヘーゲルのドイツの深層」から出現してきたのである。[23] ホロコーストは、文明の絶頂において、最先端の科学と哲学に領導されるように実行された。いろいろな人が「どうして人間はこれほど愚鈍かつ残忍になれるのか？」を説明しようとした。ある人は人間の獣性によって、ある人は集団心理によって、ある人はイデオロギーによって、これを説明しようとした。カミュは一九世紀と二〇世紀の哲学が「超越」という概念を完全に追い払ったからだと書いている。[24] その中にあって、レヴィナスは時間意識の未成熟がホロコーストをもたらしたというユニークな仮説を立てた。レヴィナスがその着想を得たのは、超越を空間的に表象するという誘惑に屈しない頑なさにおいてユダヤ人が他の社会集団に卓越していたからである。おそらく、レヴィナスの眼には、西欧の人々は二〇世紀になってもなお時間意識が長期にわたる集中的な訓練を通じてゆっくりと成熟してゆく力動的な機能だということをうまく理解できていないように見えたのである。だからこそ、レヴィナスは一九四六年時点のヨーロッパで、最も喫緊の哲学的課題は人々の時間意識の成熟を促すことだと考えたのだ。

私が徴した限り、伝統的な哲学的時間論は、ベルクソンも、フッサールも、ハイデガーも、すべての人間において時間意識や時間の構成の仕方は同じであることを自明として話を進めている。過去がうまく想起できない人間とか、未来をうまく予期できない人間がいることをこれらの時間論者たちは勘定に入れていない。むろん、二〇世紀のヨーロッパには「守株待兎」の農夫や「鼓腹撃壌」の老人のような極端に時間意識が未成熟な人間がまわりには見当たらなかったのだろうから当然と言えば当然である。けれども、そのせいで、哲学的時間論者たちの脳裏には、時間意識の広がりと知性と倫理性の深さは相関するのではないかという仮説が去来することはなかったのではないのか。

例えば、フッサールは『内的時間意識の現象学』において、「人はどのように音楽を聴いているのか？」という問いを素材にして、時間論を始める。

> 第一の音が鳴り始め、それから第二の音が到来し、それから第三の音が到来する。以下同様である。（…）第二の音が鳴り始める時に、私は（…）第一の音はもはや聞いていない。以下同様である。それゆえ（…）知覚においては、私はメロディを聞いておらず、ただ個々の現在的な音を聞いているだけである。メロディの経過し去った部分が私にとって対象的であるのは、（…）記憶のおかげである——と言いたくなるだろう——し、また、私が、そのつどの音が到来した時に、それですべてだ（…）と前提しないのは、先を見越す予期のおかげである、と。[25]

フッサールの言う通り、メロディーも、リズムも、グルーヴも、スイングも、およそ私たちが味わうことのできるすべての音楽的な愉悦は、「もう聴こえない音」がまだ聴こえて（把持 Retention

---

23 EL, p.89
24 Camus, L'homme révolté, *Ibid.*, p.550
25 フッサール、『内的時間意識の現象学』、谷徹訳、筑摩書房、二〇一六年、一〇九頁され）、「まだ聴こえない音」がもう聴こえる（予持 Protention される）という力業抜きにはあり得ない。現前しないものをありありと感知できる能力抜きに音楽は演奏することも鑑賞することもできない。

おそらく人類はその黎明期のある時点で、音楽を奏し、鑑賞する楽しみを知った。その愉悦を高めるためには、「もう過ぎ去った音」をできるだけ長く手元に引きとどめておき、「まだ到来しない音」をできるだけ遠くまで予期する能力が求められる。だとすれば、それは、人類が「存在するとは別の仕方で」われわれに切迫してくるもの、すなわち「死者」という概念を手に入れて葬送儀礼を開始したのとも、「超越者」という概念を手に入れて祈ることを始めたのとも、時期を同じくする出来事だったはずである。音楽を聴くこと、死者を弔うこと、鬼神に事（つか）えること、これらの営みはいずれも「存在しないもの」の働きを生き生きと感知する能力抜きには成り立ち得ない。ヒト科のサルたちのうちではホモ・サピエンス以外には、今のところ、音楽を聴き、演奏するものはいない。それは、人間の他に、死者を弔うものも、鬼神に事えるものもいないのと同じ理由による。

とはいえ、人類はこの能力を一気に完全なかたちで獲得したわけではあるまい。そこには漸進的な進化の階梯があったはずである。音楽についても、音楽を聴き、演奏する能力がなかなか身に付かなかった者が集団の中にはいたはずである。今なら「音感が悪い」とか「リズム感が悪い」とかいう個別的な資質に帰してそれを説明して済ませるだろう。けれども、原理的に言えば、「音楽を聴取できない／演奏できない」ということは「存在しないものをリアルに感知することができない」ということである。死者を悼むことができず、超越者を畏怖することができず、「始源の遅れ」

という概念を理解できないということである。その能力の欠如は、生き延びる上で致命的な欠格条件となるかも知れない。

古代中国の羌族は、殷人によって牛や羊と同じように狩り立てられ、飼われ、生贄に供された。彼らが家畜のような扱いに特段の不満を抱かなかったのは、おそらくこれまでに起きたことを悔やんだり、これから起こることに恐怖を抱いたりする能力（すなわち、時間意識）が欠けていたからであると安田登は論じている。私はこの推理は掬すべき知見を含んでいると思う。

人間の知性と倫理性を構成するのは成熟した時間意識である。時間意識の深さと広がりが知性と倫理性を限界づける。しかし、フッサールは時間意識の構造を解明するために音楽を聴くという経験を持ち出しておきながら、「音楽を享受する仕方には個人差があるのではないか」という問いには関心を示さなかった。

だが、同じ音楽を聴いても、そこから引き出すことのできる音楽的愉悦には大きな個人差があることを私たちは知っている。その曲を長く聴き込んできた聴き手であれば、最初に響いた楽音の記憶と指揮者が最後にタクトを置いたあとの沈黙の予期を結ぶ数十分を、楽音に満たされ、無数の和音が重畳し、無数のリズムが輻輳する分厚く豊かな音楽的時間として享受することができる。音楽的素養が深ければ、さらにその曲がどのような音楽史的源泉からアイディアを汲み出したものか、指揮者や奏者がどのような先行事例を念頭に、どのようにオリジナリティーを創り出そうとしているかまで聴き取ることができる。しかし、そのような訓練を受けていない聴き手が経験できる快楽はそれよりはるかに少ない。楽音を記憶する能力が不十分であれば、ある旋律が前の楽章の旋律の変奏であることも、前節で仕掛けられた問いかけへの回答であることも分からない。楽音を予測する能力が不十分であれば、予測通りの楽音が出現したことを喜ぶこともできないし、予測を微妙にはずした楽音が出現したことに驚嘆することもできない。

この音楽享受能力の差が人間の知的能力全般の差と相関するということを古代の人は直感的に理解していた。だから、古代の人たちは音楽享受能力を上げることを優先的な教育課題に掲げたのである。古代ギリシャ・ローマで教養人の必須科目であった「自由七科」でも古代中国の「君子の六芸」でも音楽を外していない。

白川静の『字通』によれば、「樂」は「柄のある手鈴の形」の象形文字である。「古代のシャーマンは鈴を鳴らして神を呼び、神を楽しませ、また病を癒した」ことに由来する。音楽が宗教的・呪術的な儀礼に不可欠であるのは、「音楽を聴く能力」と「神霊に事える能力・鬼神の切迫を感知する能力」が同根のものだからである。

45 時間意識の成熟(2)

音楽を聴く経験から時間論を語り出しながら、フッサールは音楽享受能力に個人差があるという論件には何の関心も示さなかった。万人に同程度の音楽享受能力があるということがフッサールにとっては前提であった。たしかに二〇世紀ヨーロッパにおいてはそうだったかも知れない。すべての人が具えている（はずの）能力については、「それを持たない人」がどのように思考し、ふるまうかについて想像してみるというようなことをふつうはしない。ヨーロッパでは、クロード・レヴィ＝ストロースの『悲しき熱帯』まで、そのことが本格的な学的主題になったことはない。

フッサールが時間を論じる中で空間的表象を多用したのは、たぶんそのせいである。超越を高い純度において保持しようと望むなら、「空間的に表象し得ぬもの」の取り扱いには最大限の注意が必要だ。その気遣いを忘れれば、われわれは不用意に超越者を「偶像」として表象し、その本質的他者性を毀損することになるだろう。でも、そのような緊張感をもって時間を語る人は多くない。

フッサールはこういう書き方をする。

> その音は始まり、そして終わる。そして、それの全体的な持続の統一性、すなわち、それが始まって終わる出来事の過程全体の統一性は、それが終わったのちには、ますます遠くなってゆく過去に「退いていく」。このように沈降していくなかで、〔しかし〕私はその音をなおしっかりと「保持して」おり、それを「把持」（Retention）のなかでもっている。そして、把持が続くかぎり、その音はそれ自身の時間性をもち、その音は同じ音であり、それの持続も同じ持続である。[26]

フッサールにおいて、時間はある種の「プロセス」として俯瞰的に記述される。「過去把持」と

26　同書、一一〇頁

は、原印象（Urimpression）において「現在」として意識されたものを、それから後も「過ぎ去ったもの」としておのれのうちにありありと保持する働きである。だから、「過去把持」は「原印象」という核に対する「彗星の尾」に喩えられる。美しい比喩だ。今聴こえている音は「以後」の意識流のなかでは「その音はあった、それの持続は経過し去った」というふうに把持される。フッサールはこう続ける。

> 空間のなかで静止している対象の点たちは、私が「私自身を」その対象から遠ざけていく時に、私の意識にとって遠ざかっていくが、これと同様に、時間持続の点たちは私の意識にとって遠ざかっていく。〔しかし、空間的な〕対象はその位置を保っている。同様に、〔客観としての〕音はその時間を保っている。それぞれの時間点は動かない。しかし、意識の遠さにおいては、それは遠くへ逃げ去っていき、産出する今からの隔たりはますます大きくなる。[27]

長い論考の一部だけを引用しているので、意を汲むのがむずかしいと思うけれど、フッサールがここで時間を論じる時に、もっぱら空間的比喩に依存していることは引用だけからでも知れるはずである。時間の経過は「遠ざかる」「動かない」「隔たり」といった一連の空間的表象によって語られる。というより空間的な表象形式でしか語られない。

たしかに時間を語る時、私たちはほとんど常に時間を一望俯瞰できるような時間外的な視座を前提にする。時間の流れの外にあって、時間を一望している超時間的な視座を前提する。その視座から時間流の展開を、あたかも岸に立って、川の水を眺めるように俯瞰している自分を想定する。しかし、そのような特権的視座を仮設して時間について語ることは、果たして適法的なのだろうか。川の水についてならば、それで正しいだろう。川は誰の前にも同じようなものとして流れる。遠くを望むと、上流が見え、反対側に視線を向けると、河口が見える。その風景は、誰にとっても違いはない。けれども、時間の流れの場合は違うのではないか。時間意識が未成熟な人の前を流れる「川」と、時間意識が熟成した人の前を流れる「川」は同じものではないからである。そこには「川」という包括的な名詞で指称できるような「もの」は存在しない。

時間意識が未成熟な人の前を流れる「川」は、喩えて言えば、幅数十センチの暗渠を覗き込んだ時に見える水流のようなものだ。水は暗い穴から流れ出て、一瞬のうちにまた暗い穴に消えてゆく。見ている人には、流れを遡ることも、流れを追うこともできない。たしかに「現在」はありありと経験されていると言えるだろう。けれども、その由来を把持することも、その行く末を予持することもできない。音楽享受能力を欠いた人が聴く音楽というのは、そのようなものだ。「現在音」の継起はたしかにリアルに経験されるのかも知れないが、果たして、過去も未来も欠如したそれを「音楽」と呼んでよいのか。一方、音楽を豊かに享受する能力を具えた人にとっての「川」は、その水源の細流から、河口から流れ出る海原までを含んでいる。だとすれば、彼らがいずれも同じ「川」を一望俯瞰しているという設定で時間について語ることは、適法的だとは言えないのではな

---

27 同書、一一三頁

いか。

音楽について言えば、享受能力に個人差が存在することに異議をさしはさむ人はいないと思う。しかし、そこから出発して、もしかすると時間意識にも個人差があるのではないか、人間たちは、こう言ってよければ、ひとりひとりが別の時間を生きているのではないか、ある種の開明的な努力によって時間意識は熟成してきたのではないか、あたかもわれわれ全員が同じ時間を生きているように思い込むのは、ある文明史的段階に達したことの帰結ではないか、なんらかの歴史的条件が変化した時に時間意識の未成熟な人々たちが再び登場してくるということはあり得るのではないか、その人たちは「現在／現前」のうちに深く安らぎ、「外部／他者」というものを想定することができないのではないか……、というような一連の問いを立てる人は、ふつういない。

しかし、レヴィナスは「ふつうの」哲学者ではなかった。レヴィナスはいわば、これらの問いを、時間をめぐる本質的な問いとして引き受けたのである。

時間は空間的に表象することはできない。時間は超越の経験だからである。そして、超越の経験とは、一人一人にとってその深みを異にする。ほとんど別ものといってよいほどに異にする。そして、熟成した時間意識を持つ者にとって、超越者の超越性は際立ち、他者の他者性は際立つ。

時間意識についての話はここまでにして本文に戻ることにしよう。私たちは「他者とは、例えば、弱者であり、貧者であり、『寡婦であり孤児』であり、それに対して、私は富者であり、強者なのである」というすぐれてレヴィナス的な一節の前で足踏みをしていたのである。この引用の少し前の行にレヴィナスはこう書いていた。

> 他者性は非相互的な関係として、すなわち同時間性と際立った対照をなすものとして立ち現れる。[28]

「同時間性」(contemporaneité)という術語の含意は一読しただけではよく分からない。しかし、他者と私は時間を同じくするものではないというふうにこの術語を解するならば、少しだけ理解は進む。

他者と私は同じ時間を生きているわけではない。私と他者は「同時間性」という共通の祖国を持っていない。だから、そこを足場にして、他者との関係を構築することはできない。私が他者と共有できるものはむしろこの「できない」ということである。

私と他者は「同時間性」を足場にすることはできないが、未来の未知性、その根源的他者性を前にして「できない」という不能を共有している。この「できない」者たちの関係は「共に」ではない。真理であれ、同時間性であれ、主体と他者は何も「共に」することができない。しかし、「何も共にすることができない」という不能の様態においてなら向き合うことができる。

私は「共通の祖国」を持たない他者と、真理を前にして「共に」あることはできないけれども、

28　TA, p.75

顔と顔を向き合わせることはできる。それは被造物が神と「共に」あることはできないけれど、顔と顔を向き合わせることはできるという事況と同じである。そして、その対面状況において、他者はその絶対的他者性を損なわれることなく、主体の前に立ち現れ、主体にとって時間が流れ始める。

未来との関係、未来の現在のうちへの現前は、やはり他者との顔と顔を見合わせた対面（face-à-face avec autrui）のうちにおいて成就するもののように思われる。その時、対面状況が時間の成就そのものとなるはずなのである。現在が未来のうちに少しずつ浸食してゆくのは主体単独の営為ではない。そうではなくて、間主観的関係なのだ。時間の条件は人間同士の関係のうちに、あるいは歴史のうちにある。[29]

対面状況において時間は成就する。顔と顔を向き合わせた時に時間は成就する。それはどのようになされるのか？　私たちは最も核心的な問いに近づいてきた。

46　応答責任（1）

現在／現前の変容態として過去と未来を把持する思考の習慣を捨てること、過去については、かつて一度も現在になったことのない過去を、未来についてはついに現在になることのない未来を受け入れること、未来において、いかなる先取りとも、いかなる予測とも、いかなる飛躍とも無縁なものを未来として引き受けること、未来についてのこのような考え方から出発して時間を理解すること、それは時間を「不動の永遠性の可動的な像」のようなものとして把持することを決してしないということである。[30]

未来は予測不能であり、絶対的に他なるものであり、かつ絶対的に新しいものである。私たちは現在のうちに未来の等価物を見出すことができない。未来を把持するすべての手がかりが私たちには欠けている。この「ないない尽くし」の果てに私たちははじめて「時間の現実性」を理解する手がかりを見出す。

他者の他者性はただ「違う」という事実認知的なものではない。それは主体の応答責任を起動させる他者性である。他者は「弱者であり、貧者であり、『寡婦であり孤児』であり、それに対して、私は富者であり、あるいは強者なのである。」

ここにはたしかに論理の飛躍がある。貧者と富者は「違う」し、弱者と強者は「違う」。それは分かる。けれども、他者と私が「違う」ということから、私が構造的に富者であり強者であるということを論理的には導くことはできない。それをあたかも自明のことであるかのようにレヴィナスは書く。だが、その「論拠」はここまで一度も証明されたことはない。「寡婦と孤児」についての

29　TA, pp.68-69
30　TA, p.71

言及はこれが初めてであるが、この二語をあえて括弧に入れて強調したことによって、私たちはレヴィナスが『聖書』を参照することを求めていることは分かる。「寡婦と孤児」についての最も有名な聖句はモーセが山から下りて、民に告げた神の戒律のうちに見ることができる。

> 在留異国人を苦しめてはならない。しいたげてはならない。あなたがたも、かつてはエジプトの国で、在留異国人であったからである。
> すべてのやもめ、またはみなしごを悩ませてはならない。
> もしあなたが彼らをひどく悩ませ、彼らがわたしに向かって切に叫ぶなら、わたしは必ず彼らの叫びを聞き入れる。[31]

ここでは異邦人、寡婦、孤児への配慮を神は民の義務として命じている。『申命記』では表現が少し違う。

> イスラエルよ。今、あなたの神、主が、あなたに求めておられることは何か。それは、ただ、あなたの神、主を恐れ、主のすべての道に歩み、主を愛し、心を尽くし、精神を尽くしてあなたの神、主に仕え、あなたのしあわせのために、私が、きょう、あなたに命じる主の命令と主のおきてを守ることである。（…）あなたがたの神、主は、神の神、主の主、偉大で、力あり、恐ろしい神、かたよって愛することなく、わいろを取らず、みなしご、やもめのためにさばき

を行い、在留異国人を愛してこれに食物と着物を与えられる。[32]

よく読んで欲しい、ここには「主を恐れ、愛し、仕えること」は人間の行いであるとされる一方で、寡婦孤児のために「さばきを行う」ことは主のわざであると記してある。異邦人・寡婦・孤児を気づかうことは主の専管事項なのである。ただし、ユダヤ人たちの一神教では、神に代わって、神の不在に耐えて、神の支援抜きで、神の事業を行うこと、それが信仰を持つ者のつとめであるという考え方をすることはこれまでも述べてきた通りである。

神が自ら勧善懲悪の裁きを下す世界では、人間は霊的に成熟することができない。神が全能の世界では、人間は、仮に目の前で悪事や非道が行われていても、異邦人や寡婦や孤児が目の前で困窮していても、それを看過する。神の所轄する事業に人間が賢しらな介入をする必要はないからである。だから、神が人間に代わって善を行い、悪を罰する世界では、人間は善悪について考えることも行動することもしなくなる。これが一神教の抱える根源的なアポリアである。ユダヤ人たちはこのアポリアを、神による天上的な介入抜きでこの世界に正義と慈愛をあらしめる責任をおのれの双肩に感じる者が霊的な意味での成人であると定義することによって解消した。

今私の眼前にいる他者は私の理解も共感も絶している。彼は私の世界における「異邦人」である。

---

31 『出エジプト記』二二・二一－二三

32 『申命記』一〇・一二－一八

私は彼の発する語を解せず、その習慣に通じず、そのふるまいの意味も、その出自も目的地も知らない。けれども、私は周囲の人に理解されず、共感も示されず、虐げられるというのがどういうことであるかは知っている。それは私たちがかつてそれをエジプトの地で経験したからである。異邦人を理解することはできないが、異邦にあって理解されないことの苦しみは理解できる。他者の心のうちは理解できないけれど、他者が飢えていること、寒さに震えていることは理解できる。だから、他者と対面した時の最優先の仕事は「食物と着物を与える」ことになる。他者は主体にとって観照の対象ではなく、具体的な配慮の対象である。

他者を前にした時には、「この人は何ものだろうか?」という問いは優先的なものではない。他者はそこに「他者」として登場したという事実そのものによって、私の世界においては「異邦人」、「寡婦」、「孤児」というステイタスにある。他者はつねにその飢えと寒さを気づかうべきものとして登場する。その具体的な配慮を介してはじめて他者はその他者性・未知性を毀損されることなく、私との「顔と顔を向き合わせた」関係のうちに登場してくるのである。

命題としてそのように記述することはできる。でも、記述することができるということと「腑に落ちる」ということはまるで別のことである。「腑に落ちる」ためには、この言明が私たちの身体実感にどこかで触れなければならない。だが、私たちはまだそこにまで至っていない。

> 間主観的空間は対称的なものではないだろう。他人が外部的であるのは、単に概念的には同一であるものがたまたま空間的に隔てられているからではないし、空間的な外部性によって表

現される概念に基づく何らかの差異によるのでもない。他者性の関係は空間的でもないし、概念的でもない。[33]

他者性の関係は、空間的に表象できず、概念的に把持できない。それは分かった。では、どうしたらいいのか。

デュルケームが「他人が私自身よりも道徳的行為の目的であるのはなぜか？」を問うた時、彼は他人の特殊性を見落としていた。慈愛と正義の間にある本質的な差異は、慈愛は他人を優先するが、正義の観点からするならば、いずれかを優先するということは不可能であるということに由来するのではなかろうか？[34]

デュルケームの名が出てきた。これはおそらく『道徳教育論』の次の箇所を念頭にしたものと思われる。デュルケームは、「私と同じような他人」の利害を私自身の利害よりも優先的に配慮するためにはどのような理由づけが可能かについて、そこでこんなふうに問うているからだ。

33 TA, p.75
34 TA, pp.75-76

私と同じような（…）人間である他人の健康や知性が、私にとって、私の健康や知性よりも何故に尊いのだろうか。人間は、平均して、ほとんど同じ水準にあり、人間の人格はどれもこれもみなほぼ同じで、いわば互いに交換し合えるものである。それゆえ、もしも私の人格を維持し、これを発展させるためになされる行為が道徳的でないとするなら、同じ行為でも、他人の人格を目的とするというだけで、何故に道徳的な行為となりうるのだろうか。何故に、一方が他方に比べてより高い価値を持つのだろうか。[35]

この問いにデュルケームはかなり散文的な答えで応じる。私も他人も「ほぼ同じ」であるから、いずれを優先しようと、それを道徳的な行為と呼ぶことはできない。

われわれは、個人間の献身的行為としての自己放棄というものの中には、道徳的行為の典型を認めることができないのである。われわれが求めている道徳的行為の基本的性格はもっと別の所にあるはずである。[36]

それは個人のうちではない。自己放棄的な行為の受益者が、私であれ他人であれ、個人である限り、それは「道徳的」とは言われない。ある行為が道徳的であると呼ばれるのは、それが「超個人的」（supra-individuelles）である限りである。

ところで、個人のほかにあるものといえば、諸個人の結合によって形成される集団、すなわち社会をおいて外にはない。それゆえ、道徳的目的とは、社会を対象とするところのそれであり、道徳的行為とは、集合的利益のために振る舞うことである。[37]

レヴィナスはこの結論を「デュルケームは他人の特殊性を見落としていた」という一言で退けるのである。

47 応答責任(2)

デュルケームは「人間は、平均して、ほとんど同じ水準にあり、人間の人格はどれもこれもみなほぼ同じで、いわば互いに交換し合えるものである」というところから出発した。それゆえ、道徳的行為とは「集合的利益のために振る舞うことである」という「合理的」な結論に達した。レヴィナスはそれとは違う考え方をする。他者とは異邦人だからである。他者と私との間には共通する「集合的利益」というようなものはない。私たちは絶対的に交換不能である。レヴィナスはこう言明している。

35 エミール・デュルケーム、『道徳教育論』、講談社学術文庫、麻生誠他訳、二〇一〇年、一二五頁
36 同書、一二六頁
37 同書、一二七頁

絶対的に「他なるもの」、それが「他者」である。それは私と同じ度量衡をもっては計量し得ぬものである。私が「あなた」(tu) あるいは「私たち」(nous) と言う時の集団性は「私」(je) の複数形ではない。私、あなた、それはある共通概念の個体化したものではない。所有も、度量衡の一致も、概念の一致も、私を他者に結びつけない。共通の祖国の不在、それが「他なるもの」を「異邦人」たらしめている。異邦人はわが家の平安を乱すのである。[38]

他者が異邦人であるということは私たちにも分かる。言葉も宗教も生活文化も異なる異邦人と対面して、なすところなく立ち尽くしたという経験は私たちにとってごく日常的なものだからだ。けれども、そこから「私とこの他者の間には根源的な非対称性がある。他者は弱者であり、貧者であり、寡婦であり、孤児である。私は富者であり、強者である。それゆえに、私は他なるもののためにその身代わりとなる有責性を負っている」という言明に至るまでには乗り越え難い論理の飛躍がある。**この言明を裏付けるような経験的確信を私たちは持っていない**し、いかなる合理的な推論もこのような結論を導くことはないからである。

きわめて博愛的な人物が他者に向けてそのような仕方で歓待するということは、たしかに事実のレベルではあり得るだろう（世の中にはいろいろな人間がいる）。けれども、そのような例外的事実から一般的真理を導くことはできない。私たちはどこかで論理的な深淵を飛び越える必要がある。有責性について、レヴィナスはポワリエとの対話の中でこう説明していた。

> 明らかにしておかなければならないのは、ユダヤの民が選ばれてあるというのは、有責性の過剰として、他の人たちに対してよりおのれ自身により多くを求める有責性の過剰としてつねに観念されてきたということです。（…）有責性という言葉で私は〈自我〉から他なるものへの、唯一無二のものとしての他なるものへの関係を、他なるもののためにその身代わりとなる有責性として、もう無関心ではあり得ないこととして、愛として、語ってきました。（…）それは唯一無二のものとしての他者の極限的重要性のことです。その唯一無二性によって隣人は私にとってまさに一個の他なるものであるのです。それは私たちを一つに結びつける共通の種属から切り離されているという意味での唯一無二性です。[39]

私が実際に荒野に幕屋を設営している時に、飢え、渇いた遠来の旅人が幕屋を訪れた場合には、その人の属性を問わず、理解や共感や同族意識というようなもの抜きで、私はその人を歓待する義務を感じるだろう。そのようなふるまいの方が長期的には合理的だからである。私もいずれ高い確率で、どこか見知らぬ土地を、飢え、渇き、あてもなくさまようことになる可能性がある。その時に、たまたま訪れた幕屋の主人が博愛主義的でオープンマインデッドな人物であれば生き延び、そ

38 TI, p.28
39 EL, p.137

うでない場合は窮死するということでは困る。私たちの経験知は「ふつうの人間はそれほど博愛主義的でもオープンマインデッドでもない」と教えているからである。だから、「いついかなる場合でも異邦人は歓待されなければならない」というルールにあえてつよい規範力を与える必要がある。そうである方が荒野に暮らす人々にとっては生存戦略上有利だからである。歓待の義務を規範として受け容れた方が、そうしない場合よりも長いタイムスパンでは自分が受け取る利益が大きい。これがデュルケームの「互換性」の理路である。利他的にふるまう方が「集合的利益」を確保できるから私たちは他者を気づかうのだ、と。

たしかにそういうふうに考えれば、他者を歓待する義務を合理的に基礎づけることはできる。ただ、この場合の歓待を正当化するのは互恵性であり、それは「人間は、平均して、ほとんど同じ水準にあり、人間の人格はどれもこれもみなほぼ同じで、いわば互いに交換し合えるものである」という前提に基礎づけられた道徳である。

しかし、レヴィナスはそんな話をしているのではない。レヴィナスは「他者と私は互換不能である」という前提から歓待の義務と有責性を導こうとするのである。

そもそも私たち自身は荒野の住人ではない。「都会だって一種の荒野である」というふうに比喩的に言うことはできるし、「隣人と言っても異邦人のようなものだ」と言うことはできるかも知れない。だが、私たちの中に「あなたには異邦人を歓待する義務がある」と言われて、ためらわず頷く人がどれほどいるだろうか。

「他者を歓待せよとレヴィナスは言っている」で話を済ませる哲学研究者もいる。それが自分の腑に落ちるとか、自分にとって実現可能であるかとかいうこととは無関係にレヴィナスの理説を祖述することはできる。けれども、私はそう簡単に話を済ませるわけにはゆかない。経験的には容易に受け入れがたいこの倫理的命令をたしかなものとして基礎づける理路を私は見出したい。なぜなら、私は荒野の住人でもないし、ユダヤ人でもないからだ。

ユダヤ人は「神に選ばれた民」であるからそのような有責性の過剰を引き受けねばならないというレヴィナスの言明に、きっぱりと反論するユダヤ人はたぶんいないと思う（心の中で思っても公言することは自制するだろう）。聖書に「そうしろ」と書いてあるからだ。そう書いてある以上、そのようなふるまいをユダヤ人に求めることは適法である。

けれども、ユダヤ人にとって「有責性の過剰」が義務として観念されているということが歴史的事実として、あるいは宗教的戒律としてあり得たとしても、そこからその義務が人類一般に適用されねばならないという結論を導くことはできない。そして、もちろんレヴィナスはユダヤ人や遊牧民「限定」のではなく、人間一般の倫理について話しているのである。現にレヴィナスはこう述べている。

> 私たちは街角でばったり出会った人に対してさえ有責です。この有責性は譲渡不能であり、この忌避し得ぬ有責性の、誰も私に代わってそれを引き受けることができないという特性が、最終的に、私の代替不能性、かけがえのなさとなるのです。私は直接的に有責です。有責なのは私であって、他者ではありません。そして、この「私であって他者ではない」ということが、

私がかけがえのない存在であり、私がその責めを負う他者もまたかけがえのない存在であるような世界を構築するのです。私はこの有責性において他者の身代わりとなります。私は彼の人質です。彼に対していかなる罪も犯していないにもかかわらず有責であり、彼が私にとって何ものでもないにもかかわらず、あるいはむしろ彼が私にとって何ものでもないがゆえに、私は有責なのです。[40]

レヴィナス自身も絶対的他者性を「認知すること」と異邦人・寡婦・孤児を「歓待すること」の間には論理の飛躍があることは分かっていたと思う。でも、レヴィナス個人にとってはここには飛躍はなかった。それはレヴィナスにとって、生々しい実感だったからである。

リトアニアに生まれ、ロシア革命でユダヤ人迫害に苦しめられ、ドイツとフランスで学び、フランス兵として捕虜になり、多くの親族を強制収容所で失ってパリに戻ってきたレヴィナスは、ほとんどつねにどこにおいても「異邦人」であった。彼の妻子はゲシュタポがユダヤ人狩りをしていたドイツ占領下のパリで文字通りの「寡婦・孤児」であった。だから、レヴィナスにとって、「他者は異邦人、寡婦、孤児であり、彼らを歓待することは『私』の責任である」という有責性についての命題は命がけのものであった。

私たちはレヴィナスを読みながら、つい自分を幕屋の主人に擬して、遠来の旅人を「歓待するか／しないか」という道徳的な問題を自分に向けるが、レヴィナスは違う。彼は荒野で飢え、渇き、寒さに震える異邦人の立場から他者論を語っているのである。でも、私はレヴィナスその人ではない。この断絶をどう架橋することができるのか。

48　応答責任(3)

『時間と他者』に戻る。私たちはこんな問いを前に立ち止まっていた。

デュルケームが「他者が私自身よりも道徳的行為の目的であるのはなぜか？」を問うた時、彼は他者の特殊性を見落としていたのである。慈愛と正義の間にある本質的な差異は、慈愛は他者を優先するが、正義の観点からするならば、いずれかを優先するということは不可能であるということに由来するのではなかろうか？[41]

正義（justice）と慈愛（charité）は人間の住む世界をより人間的なものたらしめるための二つの原理である。この二つの原理のどちらが欠けても、私たちの世界は救いがたい無秩序のうちに崩落する。けれども、この二つの原理の間には「本質的な差異」がある。

それは慈愛においては、つねに「他人が優先される」ということである。慈愛は考量や比較を伴

40　EL, pp.127-8
41　TA, pp.75-76

わない。いずれに理があるとか、いずれを救うことに緊急性があるとか、そういう計算は慈愛にはない。その点が正義との違いである。

慈愛とは、装飾をすべて引き剥がして言えば、目の前で今苦しんでいる人、受難している人への「共苦」(compassion)の感覚のことである。私たちが熟知している言葉を使えば「惻隠の心」である。

「人皆、人に忍びざるの心あり」(『孟子』・公孫丑章句上)。人は他人の苦しみを見過ごすことができない。小さな子どもが井戸に落ちかけているのを見たら、人は手を差し出す。子どもの親と懇意になろうとか、朋友の称賛を得ようとかいう計算があってのことではない。「惻隠の心なきは人に非ざるなり。」何も考えずに子どもを救うのである。

誰でも知っている成句だが、孟子がここで「孺子」(子ども)を喩えに出したことは偶然ではあるまい。というのは、「子どもが苦しんでいれば私は救う」という命題の逆は「私が救うのは苦しんでいる子どもである」というものになるからである。

もちろん、そんな言い換えは論理的には成立しない。しかし、共苦の感覚より発して、計算もなく、本能的に、誰かに救いの手を差し伸べてしまうことがあったとしたら、その相手は、仮に生物学的に成人であったとしても、私にとっては「子ども」であるということはないのだろうか。

「惻隠の心」が発するのは、相手を視認して、それが子どもだと判断した後ではない。相手は井戸に落ちかけているのである。正確な年齢確認ができるだろうか。ある年齢以上の者であると判断したら出しかけた手を引っ込めるということがあるだろうか。「惻隠の心」は救う相手の条件によって発動したりしなかったりするわけではない。今私の手元にあるものを差し出すことで苦しみから救うことができる他者はつねに「子ども」として観念されるということである。

論理的には無理筋だが、私の経験的実感はこの命題を支持している。

レヴィナスが「他者はつねに寡婦、孤児、異邦人である」と書いたことと孟子の「惻隠の心」の間にそれほどの懸隔はないように私には思われる。「惻隠の心は仁の端なり」というのが本当なら、人間の人間性の起点はそこにある。それを同種の幼体の危機に際会したら、とっさにそれを救おうと本能的に行動することと解してはならないだろう（そのような行動は「種の保存」という合理的な法則で説明できる。そして、同じふるまいは人間以外の動物たちにも見ることができる）。人間に際立った人間性なるものがあるのだとすれば、自分が手持ちの資源を投じれば救うことのできるものを見ると、仮にそれが自助能力を具えた成人であっても、あるいはまったく理解も共感も絶した異族であっても、「将(まさ)に井(せい)に入らんとする孺子(じゅし)」に見えてしまうという能力がそれである、と。

ポワリエとの対話の中で「どのようにして他の人に接近してゆくことが可能なのでしょうか？」という問いに対して、レヴィナスは「接近する」(aborder) という動詞の他動詞性にやや苛つきながらこう答えている。

> 「接近する」とはどういう意味なのでしょう？　あなたはどんなことがあろうと、他者に対して無関心であることができません。どんなことがあろうと、独りぼっちではないのです。たとえあなたが無関心な態度をとろうとしても、その時はすでにそのような態度を採択する責務を

負うているのです！　他者はすでにあなたの中に深く食い込んでいるのです。あなたは他者があなたに呼びかけたからこそ彼に応答しているのです。他者はあなたに関わっているのです。[42]

ここでレヴィナスは「態度を採択する」という時に adopter という動詞を使っている。この動詞の古義は「養子にする／家族同様に扱う」である。「採用する」はそこからの派生的な語義である。だから、この文を古義に従って読むと、「たとえあなたが無関心な態度をとろうとしても」に続く部分は「あなたはすでに彼を養子に迎える義務を負っているのです」（vous êtes déjà obligé de l'adopter）と「誤訳」することができる。

レヴィナスを長く読んできた方はご存じだろうが、レヴィナスは動詞の選択においては語義の一意性を求めない。むしろ、できるだけ多義的な解釈を許す動詞を選好する。ヘブライ語ではすべての動詞が三つの字母からなる祖型を持ち、タルムードの解釈学は、その祖型から派生するすべての語はその本義に立ち戻って解釈されねばならないとする。このルールはレヴィナスのテクスト戦略のうちに深く浸み込んでいる。だとすれば、レヴィナスがここで adopter という動詞を古義とまったく無関係な語義で用いたと考えることの方がむしろ不自然である。この「誤訳」に基づいて読むならば、「他者とかかわるということは、すでに他者をあなたの家族として、あなた自身の孺子として、受け容れているということである」という命題が透けて見える。

他者はまず他者として私の前に現れる。それとどう交渉するか（接近するか離れるか、受け容れるか排除するか）は主体の側が決断するという枠組みそのものをレヴィナスはここで退けているのである。他者が私の目の前に登場する時、それはそのつどすでに「将に井に入らんとする孺子」なのである。だから、私は他者にどう応接したものか、博愛的にふるまうべきか利己的にふるまうべきかを選択することができない。私はすでに「彼を養子に迎える義務を負っている」からである。どうして私が他者を、歓待の責務を負う「寡婦・孤児・異邦人」として遇さなければならないのかについて、主体にはことの当否を思量する暇が与えられていない。今日の前で井戸に落ちようとしている子どもを見ながら、「なぜ私がこの子を救わなければいけないのか」を思量する暇が与えられていないのと同じように。

おそらく人間の人間性のまさにその始点には、この論理的な無理がねじ込まれている。

レヴィナスは道徳の基礎づけにおいてデュルケームの説明を退けた。人間は「集合的利益のために道徳的にふるまう」のではなく、むしろ「道徳的にふるまうことを知ったせいではじめて集団的に生きることができるようになった」というのがことの順序だ、そうレヴィナスは考えたのだと思う。ことの順序が逆なのだ。他者から援助を求められた時に、これに応答するか無視するかを自己利益に基づいて判定するような「私」があらかじめ自存しているわけではない。他者に呼びかけられて応答した者がはじめて「私」と名乗る権利を手に入れるのである。呼びかけに応答したことによって「応答をなし得るもの」としての主体が誕生するのである。孟子の「孺子」に対する、レヴ

---

42 EL, pp.109-110

ィナスの「寡婦・孤児」に対する有責性の理路を私はそんなふうに解する。その理路なら、ユダヤ人ではない私にも分かる。

ポワリエはまだそのあたりの論理の順逆がよく呑み込めていないので、いささかずれた質問を続ける。

> どうやって他人に近づいてゆくことができるのでしょうか？　愛によってでしょうか？

それにレヴィナスはこう答える。

> その言葉を使いたければ、そう言っても構いません。ただし、その言葉が引きずっているすべての文学的装飾を削ぎ落してから、という条件がつきますけれど。「無関心ではいられないこと」（non-différence）という言葉に、他人との情緒的かかわりという意味もあるならば、そこには愛の志向が予見されるかも知れません。また今申し上げたように、かかわりのある存在への有責性という意味もあるかも知れません。そのような意味をふまえてあなたが愛という言葉を使っているのであれば、そういったことはすべて愛のうちで開花すると申し上げてよいでしょう[43]

ただし愛には一つの条件がある。それは「唯一無二のものとの関係」だということである。

愛の原理が教えるのは、他なるものは、それが愛されているものである限り、私にとって世界で唯一のものだということです。それは愛の感情が溢れて来ると、ある他者が唯一無二のもののように幻想的に見えてくるということではありません。そうではなくて、唯一無二の人というものを観念できるからこそ、そこに愛が生まれるということです。[44]

49　応答責任(4)

異邦人が私の「幕屋」を訪れて、一宿一飯を乞うた時、私たちはつねに彼を歓待することができるだろうか。難しいと思う。そのような判断をつねに下せるほど私たちは理性的でも倫理的でもない。私たちは高い確率で決定的な局面で「誤った判断」をする。どうしたらいいのか。

方法は二つある。一つは「規範がそれを命じるから」という仕方で応接すること。これなら瞬間的に反応できる。「あなたの幕屋を訪れたすべての人を歓待しなさい」という規範が「外付け」されていて、私の日常の挙措のすべてについて事細かに取り決めているなら、私は個別的なケースについていちいち判断を下す必要がない。現に多くの宗教が「他者を歓待すること」を戒律として定

43　EL, p.110
44　EL, p.110

めている。それは、戒律の支えなしに、他者を歓待する倫理的責任を独力で構築することができる人間は稀であるということを知っているからである。

けれども、そのような宗教的戒律を持たない人たち（人類の過半はそうだ）が倫理的にふるまうためには、どうすればいいのか？　言い方を換えれば、神を信じていない人たちを神の命じた戒律に従う人たちと同じようにふるまうようにさせるためにはどうしたらいいのか？　レヴィナスにとってはまさにこれこそが喫緊の哲学的課題だった。

言い換えると、それは「他者を歓待すること」についての非宗教的な戒律は存立し得るか、ということである。政治的弾圧や宗教的迫害によって住むところを追われ、異郷をさまよっている「赤貧」の他者をどう歓待するかという、すぐれて具体的な問題である。この問題を「歓待する側の善意や良心」によって解いてはならないとレヴィナスは考える。「善意や良心」以外のもの、それ以上のものによって歓待は基礎づけられなければならない。

これは今の時代にわれわれが直面している「移民・難民」の問題とまったく同一の問いである。この困難な問いにレヴィナスが出した回答は、「他者とはそれがあなたの前に登場した時に、すでにあなたの眼に『歓待すべき寡婦・孤児・異邦人』として映る者のことである」という「他者」定義そのものの書き換えであった。ニュートラルな他者がまず出現して、それをいかなるものとして認識するのかは主体が自己決定し、その認識に基づいて、他者を追い払うか受け容れるかを主体が決定するという経時的プロセスそのものを、レヴィナスは退けたのである。

ここにはたしかに「論理の無理」がある。けれども、「無理」なしには先に進めないような条理がこの世にはある。他者に呼びかけられた時、これに応答するか無視するかを自己利益に基づいて判定する「私」があらかじめ自存しているわけではない。呼びかけに応答したことによって、「応答をなし得るもの」としての主体は事後的に成立するのである。

問題は順序なのである。それが決定的に重要なのだ。論理学を使っている限り、「論理の無理」を呑み込んでもらうことができない。私たちに使えるのは時間だけである。両立し難いものを両立させるために私たちは時間に支援を求めるのである。

レヴィナスがここで「慈愛」という概念を時間論の足場として呼び出したのは、時間という補助線を入れないと「慈愛」と「正義」を両立させることができないと知っていたからである。逆から言えば、「慈愛」と「正義」が何であるかが分かれば、時間がいかなる働きをするものであるかが分かる。というのも、慈愛と正義は孤立した、単独の、無時間的な主体にかかわることがらではなく、時間の中で展開する主体と他者の関係そのものだからである。

慈愛とは「他者を私より優先的に配慮すること」である。この定義には異論をはさむ人はいないだろう。けれども、「他者の利益」と「私の利益」を天秤にかけて考量した末に「他者の利益を優先した」場合、それを慈愛の実践とは呼ばない。慈愛は、「惻隠の心」と同じく、計量的な判断に基づいてなされるものではないからだ。

つまり、「荒野の私の幕屋を異邦人が訪れる」という状況設定そのものが間違っていたのだ。そうではなくて、異邦人が訪れた時にはじめて私はおのれが「荒野の幕屋の主」であることに気づくという順序でものごとは生起しているのである。この時間的転倒なしには絶対的慈愛は基礎づけることができない。「一夜の宿をお貸しいただけますか？」という懇請を聴いた時にはじめて私は「一夜の宿を提供することのできる者」として立ち上がる。その懇請を拒むことはおのれの主体の存立条件そのものを否定することになる。

複式夢幻能のいくつかは「諸国一見の僧」が寂しい場所で日が暮れて、土地の人に一夜の宿を乞うところから始まる。その時宿の主は必ず一度は断る。あまりに見苦しくて、とても人を泊めるような場所ではないというのである。僧が重ねて乞うと、主はその懇請を受け入れる。物語はそこから始まる。

『松風』の僧が、日暮れて須磨の浦なる「海士(あま)の塩屋(しおや)」の前に立ち止まると、夕暮れの海岸を叙景するシテとツレの静かな謡が始まる。この二人の海士はこの時点ではまだ何ものでもない。海と波と月と雁千鳥(かりちどり)の鳴き声と野分汐風(のわきしおかぜ)の風の音がただ「写生」されるだけである。そこで謡っており、謡われているのは、須磨の浦の自然そのものなのである。二人の海士が人間としてのリアリティーを獲得するのは、僧の求めに応じて塩屋のうちに招じ入れた後である。朽ち果てた旧跡を僧が「逆縁ながら弔」った時に、いわば彼の祝福を受けて、二人の海士は現勢化する。海士は僧が二人の霊を弔い、一夜の宿を乞うた時に、彼の懇請を通じて出現したのである。だから、海士の懐旧の物語が終わり、夜が明けると、彼女たちはもとの自然に戻る。「須磨の浦かけて吹くや後ろの山(やま)颪(おろし)。関路(せきじ)乃鳥も声々に夢も跡なく夜も明けて。村雨と聞きしも今朝見れば松風ばかりや残るらん」

ここには「懇請と歓待」についての太古的なアイディアが語られている。

50　エロス（1）

他なるものは、それが愛されているものである限り、私にとって世界で唯一のものだということですというレヴィナスの言葉を受けて、ポワリエはこう問う。
「でも、すべての他人はそれぞれにかけがえのないものです。しかし、私たちはすべての人を愛することはできません……」[45]それにレヴィナスはこう答えた。

私が「倫理の秩序」あるいは「聖性の秩序」あるいは「慈悲の秩序」あるいは「愛の秩序」あるいは「慈愛の秩序」と呼ぶ境域においては、他の人間は、その人が人間の集団のどこに場を占めているのかということとはかかわりなく、私に直接かかわってきます、（…）隣人として、最初に来た人として。[46]

慈愛の秩序、慈愛の境域においては、他者はその社会的な属性とはかかわりなく、つねに「最初に来た人」（le premier venu）として私にかかわる。他者は「隣人」（prochain）という距離的な近接

45　EL, p.110
46　EL, p.110

性とは別の、時間的な先行性において私のもとに到来する。

その時その人は唯一無二のものとしてそこにいたのです。彼の顔のうちに、私は私あての呼びかけを読み取りました。彼を放置してはならないという神の命令です。[47]

神の命令（l'ordre de Dieu）というのは、私たちには使うことが許されていない言葉である。私たちは今戒律抜きの慈愛の基礎づけをしているところだからである。しばらくはその不自由さに耐えなければならない。

レヴィナスによれば、私たちは慈愛の秩序のうちにとどまることができない。他の人間たちは複数存在するからである。私たちは「すべてのひとを同時にかけがえのないものとして愛する」ということができない。現実には、私たちは他者たちに優先順位をつけ、誰をまず愛するかについて判断をしなければならない。

ここで選択の問題が出てきます。（…）誰が際立って他なるものであるかを特定しなければならない。評価（ratio）の問題です。判断の要請です。「かけがえのないものたち」（uniques）の間で比較を行うという要請が、彼らを共通の属性のうちに還元するという要請です。これが始源の暴力（première violence）、すなわち唯一性（unicité）に対する異議です。[48]

他者が一人だけであれば、その人を隣人として、「最初に来た人」に見立てることはできる。けれども、他者が次々と登場してきた時に、そして、そのそれぞれが他の他者たちの他者性を否定して、「私こそが際立って他なるものである」と名乗った場合に、私はいったい誰を「最初に来た人」に認定したらよいのか。この途方もなく困難な問いを前にした時に正義＝裁き（justice）という観念が要請されることになる。

おそらくこの時に客観性と社会秩序（と無秩序）という観念が誕生し、もろもろの制度と、国家と、正義の制度に必要な国家の権威が誕生するのです。そして、まさにこれらのものが登場することによって、正義の母胎である始源の慈愛は限界づけられることになるのです。[49]

正義は慈愛から生まれ、慈愛を制約する。正義を要請するのは、発生的には不義に苦しむ人への「共苦」の感情である。慈愛が正義を要請する。けれども、登場してきた正義は「かけがえのないものたち」を比較し、誰に理ありとし、誰を非とするか、誰を先にし、誰を後にするかを決める。それが「始源の暴力」である。というのは、比較とか評価ということは同種のものたちについてしか行われないからである。評価の暴力性は、優劣をつけるという行為そのもののうちにあるのでは

47　EL, p.111
48　EL, p.111
49　EL, p.111

ない。そうではなくて、「考課される対象は考量可能な数値的な差以外は同一である」という同一化のまなざしのうちに、他者を同一者に還元する操作のうちに存するのである。

先に述べたとおり、慈愛と正義は私たちの世界を秩序立ったものとして維持するためには欠かすことのできない二つの原理である。けれども、慈愛と正義は両立しない。慈愛においては、つねに「最初に来た者が優先される」が、正義は「他の人々のうちのいずれを優先すべきかを評価すること」だからである。この二原理を両立させるためには、これを時系列上に配置させる必要がある。「正義は始源の慈愛から派生する。」そして、慈愛を限界づける。まず慈愛があり、それが次に正義を要請する。そして、正義が再び慈愛を要請する。この経時的なプロセスをレヴィナスはタルムードのラビたちの叡智の言葉によってみごとに説明する。

> ある聖句は「裁きを下す者は個人の顔を見てはならない」としています。つまり、裁き人は自分の前にいる人間を見てはならず、その個人的事情などを斟酌してはならないということです。裁き人にとって目の前にいるのは一被告人に過ぎません。しかし、祭司の祝福についての別の聖句には「主はその顔をあなたに向ける」とあります。ラビたちは彼らの流儀でこの難問に答えたのです。「判決を下す前には顔はない。しかし、ひとたび判決が下された後、主は顔を見られる。」[50]

正義の執行される場においては他者の他者性は顧みられない。けれども、ひとたび判決が下された後は、「峻厳なる正義の苛烈さを修正する可能性と訴えかけ」が存在しなければならない。裁かれた者たちの、それぞれの唯一無二の事情を斟酌し、正義が正義に過ぎないように、正義をたわめる営みが、今度は国家ではなく、個人によって行われなければならない。

正義の苛烈さを和らげ、裁かれた者からの個人的訴えに耳を傾けること、これは私たち一人一人の役割なのです。[51]

正義が峻厳に過ぎないように、赦しが邪悪さを野放しにしないように。「慈愛の秩序」が「正義の秩序」を要請し、「正義の秩序」が「慈愛の秩序」を要請する。人間の世界が人間的なものでありうるのは、二つの原理が時間差を伴って交互に登場するからである。時間差がなければ、慈愛と正義を両立させることはできない。

私にとって重要なのは、他者が他者として認知されることです。けれども、かけがえのない人たちが複数である時、計算（calculs）と考量（comparaison）とが必要になります。そして、計算と考量はかけがえのなさを消滅させてしまう。ですから、ひとたび裁きが下されたら、私

---

50 EL, pp.143-144
51 EL, p.143

は再びかけがえのないものを見出さなければならないのです。そのつど新たに、そのつど生きる個人、かけがえのない個人として。[52]

慈愛と正義の二つの秩序が存立するためには時間が必要だという理路はこの説明で分かってもらえたと思う。『時間と他者』に戻る。レヴィナスが「エロス」という新たな主題に進んだところだった。新しい主題ではあるけれども、レヴィナスが時間概念を仕上げるために選択したものだということを忘れなければ、行論の方向を見失うことはないはずである。

他者とのこのようなかかわりの痕跡は、文明化された生活のうちにも、その起源的な形態において残されている。私たちが探求すべきはそれである。他者の他者性がその純粋なかたちで出現する状況が存在しないであろうか？　他なるものがその自己同一性の裏返しとしての他者性のみを持つわけではないという状況が存在しないであろうか？　他なるものが、分有のプラトン的法則にのみ従うわけではないという状況が存在しないであろうか？　（…）他者性が一個の存在者によって、積極的に、その本質として担われているような状況は存在しないであろうか？[53]

このような否定疑問文を重ねた後にレヴィナスは「女性的なるもの」（le féminin）という概念を導き出す。

絶対的に反対的な反対者、その反対性がそのものとその相関者の間に成り立つどのような関係によっても影響を受けることがないような反対者、その反対性がその項に絶対的に他であり続けることを可能にするような反対者、私見によれば、それは女性的なるものである。[54]

唐突に出てきたこの「女性的なるもの」とはいったい何のことなのか？　レヴィナスのすべての術語についてしてきたように、私たちはまずそれが「何でないか」を確認することから始めなければならない。

まずそれはプラトン的な意味での「女性」ではない。

「分有のプラトン的法則」（la loi platonicienne de la participation）という語には「それによれば、すべての項は同一的な要素を含み、それゆえ他なる要素を含む」という説明が付してある。これは『饗宴』の、ゼウスが人間の驕慢を諫めるために三種類の人間を二つに切り分けたという神話を踏まえている。

神話によれば、かつて人間は男男、女女、男女という三種類の生き物であった。顔が二つ、手足が八本、性器が二つで単体を形成するのである（図像的にはかなり想像しにくい形象だが）。この

52　EL, pp.112-113

53　TA, p.77

54　TA, p.77

生き物はたいへん力が強く、傲慢にも神々に対して挑発的であったので、ゼウスはそれを懲らしめるために、一人一人を二つに切り分けることにした。

かくて人間は、もとの姿を二つに断ち切られたので、みな自分の半身を求めて一体となった。彼らは、たがいに相手をかき抱き、からみあって、一身同体になることを熱望し、たがいに離れては何一つする気がしない。だから、飢えのために、いや、総じて無為のうちに明け暮れるために、つぎつぎと死んでいった。[55]

もとが男男の場合は男と男が求め合い、もとが女女では女と女が求め合い、もとが男女では男と女が求め合う。プラトンはこの切り裂かれた半身が残る半身を求める激しい欲望を「エロス」と名づけた。プラトン的エロスはいわば一種の「郷愁」であり、原状回復志向である。エロスは「かつて自分の一部であったもの」を求めているのである。プラトン的な性差においては、異性は「反対者」ではないし、純粋な他者性を担う存在者でもない。

この神話がどれほどのリアリティーをもって語り継がれてきたのか、私には分からないが、プラトンの「エロス」の哲学的定義が「失われた半身への欲望」である以上、レヴィナスがそれを否定するのは当然である。

51 エロス(2)

他者の他者性がその純粋なかたちで出現する状況をレヴィナスは「女性的なるもの」と名づける。まことに論争的な術語の選択である。実際にこの語をめぐって七〇年代以降、欧米のフェミニストの中には、レヴィナスに対して、これを女性性を実体化し性役割を固定しようとする性差別主義者の発言だとして激しい批判の言葉が浴びせる者がいた。レヴィナスはそれについて特段の反論をしていない。日常的に使われて、具体的な事物を指す生活言語を、それとはまったくレベルの違う宗教的・哲学的な意味でも用いること、これはタルムードの弁証法の読解戦略であることはすでに述べた。

そのルールを知らないままに(あるいは知らないふりをして)、レヴィナスを「セクシスト」よばわりすることは、学術的にはあまり生産的なことではないと思う。フェミニストからの批判の実践的結論は「だから、レヴィナスのうちには読むに値する知見は含まれていない」というものであった。忠告に従った人たちの知的負荷を軽減することには成功しただろうけれども、レヴィナス哲学の理解には資することはなかった。

さいわい、今ではレヴィナスの「女性的なるもの」を因習的な語義で理解する者はほとんどいな

---

55 プラトン、「饗宴」鈴木照雄訳、『プラトンI』、中央公論社、一九六六年、一三二頁

くなった。ある術語の意味を「誤って理解していた」段階から「何を指しているのかよく分からない」段階に移行したわけである。進歩ではあるが、困惑はむしろ深まった。

　タルムードの解釈規則を準用するならば、レヴィナスは「女性的なるもの」について語りつつ、「そんな気配を露ほども見せぬままに」、その語によって迂回的に指称されているある根本的な概念を検討に付していることになる。レヴィナスのテクストの読み方をレヴィナス自身が指示している時には、私はその指示に従う。

　私たちは「女性的なるもの」という語を見ると、当然ながらその語を現実に存在する女性の属性に即して理解しようとしてするが、そのつど、レヴィナスが「女性的なるもの」という語を用いている時に、レヴィナスは現実の女性とはかかわりのないある根本的な概念を検討しようとしているのだと自分に言い聞かせなければならない。面倒な作業だけれど、レヴィナスを読むというのは、そういうことなのだ。術語の一意的な定義を宙吊りにしたまま理路を追わねばならない。「女性的なるもの」についてのレヴィナスの記述を追ってみよう。

> 　性差は何らかの種差ではない。性差は性や種への論理的分割とは別のところに位置する。論理的分割はたしかに経験的な内実とは決して一致しない。けれども、論理的分割では性差について語ることができないというのは、そのような意味においてではない。性差は形式的構造である。そして、現実を別の意味で分割し、パルメニデスによって主張された存在の単一性にあらがう、多様なものとしての現実の可能性そのものを条件づける。[56]

まことに分かりにくい文章である。分かるところから始めよう。
パルメニデスの唱えた「存在の単一性」とは「あるものはあり、ないものはない」という命題のことである。世界内のものは私たちの眼には生成変化するものとして見える。しかし、パルメニデスは問う。何かが「成長する」という場合に、その変化の前にあったものと後のものの同一性はどうやって証明できるのか？　卵は雛（ひな）ではないし、雛は卵ではない。蕾（つぼみ）は花ではないし、花は蕾ではない。あるものが別のものに変化したという場合、そこに同一性が維持されていると主張するならば、どこかに「Aでありかつ非Aである」という移行的・ハイブリッド的局面がなければならないが、これは矛盾律に反するのではないか。

つまり、われわれが「生成」とか「変化」と呼んでいるものは、別のものを同一のものであると思い込むことによって生じているのである。それゆえ生成変化するものは「真の有」ではない。

また、われわれが日常的に「無い」と呼んでいる事態もまた「真の無」とは言えない。というのは、それらは何かの欠如や不在というかたちでその輪郭や属性を知られており、欠性的な仕方では存在しているからである。「真の無」とは定義上は思量することも言表することもできないものである。「そは『無し』と言いもできねば　はた思うこともできざるゆえになり」[57]。だから、「真の無」

56　TA, p.78
57　井上忠、『パルメニデス』、断片八、青土社、二〇〇四年、三六頁が哲学の対象になることはあり得ないのである。

パルメニデスによれば、「有るもの」は不生にして不滅である。始まりがなく終わりがない。運動がなく変化がない。生まれることもなく滅びることもない。すべてが一様であるから部分というものもない。それは端的に「有る」のである。

> そも「有る」ものはいかなれば　今より後に有りえんや？　またいかなればその往時に生じきたりしことあらん？　なぜならかつて生じたるものにしあらば「有る」ならず、また同様にもしいつか有ろうとならば「有る」ならず。かくて生まれは消え去りて　滅びも聞かずなりにけり。[58]

これが、パルメニデスが思弁的に導き出した「存在の単一性」という概念である。そして、レヴィナスはパルメニデスの「単一なものとしての現実」を退け、「単一ならざるものとしての現実」を立てる。それを条件づけるのが「女性的なるもの」なのである。

性差は対立でもない。存在と無の対立は一方を他方に帰着させ、両者の間を残さない。無は存在に変じるからこそ、われわれは「ある（イリヤ）」という観念に導かれたのであった。[59]

「ある（イリヤ）」は無までが存在することの一つの仕方に回収されてしまう存在の瀰漫に対する不快を指

している。レヴィナスが性差のうちに望見しているのは存在の単一性への帰着ではない。いわば存在と無の間（distance）である。

性差は二つの相補的な項の二元性のことでもない。というのは、相補的な二項は、それらに先行する一つの全体を前提にしているからである。だが、性的な二元性が一つの全体を前提にしているということは、愛を融合としてあらかじめ想定しているということになる。しかし、愛の感動は*存在者たちの乗り越え不能の二元性*に由来するのである。それは絶えず逃れ去るものとの関係である。この関係は、事実上他者性を消し去るものではなく、*他者性*を保全するものなのである。官能の感動は、二人であるという事実のうちにある。他なるものとしての他者は、ここでは、私たちの所有物になったり、あるいは私たち自身になったりするようなものではない。他者は逆にその神秘のうちに引き籠る。女性的なるものという神秘——本質的に他なるものとしての女性性——は「神秘的な女」、「未知の女」、「知られざる女」といったロマン派的な観念とは無縁のものである。[60]

レヴィナスは「女性的なるもの」を私たちが因習的な語義で解することを許さない。だから、

---

58 同書、三九頁
59 TA, p.78
60 TA. Pp.78-79

「女性的なるもの」を「それと同定してはならないもの」のリストはひたすら長いものになってゆく。性差を「男と女」という現実的な二元性に即して理解してはならない。プラトンのエロス論が描いていたように、もともとは一つであったものが二つに切り分けられたというふうに理解してはならない。「愛の感動」も「官能の感動」もそこで向き合っている二人の「乗り越え不能の二元性」に由来するのである。決して融け合うことができず、指先から絶えず逃れ去ってゆくものをなお求め続けずにはいられないということによって「感動」（le pathétique）はかたちづくられている。だが、その不可知性や遠さをロマン主義的な「神秘的な女」や、ゲーテやダンテが描いた「永遠に女性的なるもの」（Ewig Weibliches）に結びつけて理解してはならない。

レヴィナスはひたすら「……してはならない」という禁則を列挙し続ける。

52　エロス(3)

レヴィナスはそれでも少しだけ手がかりを差し出してくれる。

簡単に言えばこういうことだ。この神秘はある種の文学におけるような、この世のものならぬほどに麗(うるわ)しいものという意味に解されてはならない。女性的なるものは、それがかたちをとる時に、どれほど卑俗で、恥知らずで、凡庸な物質性をまとおうとも、その神秘性も、その恥じらいも毀損されることはない。冒瀆は神秘の否定ではない。それは神秘との間にもつことのできる関係の一つなのである。[61]

女性的なるものを文学的な意匠として解してはならない。ロマン派的な文学のうちで、女性の神秘性は繰り返し称えられてきた。けれども、それは男性の側にあらかじめ論理性や整合性といった定型的な属性を配した上で、論理的でないもの、非整合なもの、定型に収まらぬものを女性に固有の属性として表象したものに他ならない。それはオリエンタリズムが、西欧人たちが彼らの民族中心主義的なコスモロジーを絵画的に彩るためにオリエントに押し付けた一連の表象であることと構造的には同一である。

『ファウスト』のグレートヒェンや『神曲』のベアトリーチェや『罪と罰』のソーニャは心弱い男たちを救済し、正しい道へ導く「永遠に女性的なるもの」であるけれども、彼女たちはいずれも物語世界の秩序の内部に本籍を持つ人たちである。果たすべき役割が定まっており、語るべき台詞が決まっている。彼女たちの「神秘性」は男性作家たちが設計した物語世界の中で記号として分かりやすく通用しており、その語の厳密な意味での「神秘」ではない。

ロマン派的な「永遠の女性」は「この世のものならぬほどに麗しい」(éthéré) という属性を賦与される。しかし、レヴィナスによれば、別にそれは「女性的なるもの」の要件ではない。「どれほど卑俗で、恥知らずで、凡庸な物質性をまとおうとも」、「女性的なるもの」の神秘性は傷つけられ

61 TA. p.79

ることがないからである。「女性的なるもの」の神秘性は、麗しさとか透明性とか非物質性とか儚さとかいう現実的な属性とはかかわりがないという点において、神秘的なのである。

女性的なるものという観念のうちで私にとって重要なのは、それが単に認識不能であるということには尽くされない。光から逃れ去ること（se dérober à la lumière）を本質とするその存在様態が重要なのである。女性的なるものは実存のうちにおいて、空間的超越という出来事とも、あるいは表現という出来事とも別の出来事である。というのは、空間的超越も表現も、いずれも光に向かってゆく運動だからである。女性的なるものは光を前にした逃亡（une fuite devant la lumière）である。女性的なるものの実存する仕方とは、身を隠すことである。そして、この身を隠すという事実こそが恥じらいと言われるのである。[62]

ロマン派的な「永遠に女性的なるもの」は男性作家たちの欲望の投影である。彼女たちはさまざまな魅惑的な形容詞で彩られ、男たちの理解から逃れ、男たちを混乱させ、それゆえに男たちの欲望をはげしくかき立てるけれども、それでも男たちの物語内部的存在者であることに変わりはない。レヴィナスの「女性的なるもの」はそうではない。それは「別様の光を当てられたもの」ではなく、本質的に「光から逃れるもの」なのである。

「逃れる」（fuite/évasion）がレヴィナスにとって非常に重要な概念であったことはすでに触れた。前に引いた『逃走について』はアレクサンドル・コイレやジャン・ヴァールやガストン・バシュラールらが主宰していた哲学研究誌『哲学探究（*Recherches Philosophiques*）』に一九三五年に掲載された論考である。「女性的なるもの」は大戦間期にレヴィナスの念頭を去らぬ主題だった「逃走」の発展あるいは変奏と見なしてよいだろう。女性的なるものを一意的に語ることについて、レヴィナスは多くの禁則を読者に課したが、幸いなことに逃走についてはもう少し説明的である。『逃走について』は「存在は存在する」（l'être est）という西欧哲学の不可疑の前提に対する「倦厭」の告白から始まった。前に引いた箇所をもう一度引用する。

> 事物は存在する。事物の本質や特性が不完全であるということはありうる。しかし、存在するという事実そのものは完全性、不完全性といった区分の彼方にある。存在はある。（…）自己同一性とは存在者の一特性ではないし、自己同一性をかたちづくる諸特性の相同性によって作られるものでもない。自己同一性とは存在するという事実に充足している事態の表現に他ならない。この存在するという事実の絶対的、既決的性格には何人も疑義を差し挟むことができない。そして、西欧哲学はここから一歩も先へ踏み出すことがなかった。[63]

この一文に大戦間期のレヴィナスの問題意識は集約的に語られている。「存在が存在する」。すべ

62　TA, p.79
63　DE, pp.68-69

ての哲学はここから始まり、ここを巡歴し、その外部を持つことがない。レヴィナスが自らの哲学的営為の始点に選択したのはこの存在の瀰漫に対する倦厭であった。

西欧哲学が理想とする平和と均衡は存在の充足を前提にしていた。人間の条件の不十分性はつねに存在の有限性としてしか理解されてこなかったし、「有限な存在」が本当は何を意味するのかという問いは一度として主題化されたことはなかった。つまり、存在を限界づけるものを乗り越え、無限の存在と合一することこそが西欧哲学の唯一の関心事だったのである。[64]

何らかの限定づけのせいで十全に存在し得ていないこと、西欧哲学はそれを人間の根本条件とみなした。その上で、この限定づけを超えて、十全に存在すること、「おのれの最も固有の存在しうること」を成就することをめざした。このような伝統的スキームにレヴィナスは「逃走」を対置した。それは「存在の哲学に対して、われわれの世代が下した最もラディカルな有罪宣告」であるとレヴィナスは言い切っている。[65]

> 誰一人自分の外部で生きることができず、誰一人自分と距離をおくことができない時代だからこそ、逃走を求める状況は生まれるのである。[66]

逃走への欲求は「自分が十分に自分らしくない」という不充足感に由来するものではない。不充足感とは「われわれの存在のある種の限定に対する嫌悪感であって、存在としての存在に対する嫌悪感ではない。」[67] しかし、人が逃走に向かうのは、欠如や不足を充たすためではない。「存在としての存在に対する嫌悪感」（l'horreur de l'être comme tel）に駆動されてである。

> 逃走とはおのれ自身の外部に出たいという欲求である。言い換えれば、最も根源的で、最も仮借ない繫縛、すなわち自我が他ならぬおのれ自身であるという事実を断ち切りたいという欲求なのである。[68]

それゆえ、逃走を駆動する欲求は「いろいろな冒険を経験することを通じて、本来的な自分になる」というロマン派＝オデュッセウス的＝存在論な欲求とは別のものである。逃走する者は「本当の自分」に出会いたくてそうするのではない。「自分が自分でしかあり得ない」という根源的な繫縛性を断ち切るためにこそ外部に踏み出すのである。それもまた「光を前にした逃亡」である。光にくまなく照らし出された明るみから「身を隠すこと」である。「女性的なるもの」は「おのれ自

---

64 DE, p.69
65 DE, p.70
66 DE, p.70
67 DE, p.71
68 DE, p.73

身でしかありえない」という自己繋縛性から逃れようとする主体が欲望する他者のことである。

女性的なるもののこの他者性は、対象が単に外部にあるということを意味しているわけではない。もろもろの意志が対立しているということを意味しているわけでもない。（…）他者とはわれわれが出会い、われわれを威嚇し、あるいはわれわれを支配しようとする存在者のことではない。他者がわれわれの権力に服従しないということは、他者がわれわれの力より強い力を有しているということではない。他者の力を作り上げているのはすべて他者性なのである。他者の神秘性がその他者性を構築しているのである。[69]

私は他者を自分と同類の自由なる意志とみなしているわけではない。

私は他者をまず自由として措定することをしない。他者をまず自由として性格づけるということは、コミュニケーションの挫折があらかじめ刻印されているということである。なぜなら、自由である私と、もう一つの自由である他者との間には、服従するか隷従させるかという以外の関係はあり得ないからである。いずれにせよ、二つの自由のうちのいずれかが無化される。主人と奴隷の間の関係は戦いという準位において理解されるのだが、それは関係が相互的なものだということである。[70]

他者は等格者ではない。自由ではない。主と奴の立場を争う相手ではない。それは神秘なのである。

53　主奴の弁証法と他者の不在

ここでレヴィナスがヘーゲルを呼び出したのには、それなりの理由がある。それはこの時期にヘーゲルの主人と奴隷の弁証法を換骨奪胎した仕方で性差の問題を論じた哲学者が脚光を浴びていたからである。それはシモーヌ・ド・ボーヴォワールである。『第二の性』（*Le Deuxième sexe*）の出版はレヴィナスの本講演の二年後だが、彼女の知見はすでに『現代』（*Les Temps Modernes*）誌などを通じて知られていた。

男性と女性の間で主体性と社会的リソースの分配にかかわる熾烈なゼロサム的闘争が展開しているという、のちのフェミニズム理論の骨格を形成することになるアイディアをボーヴォワールが得たのは、アレクサンドル・コジェーヴのヘーゲル講義を通じてであった。コジェーヴのヘーゲル講義は一九三〇年代のパリの知識人に計り知れない影響を与えた。聴講生リストにはレイモン・アロン、ジョルジュ・バタイユ、ピエール・クロソウスキー、ジャン・ヴァール、ジャック・ラカン、

69　TA, pp.79-80
70　TA, p.80

モーリス・メルロー＝ポンティ、レイモン・クノー、ロジェ・カイヨワ、ジャン＝ポール・サルトルら、四〇年代以降にフランス思想界を領導することになる知識人たちのほとんどが名を連ねている。ボーヴォワール自身はこの講義を聴講していないが、聴講したサルトルやメルロー＝ポンティを経由して、コジェーヴのヘーゲル解釈には深く親しんでいたはずである。そして、それを『第二の性』の中核的なアイディアに結実させたのである。

コジェーヴによれば、人間は他者の欲望を欲望する。人間は他者に愛され、承認され、他者の欲望の対象となることを欲望する。

> 人間的存在は、他者の**欲望**に向かう**欲望**に基づかなければ、すなわち――終局においては――承認への**欲望**に基づかなければ構成されえない。したがって、これらの**欲望**のうち少なくとも二つの**欲望**が相対立しなければ、人間的存在は構成されえない。（…）両者の遭遇は生死を賭しての闘争とならざるをえない。[71]

この「生死を賭した闘争」はあくまで相手からの承認を求める闘争であるので、「生死を賭して」と言いながらも、相手を殺すことが目的ではない。死んだ人間は「承認」してくれないからである。他者におのれを承認させるためには、相手が生きており、かつ承認を求める闘争に敗れたと自覚している必要がある。

敵は「弁証法的」に揚棄されねばならない。すなわち、その生命と意識とを敵に残し、その自立性だけを破壊せねばならない。自己に対立し反抗する存在者としての敵だけを廃棄せねばならない。換言するならば、敵を**奴**とせねばならない。[72]

この戦いで、自己承認の欲望を放棄したものが「奴」となり、承認を獲得したものが「主」となる。

もしも開示された人間的実在性が世界史以外の他の何物でもないならば、この歴史は**主であることと奴であることと**の相互交渉の歴史とならねばならない。すなわち、歴史的な「弁証法」とは**主**と**奴**の弁証法である。[73]

だが、話はそこでは終わらない。この承認をめぐる闘争で勝者となった主にはその勝利ゆえの陥穽が待ち受けている。

主は自分では承認しない人間によって承認されているわけである。これが**主**の置かれている

71 コジェーヴ、前掲書、一六頁
72 同書、二六頁
73 同書、一八頁

状況の欠陥であり――悲劇的なところである。**主**は承認のために闘争し、自己の生命を危険に晒したが、自己自身にとっては無価値な承認を得たにすぎない。[74]

主は徒食し、奴は主のために額に汗して労働する。いわば無為の主を奴がその労働によって養っているのである。闘争に勝利した主は、奴の労働を収奪して無為徒食する権利を手に入れたわけだが、その勝利ゆえに、主は自らを何も価値あるものを創り出すことのない無用のものにしてしまう。

無為徒食の**主であること**が一つの袋小路であるならば、刻苦精励する**奴であること**は逆に人間的、社会的、歴史的な進歩すべての源泉である。**歴史**とは労働する**奴**の歴史である。[75]

主にはやるべき仕事がもうないが、奴にはやるべきことがまだある。それは主人に自己を承認させるという仕事である。奴ではなくなること、主体性を回復するという仕事が奴には残されている。

奴のうちには堅固なものは何一つとして存在していない。**奴**は変化に対して用意ができている。彼は存在自体において変化であり、超出であり、変貌であり、「教化」である。**奴**は、その起源からして、その本質において、そしてその現存在において、歴史的な生成である。[76]

一読して分かる通り、この文章における「主」を「ブルジョワ」に、「奴」を「プロレタリア」

に置き換えれば、これはそのままマルクス主義の政治革命の理論に仕立て直すことができる。

ただ奴だけが自己を形成し自己を奴であることに固定する世界を変貌せしめ、己れによって形成された世界を創造し、そこで自由となることができる。[77]

ボーヴォワールは、この図式における「主」を「男性」に、「奴」を「女性」に読み替えれば、それがそのままフェミニズムの理論になることに気づいた。これは炯眼という他ない。ボーヴォワールはコジェーヴからの直接の引用を避けて、「主」(Herr)と「奴」(Knecht)ではなく、「君主」(souverain)と「家臣」(vassal)という術語を当てたが、図式は変わらない。「男性＝君主」は「女性＝家臣」を保護し、その存在に正当性を与え、その代償として自由を奪う。コジェーヴに従えば、女性は家臣の身分を脱し、君主の保護を逃れて、自由を回復し、主権的主体になることを求めなければならない。だが、実際の世界では多くの女性はそのようにはふるまわない。彼女たちはむしろ家臣であることに満たされ、家臣であることに居着いている。「自由を逃れ、自分を物象化したいという誘惑」に屈する。

74　同書、三〇頁
75　同書、三二頁
76　同書、三四頁
77　同書、四二頁

これは安逸の道である。こちらの道を進めば、おのれの実存を正統的な仕方で引き受けた場合の苦悩と緊張を逃れることができる。この時女性を「他者」とみなす男性は、女性自身のうちに親密なる共犯者を見出すことになる。[78]

主が奴を生かしておくように、君主が家臣を生かしておくように、男性は女性を生かしておく。そして、「その生命と意識とを敵に残し、その自立性だけを破壊」しようとする。そして、多くの女性は「死よりも隷属」という「安逸の道」を選ぶ。ボーヴォワールはこの因習的な奴隷状態に安んじている同性に向けて「生死を賭した闘争」への参加を呼びかけたのである。

女性のドラマとは、つねに本質的なものとして自己措定しようとする主体の根本的な権利要求と、女性を非本質的なものとして構成しようとする状況の要請との間の確執なのである。[79]

ボーヴォワールによれば、人間の正統的なあり方はただ一つしかない。それは未来に向けて不断に自己超越することである。その企てを放棄した者は、事物の水準、奴の身分にみずからを釘付けにすることに同意したと見なされる。この「失墜」をボーヴォワールは「絶対悪」という激しい言葉で形容する。

男女はそれぞれに「君主的主体」としておのれを自己措定しようとする。誰もが他者を奴とすることによって主としての自己を成就しようとする。しかし、そう主張することは、女性もまた君主的主体となって家臣を使役することをめざすべきだと主張することである。性差にかかわりなく、万人はより大きな自由、より広い可動域、より高い地位、より多くの収入を求めてのゼロサム的な争奪戦に身を投じなければならないことになる。

後年、ボーヴォワールは「ヒエラルヒーの頂点めざす競争に性差はあってはならない」というフェミニズムの主張と「ヒエラルヒーも特権もない平等主義的な社会」という遠い理想との間に「一つの矛盾」があることを認めた。[80] だが、この矛盾はボーヴォワールのフェミニズムがヘーゲル的なスキームの中にとどまる限りは解くことができない。それは、ヘーゲルのモデルが主と奴の永遠の交換可能性のうちに、すなわち他者のいない世界を前提にしているからである。

私の知る限り、レヴィナス自身はコジェーヴのヘーゲル講義について言及したことがない。それも当然だと思う。というのは、同世代の知識人たちがコジェーヴのヘーゲル読解に熱狂していたのとまさに同じ時に、レヴィナスはドイツのユダヤ人哲学者フランツ・ローゼンツヴァイクの『救済の星』の決定的な影響下にあったからである。そして、ローゼンツヴァイクが語っていたのは、世界には外部があり、私の前には理解も共感も絶した他者が立っているという徹底的に反ヘーゲル的な命題だったからである。

---

78 Simone de Beauvoir, *Le Deuxième sexe I*, Gallimard, 1949, p.285
79 *Ibid.*, p.34
80 Jean-Paul Sartre, 'Simone de Beauvoir interroge Jean-Paul Sartre', in *Situation X*, Gallimard, 1976, p.127

54　ローゼンツヴァイク(1)

ここからしばらくレヴィナスとローゼンツヴァイクの関係について少し紙数を割いて説明してみたい。最初にお断りしておくが、哲学者を誰かとの「影響関係」のうちで論じるという作業を私はあまり生産的なことだと思っていない。同じ時代の空気を吸っていれば、「何が喫緊の哲学的問題なのか」という問題意識は同時代人にはほぼ全員に共有されている。「危機」が問題になった時代は哲学者たちはそれぞれの「危機論」を語り、「不安」が問題になった時には「不安論」を語り、「存在」が問題になった時には「存在論」を語る。それらのテクスト群のうちから任意の二つを選び出して、「同じような術語で、同じような考想を述べている」ということを指摘してみせても「二人は同じ時代に生きていた」という事実以上の知見を得ることはまれである。

ただ、レヴィナスとローゼンツヴァイクの場合は様子が違う。それは同時代にあって、ほとんどこの二人だけが哲学の主流と際立って異なる企てに従事していたからである。それは「ユダヤ的実存」という概念を（ある民族に固有の精神的傾向ということを超えて）ひとつの普遍的な哲学的カテゴリーとして提出しようという企てである。それは「イオニア諸島からイエナまで」、タレスからヘーゲルまでのヨーロッパの哲学史全体に、それと同じだけ厳密に、同じだけの知的威信を以て思量された「新たなる思考」（Neues Denken）を対置させることであった。

レヴィナスはこの哲学的壮図をローゼンツヴァイクから引き継いだ。そのことはレヴィナスの

『困難な自由』に収録されている「二つの世界の間で」と題する長文のローゼンツヴァイク論からも知ることができる。[81]

フランス語圏ユダヤ知識人会議で一九五九年に行われたこの講演で、レヴィナスはローゼンツヴァイクの伝記的事実を記し、その思想を分かりやすく祖述している。それまでもレヴィナスが哲学者について祖述を行ったことはある（フッサールとハイデガーについては一九三〇年代のレヴィナスが「祖述者」ないし「紹介者」という位置にあったことは前に述べた）。けれども、レヴィナスの書いたものが「分かりやすい」というのはきわめて例外的なことである。三〇数年前に私がはじめてこの文章を読んだ時に「レヴィナスという人はこんなに分かりやすい文章も書こうと思えば書ける人なんだ」という妙な驚き方をしたことを覚えている。

レヴィナスがローゼンツヴァイクの生涯を紹介し、その思想を「分かりやすく」祖述したという事実が意味するのは、自分がここでローゼンツヴァイクについて書いておかないと、その名が哲学史の片隅に追いやられ、やがて忘却されてしまうのではないかという不安を感じていたからだと私は推測する。広く読まれ、多くの人に理解され、適切に評価されている哲学者について祖述する時に、人はこれほど「親切」にはならない。「周知のように」という断り書き一つで説明を大幅に短縮できるのは、説明の要もないほどにその業績が熟知されているからである。だが、ローゼンツヴァイクはそうではなかった。だから、レヴィナスの説明は例外的に「親切」なものとなった。

81　DL, pp.253-281

『救済の星』についてレヴィナスは「この本がドイツの非ユダヤ人哲学者の上に及ぼした影響は言われるよりずっと大きいものだったはずです。彼らは決してこの本を引用しようとはしませんでしたが」[82]といささかの悔しさを込めて書いている。ユダヤ哲学の通史を記したグッドマンの『ユダヤ哲学』も、『救済の星』については「長年にわたって、ユダヤ人読者の範囲を超えて同書が注目されるということはほとんどなかった」と書いている。[83]

ローゼンツヴァイクの名を顕彰することはレヴィナスにとっては責務として観念されていた。冒頭の一行から、レヴィナスのローゼンツヴァイクに対する敬意の深さは知れる。

私が依頼されているのはローゼンツヴァイクの哲学を解説することではなく、彼の精神的な伝記を語ることです。これから私は彼の人生についてお話しするつもりですが、それは自ずと彼の思想について語ることになるでしょう。ローゼンツヴァイクの思想はこの意義深い人生の本質的要素であるからです。

私は彼の思想を語るのであって、精神分析を行うつもりはありません。彼の思想を一つの証言として提出し、この思想の中に体系化されない諸要素があるのもそのままのかたちで再現するつもりです。私は彼の作品についての哲学的あるいは歴史的な注解をなすつもりもありません。ローゼンツヴァイクの思想についての最大の関心事は、彼の思想がどのような影響をこうむったのかよりは、どのような問題にまで到達したのかの方にあるからです。[84]

フランツ・ローゼンツヴァイクは一八八六年にカッセルの富裕な同化ユダヤ人の家に生まれた。医学、歴史学、哲学を修め、最初はヘーゲル研究者として順調な学問的キャリアを形成したが、後に哲学から宗教へ関心の方向を変えた。そして、改宗ユダヤ人の親族たちに倣って、一九一三年にキリスト教への改宗を決意する。しかし、ユダヤ教との別離を確認するために訪れたベルリンの小さなシナゴーグで、ローゼンツヴァイクは最後の瞬間に翻意して、先祖の宗教に立ち戻る決意をする。それまで、ローゼンツヴァイクは、ユダヤ教はキリスト教の前駆的な、いわば未開の形態に過ぎず、キリスト教の出現によってその歴史的功績を果たし終えた、という改宗ユダヤ人たちの説明を受け入れていた。ユダヤ教徒がキリスト教に改宗することが「棄教」ではなく、より包括的な体系のうちに「包摂」されることであるなら、それについてことさらな決断は要さない。科学の進化にともなって古い仮説はより包括的な新しい仮説のうちの局所に妥当するものとして生き残るという科学史の考え方を、ローゼンツヴァイクは受け入れた。しかし、ユダヤ教との別れの儀式のために訪れたシナゴーグで、ローゼンツヴァイクはユダヤ教にはキリスト教に「包摂」されない確かな宗教的実質があることを直感する。

ユダヤ教のうちにあって語るに足るものは残らずキリスト教のうちに移送された（あとに残るのは古めかしい戒律と無意味な儀礼ばかりだ）というユダヤ教批判に対してレヴィナスもまた繰り返

---

82 DL, p.255

83 ユリウス・グッドマン、『ユダヤ哲学』、合田正人訳、みすず書房、二〇〇〇年、三六八頁

84 DL, p.253

し異論を唱えていた。ポール・クローデルの説く「予示論」(『旧約聖書』のエピソードや登場人物はすべて『新約聖書』中の出来事や人物の「予示」(préfiguration)であるとする教説)をきびしく批判して、レヴィナスはこう書いている。

もし『旧約聖書』中の清浄な登場人物がすべてメシアを予告し、すべての卑劣漢がその死刑執行人を、すべての女性が聖母を予告するものであるならば、「書物の中の書物」は同一の主題に強迫的に取り憑かれ、ステレオタイプ化した同じ所作を執拗に反復していることになり、その生き生きとした生命力を失うことになりはすまいか。(…)アブラハムが三人の訪問者を迎え入れることによって実は主を迎えていたのは、その三人が三位一体を予示していたからなのか、それともアブラハムが歓待の気持ちに溢れていたからなのか、どちらであろうか。(…)私たちは舞台の上にいるのか、それとも世界のうちにいるのか。神に従うということは神から一つの役を受け取ることなのか、それとも一つの命令を受け取ることなのか、どちらであろう。[85]

ユダヤ人は「世界の中」にあって、「神から一つの命令を受けた」存在者であるという解釈をレヴィナスは採用する。それが「ユダヤ的実存」という語の意味である。レヴィナスはその着想をローゼンツヴァイクから引き継いだ。

ローゼンツヴァイクのライフワークである『救済の星』は、一九一八年バルカン半島での前線の塹壕の中で構想され、家族や友人宛ての軍用葉書に走り書きされたものが原型になっている。この書物の哲学史的意義についてレヴィナスはこう書いている。

この普遍の書はまた新しい観点からユダヤ教を基礎づけるユダヤ的書物でもあります。ユダヤ教は単なる一つの教説ではありません（教条なら、その命題は時に真であり、時に偽であってもいいわけです）。ユダヤ的実存は（私ならただ実存と書きますが）、それ自体が存在の一つの本質的な出来事であり、ユダヤ的実存は存在の一カテゴリーなのです。[86]

ローゼンツヴァイクは主著執筆のかたわらユダヤ人教育のための機関の設立にかかわった。それが一九二〇年設立の「自由ユダヤ研究学館」（Freies Jüdisches Lehrhaus）である。この学舎では「これ以後七年間に、ユダヤ教やユダヤ文化にたいするさまざまな講義や研究会が開かれ、ユダヤ知識人たちの多くが講師として参加した」。[87]私たちはその学館の講師リストの中に、マルティン・ブーバー、ゲルショム・ショーレム、エーリヒ・フロム、レオ・シュトラウスといった名前を見出すことができる。しかし、その活動の絶頂

85　DL, p.173
86　DL, p.256
87　フランツ・ローゼンツヴァイク、『救済の星』、「訳者あとがき」、村岡晋一他訳、みすず書房、二〇〇九年、六七八頁

期においてローゼンツヴァイクはＡＬＳ（筋萎縮性側索硬化症）に罹患する。手足が麻痺し、口もきけなくなった状態にもかかわらず、ローゼンツヴァイクは妻の口述筆記によって著作を続け、病床でブーバーと旧約聖書のドイツ語共同訳の事業を開始した。そして、一九二九年に四二歳の生涯を終えた。

非ユダヤ人読者を想定した哲学的主著の執筆の傍ら、ユダヤ人青少年の民族教育に深くかかわったという点で、レヴィナスのキャリアはローゼンツヴァイクのそれと見分けがたく似ている。

55 ローゼンツヴァイク(2)

レヴィナスは「二つの世界の間で」でローゼンツヴァイクの生涯を紹介した後に、『救済の星』についてこう語っている。

私たちはこの本を一つの体系として語るつもりはありませんし、そこに表現されているさまざまな先人の影響を定量してみるつもりもありませんし、そこに見出される古典的な主題をめぐる変奏曲をいちいち尋ねるつもりもありません。この書物が厳密で博識な一つの思考から生じたがゆえに、そのような実証的解釈に十分に値する書物であるにもかかわらず。[88]

なぜなら、『救済の星』は「そういったものすべてを超えた何ものか」、「人生の扉を開く書物」[89]

だからである。この書物はローゼンツヴァイク自身の「人生の扉」を開いた。だから、この書物の向こうには彼の人生が広がっているのである。事実、ローゼンツヴァイクは友人宛ての書簡のうちで、ここから自分の真の人生が始まるのだからこれ以後もう本を書くことはない、とまで言い切っている。これ以後は、自分の生き方によって自分の書いた書物の真正性を保証するのだ、と。ローゼンツヴァイクの次の言葉をレヴィナスは引用している。

> 誰もが一度は哲学すべきである。誰もが、おのれ自身の視点に立って、おのれ自身の人生を踏まえて、あたりを見回すべきである。しかし、このまなざしは目的それ自体ではない。書物は最終的な目的ではない。過渡的な目的でさえない。書物は自存するものでもないし、他の書物によって補完されるものでもない。書物は正当化されなければならないのだが、この正当化は日々の生活を通じて果たされるのである。[90]

レヴィナスもまた哲学の真正性は「日々の生活」において実証されると書いていた。タルムード解釈についてのレヴィナスの言葉をもう一度引く。

---

88 DL, p.201
89 DL, p.258
90 DL, p.258

懇請は個人から発する。目を見開き、耳をそばだて、解釈すべき章句を含むエクリチュールの全体に注意を向け、同時に実人生に――都市に、街路に、他の人々に――同じだけの注意を向けるような個人から。懇請は、そのかけがえのなさを通じて、そのつど代替不能の意味を記号から引き剥がすことのできる個人から発する。[91]

書物は個人の懇請を受けて、それまで誰によっても読み出されることのなかった新しい意味を開示する。書物は、誰によっても代替し得ないおのれ自身の人生を生きている人間の働きかけを通じて、そのつど刷新され、富裕化され、新たな書物として甦る。ローゼンツヴァイクとレヴィナスはこの開放性のうちに哲学の新しいあり方を見ようとした。そして、それを「タレスからヘーゲルに至る思想」に対置する。

タレスの命題「すべては水である」はローゼンツヴァイクによれば哲学的真理の原型です。哲学的真理は経験の真理を拒絶します。そうすることによって異類たちを一つに取りまとめ、出会われたすべての現実が「結局のところ」何ものであるかを告げ、現象的真理をこの〈すべて〉のうちに包摂してしまうのです。[92]

『救済の星』はこの「〈すべて〉の哲学」への挑戦の言葉から始まる。

「すべては水である」という哲学のあの最初の文のうちには、世界の思考可能性という前提がすでにひそんでいる。(…)「多くのものはなんであるか」とは問うことができない。そうした問いには多義的な答えしか期待できないからである。それにたいして、「すべてのものは」という主語にはすでに、ひとつの明確な述語があらかじめ保証されている。したがって、ここでのように存在に全体性を認めない者は、思考の統一性を否定することになる。そうした否定を行う者は、イオニアからイエナにいたる哲学者たちの由緒ある社会全体に挑戦しているのである。[93]

レヴィナスがのちに「全体性と無限」という二項対立に託して語ったことを、ローゼンツヴァイクは「〈すべて〉と〈多くのもの〉」の対立として語る。そして、自らを「存在に全体性を認めない者」、「哲学者たちの由緒ある社会全体に挑戦」する者に擬したのである。

レヴィナスはローゼンツヴァイクの立論をこう説明する。

〈すべて〉は古代宇宙論では世界に、中世神学では神に、近代観念論では人間に、それぞれ還元されました。この全体化趨勢の極限を体現したのがヘーゲルです。ヘーゲルによれば、すべ

91 AV, p.136
92 DL, p.262
93 ローゼンツヴァイク、前掲書、一六―一七頁

ての存在者は、歴史という〈すべて〉のうちに位置づけられない限り意味を持ちません。歴史という〈すべて〉が諸存在者の現実性を考量し、人間を、国家を、文明を、思惟そのものを、そして思想家たちを包摂する。哲学者たちの個人性は真理のシステムのうちに回収され、その一つの契機になる。[94]

個別的なもの、多様なもの、〈何か〉（etwas）を全体性に回収することこそが哲学の本質であるというヘーゲルの考え方を、ローゼンツヴァイクは退ける。この世には決して全体性に回収できない経験が存在する。それは「死」である。

人間はこの世に生きる者の不安を投げすてるべきではない。彼は死の恐怖のもとに――とどまるべきである。（…）たしかに、〈すべて〉は死ぬことはないし、〈すべて〉にあってはなにも死ぬことはないだろうからである。死ぬことができるのはただ個別的なものだけであり、そして、死すべきものは孤独である。[95]

哲学は〈個別的なもの〉を世界から排除するために「死とは〈無〉だ」として、死を「厄介払い」しようとする。けれども死はそう簡単には「始末」されない。

死は本当はそれがそう思われているもの、つまり〈無〉ではなく、排除できない冷厳な〈なにか〉である。哲学が死をおおいかくす煙幕のなかからでさえ、死の冷酷な叫び声が執拗に響いてくる。[96]

ローゼンツヴァイクのこの語り口は、レヴィナスが「無」と「死」について論じた箇所に間違いなく残響している。レヴィナスは『時間と他者』の中で「無の不可能性」に言及していた（その時念頭にあったのはヘーゲルではなく、ハイデガーだった）。ハイデガー的現存在は「未了」をその本質とするから、生まれ出た時にすでに死を繰り込んでいる。だから、現存在は死ぬことによって、おのれの未了という本質を生き続ける。つまり、死ぬことは現存在が引き受ける一つの存在する仕方なのであり、「死とともに現存在自身は、おのれの最も固有な存在しうることにおいて、おのれに切迫している」とハイデガーは書いた。現存在の本質はその死において光のうちに開示される、と。レヴィナスはハイデガーのこの「死」のテーゼに対して、死において人はおのれの本質を観取するのではない。おのれから最も遠いもの、「神秘」とかかわることになると書いた。

死の未知性が意味するのは、死との関係は光のうちで生起するのではないということである。主体はそこでおのれから由来するのではないものと関わりを持つようになるということである。

---

94 DL, p.262
95 ローゼンツヴァイク、前掲書、五頁
96 同書、五頁

> 主体はその時神秘と関わりを持つのである。[97]

〈すべて〉は個別的なものの「死」を「始末」することはできない。

> この全体性と、還元による全体性の探求に対して、ローゼンツヴァイクは否を突きつけます。全体性は死にいかなる意味をも賦与することができない、と。なぜなら、人間は独りで死ぬからです。死は還元不能です。それゆえ、還元する哲学から経験へ、すなわち還元不能のものへと反転しなければなりません。（…）人間は人間一般の単なる個別化ではありません。なぜなら、人間は独りで死ぬからです。「人間」概念の個別化である自然の一部として、ある文化の担い手として、倫理的存在としてなら、人間は死を軽んずることができましょう。けれども、「単独性」（ipséité）としては死を軽んじることができません。[98]

「単独性（イプセイテ）」とは見慣れない語であるが、これはローゼンツヴァイクの術語である単独性（Einzelheit）のフランス語訳である。ipséité はラテン語 ipse（自ら、自身、個人）の派生語で、それ以上に還元不能の個人・個物の個別的特徴を意味している。そして、ローゼンツヴァイクは単独性を全体性（Allheit）の対義語として用いていた。だからレヴィナスにおいて、ipséité は totalité の対義語になる。単独性は全体性に対峙しそれを揺るがす。知りうる世界の外側に消化しにくい一つの事実性が残る。そして、全体性の哲学の全能に翳りが生じる。ローゼンツヴァイクはこう書く。

知りうる世界はみずからが〈すべて〉であることを要求してきた。この知りうる世界が誕生する時に発せられた最初の文の主語は「すべては」であった。（…）だが、今や、〈すべて〉が包み込む統一体（Einheit）としてのこうした全体性（Allheit）にたいして、そこに閉じ込められていたひとつの単一性（Einheit）が反乱を起こし、みずからを単独性（Eizenheit）とか単独者の単独な生と称し、そこから強引に撤退してしまった。そうなると〈すべて〉（das All）はもはやすべてのもの（das Alles）であることを要求するわけにはいかなくなる。[99]

56　ローゼンツヴァイク(3)

還元不能の「死」において、単独者は全体性の秩序から逃れ出る。しかし、単独者として全体性の秩序を「逃れ出る」というのは、同時に秩序のうちにある他のすべてのものから「隔絶される」ことをも意味している。その時、単独者は「自分に対して閉ざされ、世界に対して閉ざされ、世界とも神とも関わることのない単独性」[100]に陥る。

97　TA, p.56
98　DL, p.263
99　ローゼンツヴァイク、前掲書、一六頁
100　DL, p.263

しかし、まさにこの孤立から話は始まるのである。ipséitéとして、すなわち単独者として、単独性として、単一性として、他のすべてのものから隔絶されてあること、ローゼンツヴァイクとレヴィナスによれば、これが「永遠に真なる経験」へ向かう反転の営みの起点となるからである。

さて、その次がローゼンツヴァイクの思想の第二の契機となります。実は、この隔絶は私たちの具体的な世界経験ではありません。というのは、私たちの経験において、〈神〉と〈世界〉と〈人間〉は隔絶されてはおらず、結びついているからです。ただし、それらは一望のうちにそれらを俯瞰している観照（théorie）によって、還元されることを代償として、結びつけられているのではありません。私見によれば、ここにこそローゼンツヴァイクの思想の本質が存するのですが、もし存在の一般的エコノミーにおいて、還元不能かつ絶対的に異質な諸要素の結びつきがあり得るとしたら、決して統一されることのないものの統一（l'unité de ce qui ne serait être uni）があり得るとしたら、その様態こそ生命と時間（*la vie et le temps*）だということです。[101]

単独者は、理論的には（en théorie）、全体性から隔絶されているけれども、具体的な経験においては（en pratique）、神と世界と深く結びついている。単独者は神と世界を一望俯瞰することはできないけれど、「生命と時間」においては神と世界と深く結びついている。「観照すること」と「結びつくこと」は別のことだからだ。対象を観照できないけれども、それと深く結びついているということはある。

> 全体化は哲学者のまなざしを通して成就するのではありません。自ら一つのものに取りまとまり、自ら結びつくもろもろの存在者たちによって成就するのです。この統一が宗教という根源的事実を――時間として――構成します。宗教とは、信仰告白であるより先に、まずもって生の脈動に他なりません。その脈動を通じて、神は人間と関わり、人間は世界と関わります。存在を調えるものとしての宗教は哲学者の全体性に先行するのです。[102]

私がここで「存在を調（ととの）えるもの」と訳したのは la trame de l'être というフランス語である。trame とはもともと「横糸、繊維のつらなり」を意味する。織物では縦横の糸が絡まり合って布地をかたちづくる。その布地を構成する糸の全体を trame と言う。この語にはさらに「物語の骨組み、大筋」という意味もある。レヴィナスは同じような文脈で intrigue de l'être という語をも用いている。intrigue は「（劇・小説・映画などの）筋立て、陰謀、策謀、情事」を意味する。もし trame と intrigue をレヴィナスがほぼ同義の術語として用いているとしたら、この二語に共通する意味は何だろうか。

101　DL, p.264
102　DL, p.264

第一に、「それ」は出来上がった「作品」に時間的に先行するものであることである。第二に、「それは」は「作品」が仕上がった時には不可視のものになっているということである。「今ここにあるもの」よりも時間的に先行している「何か」がある。その「何か」が「今ここにあるもの」の骨組みや筋立てを決定しているのだが、われわれはそれを直接には見ることができない（注意深い観察者の眼には透けて見えるかも知れないが）。そのような独特の含意をレヴィナスは trame と intrigue という語に託した。

繰り返し書いてきたように、一神教信仰（広く「宗教」と言ってもよい）は、「遅れ」という時間意識を持つことで成立した。「始源の遅れ」という時間意識を熟成させた者だけが、「現在／現前に絶対に包摂し得ぬもの」としての絶対的他者を考想することができる。

「私は・今・ここに・存在する」（Me voici）という当の事実ゆえに、「私」はすでに他者に遅れており、他者に借りを負っており、他者に応答する責務を負っている。「遅れ」という自覚抜きには一神教信仰は存立することがないし、「他者」という概念も存立しない。

trame/intrigue はいずれも時間という契機を含んでいる。それは今ここにある事象に先立っており、それゆえに、今ここにあるような事態は出来したのであるが、「先立つもの」は今ここにおいてはすでに不可視のものとなっている。

「存在を調えるものとしての宗教」は「哲学者の全体性」に先行し、観照的主体によっては俯瞰することはできない。「繊維の絡まり」は「布地」に先行しており、「筋立て」は「作品」に先行しているが、それらは布地が織り上がった時、物語が完成した時にはもう目には見えない。哲学者が俯瞰する全体性は、布地であり物語である。それは布を編み上げる行為、物語を作り上げる行為の帰結である。観照的主体が布地や物語を一望俯瞰できるのは、それがtrame/ingrigueに遅れているからである。存在が全体性として観照されるのはそれが「存在を調える」営みに遅れているからである。

生あるいは宗教は哲学と理性に同時に遅れかつ先んじています。理性それ自体が生の一契機として現れる。私が言いたいのはこういうことです。私が統一性と言うのは今ここにおける神と人間と世界の形式的な統一のことではありません。そのような統一性は、諸元の外部に立つ哲学者の総合的な思考によって、その還元しつつ加算するまなざしの下に生まれるものです。統一性はこの諸元のうちに身を置いた時、これらの諸項がそれぞれにとって何であるかという意味のうちにあります。統一性とは一つの生の統一性のことです。諸元の間の関係はそれぞれが完結した関係であって、関係一般の個別化ではありません。[103]

引用の最初の「生あるいは宗教は哲学と理性に同時に遅れかつ先んじています」というのは意味がとりにくい一節である。生と宗教が哲学と理性に「先んじている」という理路は上に述べた通りである。では、それに「遅れている」とはどういうことか。

---

103 DL, pp.264-5

単独者である人間は、哲学と理性が構築する全体性から抜け出す。それが単一性として「永遠に真なる経験」へ向かう反転の起点である。ローゼンツヴァイクはそう書いている。われわれは無反省的には全体性のうちに産み落とされ、すでに意味のネットワークのうちに編み込まれている。しかし、全体性に還元し得ぬ経験――死の経験――において、「ひとつの単一性」が「反乱を起こし」、そこから「撤退」する。反乱を起こすのは既存の秩序に対してであり、撤退するのは既存の閉域からである。今そこにある秩序と閉域から離脱するという仕方で単独者は時間を生きるのである。

こう言えばいいだろうか。人間は全体性の秩序のうちに「投じられている」という意味では全体性の秩序に遅れている。しかし、単独者として全体性の秩序の不完全性を覚知し、そこから「撤退する」時に、全体性の秩序に先行する時とのつながりを回復する。

「神秘」を意味の秩序の「外部にあるもの」として想像することは別にむずかしいことではない。「外部にあるもの」を図像的に思い描くことについては、私たちには体験的な裏付けがある。しかし、「神秘」を「今とは違う時間」として観念することは容易ではない。繰り返し書いている通り、他者や外部性を時間論として語ることのむずかしさはここにある。「現在とは違う時」を私たちの脳は図像的に表象できないからである。「他者とは外部の人である」という命題なら私たちは図像的に理解できる。内‐外というのは空間的な表象形式だからである。けれども、「他者とは現在ではない時間である」という命題は容易には像を結ばない。私たちは過去と現在と未来を「時間直線」の上で図像的に俯瞰する思考習慣になじんでいるからである。私たちは「時間の流れは一望俯瞰できる」という臆断のうちに嵌入している。だから、「一望俯瞰できない時間」というものを観念するためには、自分たちの思考習慣そのものを「かっこに入れる」必要がある。

そうやって考えると、「レヴィナスの時間論」というのは、厳密に言えば、「論」ではないということが分かる。それよりはむしろ時間を脳内で表象する時に手持ちの思考習慣を適用しないという「抑制」あるいは「節度」のことなのである。レヴィナスの時間論とは、「時間」という文字列を見るたびに私たちの脳内で自動的に表象される図像にそのつど斜線を引き、「そのような仕方では表象されることのできないもの」について思量し語らねばならないと、自分自身に言い聞かせること、すなわちおのれの思考を宙吊りにすることなのである。

57 ローゼンツヴァイク(4)

最後に、ローゼンツヴァイクの啓示と愛についての命題を一瞥しておきたい。

ローゼンツヴァイクによれば、人は「類」として、あるいは「一般性」として啓示を受けるのではない。それは端的に「固有名」において経験される。その理路は次の如くである。

すべての事物は被造物であるけれども、そのことは日常的には自覚されていない。それは「単なる被造性」として無感動に、非主題的に、認識されているに過ぎない。おのれが創造されたものだということへの痛切な実感は日常的には隠蔽されたままである。

いずれの事物も太古から創造された事物であるがゆえに、それが生起した啓示の証拠であるということは、その事物の背後にとどまり、最初の始まりの暗闇のなかに隠れたままである。[104]

おのれが被造物であるということの痛切な自覚は、単なる自分についての一般的な知識としてではなく、今ここでの、他の誰でもないおのれ単独の、かけがえのない経験として生きられなければならない。

いつか、時間上のある時に、かつていちどきり生じた啓示ではなく、この瞬間に生起している啓示の輝きによって照らされてはじめて、その事物がその事実存在を啓示に負っているという事情が（…）その事物の事実性の内的な核になる。事物はこうしてはじめて、つまり、それがとにかくすでに生起してしまった啓示の証拠ではもはやなく、この瞬間に「たった今」生起している啓示の表現となった時に、その本質的な過去から出て、みずからの生き生きとした現在へ歩みでるのである。[105]

啓示がいまここで、単独者において、無条件かつ瞬間的に生起するものだということが明らかになった時に創造のわざは成就する。

今や神は現在的である。瞬間のように、そのつど瞬間のように現在的なのである。そしてこ

> れによって神は、創造主としてはまだ本当にそれでなかったもの、今ようやくそれになりはじめている当のものになりはじめる。[106]

これが神の愛のありかたである。

> 愛はつねに新しくあろうと欲するがゆえにみずからを高め、安定したものでありうるためにつねに新しくあろうと欲する。愛が恒常的でありうるのは、それがあくまで非恒常性のうちを、瞬間のうちを生きることによってのみである。（…）神もまたそのように愛する。[107]

神が被造物を愛する時に、その動機がなんらかの欠乏であると言うことはあり得ない。神の属性のうちに「欠乏」とか「不充足」とか「欲求」とかいうものはないからである。だから「愛それ自体には、つまり愛の瞬間性という狭い渡し板のうえには、いかなる欠乏の余地もない。」[108]

---

104 ローゼンツヴァイク、前掲書、二四五頁
105 同書、二四五頁
106 同書、二四五頁
107 同書、二四七頁
108 同書、二四八頁

> 愛は、それが存在する瞬間には完全に満たされている。愛する者の愛はつねに「幸福」である。愛する者に向かって、あなたは愛すること以外にまだ何かを必要としているなどと、だれが言おうとするだろうか。[109]

神が愛する時、その愛には、愛するに至る事情を語る「前史」もないし、愛することによって未来に何ごとかを達成しようという「計画」もない。『神は愛する』はもっとも純粋な現在である。」[110]

ローゼンツヴァイクは独特の術語をここで出してくる。神は全知（Allweisheit）であり、全能（Allmacht）であるが、「全愛」（Allliebe）ではない。神は万人を等しく愛するのかも知れないけれど、啓示において一般性はまったく問題にならない。「神の愛はつねにまったく神が愛するその瞬間と地点のうちにあり、（…）神の愛は、それが愛する者を、愛するその場において愛する」からである。[111]

この一回性・単独性のうちに愛の本質は存する。神と「神が愛するもの」との出会いは、ある一回的な、前代未聞の、再現不能の対面状況において果たされる。だから、神から「あなたはどこにいるのか？」と尋ねられた相手は絶対的に単独者なのである。

「〈君〉はどこにいるのか？」これは〈君〉に向けられた問いにほかならない。けっして〈君〉の本質を尋ねる問いではない。[112]

神が訊くのは「あなたはどこにいるのか？」であって、「あなたは何者か？」ではない。一神教的の召命の本質はここに集約される。私たちは自分が何者であるかを厳密には言うことができない。しかし、あるメッセージが自分宛てであるのかないのかを間違えることはない。神のメッセージを受信する者は、自分が誰であるかを知っている必要はない。その宛て先が他ならぬ私であることを確信できればそれで十分なのである。

さしあたり視界のうちにあるのはどこを尋ねる問いだけである。いったい〈君〉なるものはどこにいるのか。〈君〉を求めるこの問いだけが、〈君〉についてすでに知られている唯一のことである。けれども、〈私〉が自分自身を発見するためには、この問いだけで十分である。[113]

この文章は『創世記』における二つの場面を念頭に書かれている。一つはアダムへの呼びかけ、一つはアブラハムへの呼びかけである。

---

109 同書、二四八頁
110 同書、二四九頁
111 同書、二四九頁
112 同書、二六六頁
113 同書、二六六頁

主である神は、人に呼びかけ、彼に仰せられた。「あなたは、どこにいるのか？」[114] そう神に呼びかけれた時、アダムは、私は園であなたの声を聞きました。それで私は裸なので、恐れて、隠れましたと答えた。[115]

アダムは自分が裸であることを恥じ、恐れて隠れた理由について、女と蛇と木の実の物語を語って、「説明」を試みた。アダムは主の問いかけにただちに「はい」と答えることをしなかった。その代わりに、「主の御顔を避けて」、あたかもおのれ自身についての物語を三人称で叙すことで「女と蛇の背後に」身を隠したのである。

アブラハムにはそのような作為がない。

神は彼に、「アブラハムよ」と呼びかけられると、彼は、「はい、ここにおります」と答えた。[116]

アブラハムはまっすぐに主の呼びかけに答える。ただ答えるだけである。彼はいかなる物語も語らず、説明も試みない。

人間は、女や蛇の背後に身を隠せるようなみずからの普遍概念で呼びかけられるのではなく、逃れようのないもので呼びかけられることによって、対象化へのどんな逃げ道も断たれてしまう。この逃れようのないものは、端的に特殊なもの、概念を欠いたものであって、すべての事物を（…）包括している定冠詞と不定冠詞という二つの冠詞の支配圏をまぬがれているもの、すなわち固有名詞である。[117]

アブラハムは「逃れようのないもの」すなわち「固有名」において主の呼びかけを受け、応答する。応答可能性＝有責性とはまさしくこのことである。人は固有名においてのみ応答する。固有名というのは、自分で選ぶことのできる、自己命名し得る呼称のことではない。そうではなくて、「神みずからが人間のために創造した名前」「創造者が創造したものとして」の名である。そして、その名において呼びかけられる時に、呼びかけられたものはかけがえのない、唯一無二のものとして、「創造」されるのである。

神の「〈君〉はどこにいるのか」にたいして、いまだ反抗的で頑なな〈自己〉として沈黙していた人間は今や、聞きのがしようのない最高の明瞭さで（…）みずからの名前を呼びかけら

---

114 『創世記』三・九
115 『創世記』三・二〇
116 『創世記』二二・一
117 ローゼンツヴァイク、前掲書、二六七頁

れて、すっかり身を開き、すっかり開かれ、すっかり覚悟を決めて、心からこう答える。「私はここにいます。」[118]

以上のようなローゼンツヴァイクの啓示と愛についての論をレヴィナスは簡潔にこうまとめる。

> 神は人間を単独性（ipséité）として愛します。神と人間の間の関係のうちにあるすべてはこの愛です。そして、神は、人間を唯一無二性（singularité）としてしか愛することができません。神から唯一無二者としての人間に向かうこの愛の関係を、ローゼンツヴァイクは「啓示」と呼んだのでした。まず愛があってそれから啓示があるのではありませんし、啓示が先で愛が後ということでもありません。啓示とはこの愛のことなのです。[119]

神の愛は命令というかたちをとる。モーセは彼が聴き取った神の言葉を同胞たちにこう伝えた。「聞きなさい、イスラエル。主は私たちの神。主はただひとりである。心を尽くし、精神を尽くし、力を尽くして、あなたの神、主を愛しなさい。」[120]

この言葉のうちにはある根源的難問がひそんでいる。それは「愛を命じることは可能だろうか？」という問いである。「私を愛せよ」という命令は成り立つのだろうか。ふつうは不可能である。けれども、ただ一つだけ例外がある。それは「愛する者」がまさに愛ゆえにその言葉を口にする場合である。「私を愛せ」という命令が愛の行為そのものである場合である。

愛の命令は愛する者の口からのみ発せられうる。愛する者のみが「私を愛せ」と語ることができるし、じっさいにそう語りもするのである。愛の命令は、それが愛する者の口にのぼる時には、よそよそしい命令ではなく、愛そのものの声に他ならない。（…）「私を愛せ」という命令法は、まったく純粋な、準備を欠いた現在である。（…）命令が知っているのは瞬間のみである。[121]

レヴィナスはこの箇所をこう言い換える。

神の単独性に対する愛とは、すなわち、愛を命令することです。ローゼンツヴァイクは愛を命じることができると考えました。（…）愛は命じられる。ただし、愛を命じることができるのは愛だけです。そして、愛はその愛の今ここ（*maintenant*）において愛を命じるのです。ですから、愛することの命令は、愛を命じるその愛そのものの反復と更新を通じて、無限に反復

118 同書、二二七－八頁
119 DL, p.266
120 『申命記』六・四－五
121 ローゼンツヴァイク、前掲書、二六九頁

され、更新されるのです。[122]

呼びかけに応答するということを私たちはこれまで「責任」とか「責務」とかいう言葉で言い換えてきたけれども、レヴィナスがローゼンツヴァイクから継承した最も重要なアイディアの一つは「呼びかけ」とは「啓示」であり、「愛」だということである。神の呼びかけに「私はここにいます」と答えた人間は、その時に神から「あなたはこの世界にいる。あなたはこの世界でなすべき仕事がある。あなたがこの世界にいることを私は願う。あなたがこの世界にいることを私は祝福する」という愛のメッセージを受け取っているのである。

58　エロス(4)

『時間と他者』に戻ろう。性差についてのレヴィナスの言葉の前で私たちは立ちどまったままである。

性差は二つの相補的な項の二元性のことではない。というのは、相補的な二項は、それらに先行する一つの全体を前提にしているからである。だが、性的な二元性が一つの全体を前提にしているということは、愛を融合としてあらかじめ想定しているということになる。しかし、愛の感動は存在者たちの乗り越え不能の二元性に由来するのである。それは絶えず逃れ去るものとの関係である。[123]

ローゼンツヴァイクの愛と啓示についての所論を瞥見したおかげで、ここでレヴィナスが言おうとしていることはいくぶんか見通しがよくなった。レヴィナスはここで存在者たちの乗り越え不能の二元性を、神と人間の乗り越え不能の二元性に重ねている。人間たち同士の現実的な性愛の関係を、神と人間の関係と本質的には同じものと見立てるのである。

人間は、その日々のふるまいを通じて世界を「聖化」し、その日々の歩みによって「聖史」をかたちづくる。日常的な人間的現実と、創造と啓示と救済にかかわる聖史的次元のこの相互嵌入がおそらくはユダヤ教の際立った傾向である。

レヴィナスはローゼンツヴァイク論の中で、戒律に触れて、「ユダヤ教が戒律で織り上げられているという事実は、一瞬一瞬における神の人間に対する愛の更新を証している」と書いていた。戒律についてレヴィナスはこう書いている。

シナイにおける戒律の開示は過ぎ去ったことですが、すべてのユダヤの律法は**今日**命じられているのです。(Toute la Loi juive est commnadée *aujourd'hui*)[124]

122 DL, p.266
123 TA, p.78
124 DL, p.267

そのつどの「今」において永遠性は啓示される。人間の日々の営みは神的秩序のうちの一断片に過ぎないのではない。今ここにおける固有名を持つ単独者の聖潔なふるまいを通じて、そのつど、神の人間に対する愛は一回的にかつ余すところなく開示されるのである。

だから、ユダヤ教には「歴史」というものがない。「歴史」という枠組みを要請しない。

ヘーゲルとその後継者たちは、今ここでの人のふるまいの意味や価値は、歴史という全体性のうちに位置づけてはじめてその本来の意味を開示すると考えた。だとすれば、全歴史が踏破され終わるまで、今ここで私がしていることの本当の意味は確定しない。全体性のうちに包摂され、全体の秩序のうちに位置づけられない限り、個々の項の本当の意味は分からない。こういう考え方を「歴史主義」と呼んでもよい。

私たちは歴史の目的を「知る」ことはできない。なぜなら、私たちはすでに「歴史」の中に投じられているからである。私たちにできるのは、具体的な歴史的行動を通じて、歴史に目的と価値を「与える」ことだけだ。人間は、そのつどの歴史的条件によって限定されつつ、それを不断に超克してゆく。これはヘーゲル＝マルクス的な歴史観になじんだ二〇世紀的な知性にとっては自明の知見である。

しかし、レヴィナスにとって、それはまったく自明のことではなかった。単独者としての人間の意味は、歴史の全体性に整序されることによってではなく、神との絶対的に単独の関係において開示されるからである。

それに、歴史は真理が全体化してゆく漸進的なプロセスであると信じるには、ユダヤ人はあまりに多くの不条理を経験してきた。収容所からパリに戻ってきたユダヤ人哲学者に向かって、あなたは「歴史という審級」に信を置くべきだ、人間的活動の場はそこにしかなく、人間的価値はそこでしか確定しないと説得することは、どのような歴史主義者にも困難だっただろう。ユダヤ人の種族の記憶は「真理は歴史的階梯をたどって段階的に開示される」という言明を受けつけない。そして、ユダヤ人たちの聖史には、「始まり」と「終わり」だけがあって、段階的に救済が現実化してゆくような「途中」はない。間にあるのは「神なき宿駅」だけである。それはレヴィナスが繰り返し説いてきたことである。

ユダヤ人にとって、神は時間の経過とともに少しずつその全貌を開示してゆくような歴史内部的なものではない。神は今ここにおける人間の十全な霊的成熟を要求する。神の支援も、神からの保障もなしで、神が人間に課したミッションを今ここで遅滞なく果たし得るような人間の成熟を要求する。それがユダヤ教の考え方である。

> 人間がこれほどまでに孤独であるのは、神のすべての責任をおのれの双肩の上に感じるためである。[125]

125　DL, pp.202-3

神なき宿駅をたどるユダヤ人は、今ここで聖史的歴程の全行程を歩んでいる。だから、ユダヤ的共同体は永遠性をそのうちに有している共同体であるとレヴィナスは言うのである。

ユダヤ人は今もうすでに到着しているのです。(Le juif est d'ores et déjà arrivé.)[126]

ユダヤの民はこの永遠性を、不易の律法と円環的な時間経験――それこそ永遠性が時間のうちに顕現する様式そのものです――のうちで生きています。この時間は儀礼的生活を通じて経験されます。だからこそ、儀礼的生活は存在論的重要性を有していると申し上げたのです。ユダヤ年暦の経験は「主観的」なものではありません。永遠性によって引きつけられた時間の新たな収縮であり、永遠性の先取りです。ユダヤ年暦は、さまざまな祝祭日にこと寄せて、「宇宙的な日課」のさまざまな時――朝、昼、夜――すなわち創造、啓示、救済を反復しているのです。[127]

宇宙的な日課(La Journée Cosmique)は、祝祭と儀礼を通じて日々再演される。同じように、ひとりひとりの愛の経験においても、神の愛はそのつど再演される。

神の愛は「純粋な現在」である。この瞬間に、今ここで生起している啓示である。愛は神が下絵を描いた世界に計画的に出来するものではないし、普遍的・一般的な愛のうちの一つの個別的な現れというのでもない。愛は一回的・単独的である。愛する者と愛される者の出会いは、一回的な、前代未聞の、再現不能の対面状況のうちにおいて果たされる。たしかにローゼンツヴァイクはそう説いていた。そして、その時に問われるのは「あなたは誰だ?」ではない。「あなたはどこにいるのか?」である。私たちは愛において「宛て先」を訊ねているのであって、「本質」を訊ねているのではない。神の愛についてのローゼンツヴァイクのこの考想はそのまま私たちの日常的な、現実的な、エロス的関係の本質を開示している。

　他者の他者性・外部性を毀損することなく出会うこと、他者を既知に回収し、全体性のうちで名づけ、理解し、所有することを自制し、他者をその生き生きとした単独性において愛すること、それは私たちにとって、ある意味あまりにも日常的な、生活上の課題である。

　私たちは親子として、夫婦として、恋人同士として、友人同士として、あるいは師弟として、他者と日々出会う。レヴィナスはそれらの出会いは、一神教における神との出会いと、本質的には同じ経験なのだと言う。私たちは神と人間の出会いをそのつど再演しているのである。そこまでは言い切っていないけれど、私はそう理解してよいと思う。私たちは日々、人間と人間の愛の経験を通じて、愛と啓示と創造のわざに立ち会っているのである。他者との出会いとは啓示である。もし、その出会いによって、そのつどささやかな規模ではあれ、創造と啓示と救済の営みが行われているのでなかったら、それは定義上「単独者との出会い」とは言われまい。

---

126 DL, p.207
127 DL, p.271

女性性についてのレヴィナスをもう一度読み返してみよう。その表情がずいぶん違ったものに思えるはずである。

女性的なるもののこの他者性は、対象が単に外部にあるということを意味しているわけではない。(…) 他者とはわれわれが出会い、われわれを威嚇し、あるいはわれわれを支配しようとする存在者のことではない。(…) 他者の力を作り上げているのはすべて他者性なのである。他者の神秘性がその他者性を構築しているのである。[128]

この時、レヴィナスはボーヴォワールの『第二の性』を念頭にしていたと私は先に書いた。ボーヴォワールはコジェーヴのヘーゲル理解を準用して、男性と女性は「主と奴」の弁証法的相克のうちにあるとした。だが、ヘーゲル的全体性には外部がない。歴史には外部はない。〈すべて〉は歴史の中で演じられる。真理の体系に外部はない。だから、ヘーゲル的全体性には他者がいない。だが、他者はあらねばならない、いない。

59　エロス(5)

他なるものの力を構成しているのはその他者性である。神秘がその他者性をかたちづくっている。よく覚えておいて欲しいのだが、私は他者をまず自由として措定することをしない。他者をまず自由として性格づけるということは、コミュニケーションの挫折があらかじめ刻印されているということである。なぜなら、自由である私と、もう一つの自由である他者との間には、服従するか隷従させるかという以外の関係はあり得ないからである。いずれにせよ、二つの自由のうちのいずれかが無化される。主人と奴隷の間の関係は戦いという準位において理解されるのだが、それは関係が相互的なものだということである。ヘーゲルはまさにいかにして主人が奴隷の奴隷となり、奴隷が主人の主人となるか、その理路を明らかにしたのであった。[129]

私はここに何が書いてあるのかだいたい分かる。レヴィナスを読んでいる時に五行以上の文章の意味が「だいたい分かる」というのはかなり例外的な経験である。でも、ここは分かる。それはレヴィナスについての理解が進んだというより、レヴィナスはこの時代の哲学者の誰も言っていないことを言っているらしいということにようやく慣れてきたからである。レヴィナスが手に負えなかったのは、つい「ほかの哲学者とだいたい同じことを、別の概念を使ったり、他の言葉づかいで言っている」という無根拠な前提を採ってしまうせいである。既知に還元しようとするから骨が折れるのである。未知のものは未知のまま、神秘は神秘のまま、他者は他者のままで、「要するにそれ

128 TA, p.79
129 TA, pp.79-80

は何のことなのだ」という問いに性急に飛びつかずに、そっとしておけばよい。私たちはそういう哲学には慣れていない。レヴィナスもまた「シンプルで美しい数理的秩序」をめざしている点では他の哲学者と少しも変わらない。ただ、その秩序が体系や全体性に縮減されることなく、無限を志向するという点が違うというだけなのだ。

レヴィナスがローゼンツヴァイクから継承した最も重要な概念は「単独性（イプセイテ）」（ipséité）である。神は人間を単独性として愛する。「神に愛される」とは「お前はどこにいるのか」という神の呼びかけに、「ここにいます」と即答すること、ただそれだけである。この神から単独者・唯一無二者に向かう関係をローゼンツヴァイクは「愛」と呼び、「啓示」と呼んだ。

私たちが何者であるのかは、神に唯一無二的な仕方で愛されることによって啓示される。私たちが何者であるかは、「呼びかけ」に対して「はいここにいます」と応答し得ることによって定まる。この「呼びかけ」には前段がない、文脈がない、構造がない、体系がない。それは単独者に向けて、唯一無二的に、無文脈的に到来する。

このような考え方は一九世紀後半から現在に至るまで、少なくともヨーロッパの思想界では一度も定説になったことがない。近代のヨーロッパ思想は「意味は文脈や体系や構造に関連して決定される」という信憑の上に築かれてきたからである。それが精神（ヘーゲル）であれ、階級意識（マルクス）であれ、無意識（フロイト）であれ、人間は人間を超えたある匿名的なシステムのうちに嵌入している。

二〇世紀半ば、レヴィナスの生きた時代における最も劇的な哲学的転換点の一つは、サルトルのヘーゲル＝マルクス主義的な「歴史主義」が徹底的に批判されて、レヴィ＝ストロースの「構造主義」に覇権が移ったことだった。当時、私たちは哲学的パラダイムが一新されたと教えられた。しかし、よく考えてみたら、歴史主義も構造主義も、いずれも「人間はシステムの虜囚である」という知見においては違うものではなかった。サルトルは人間の行動の意味は歴史という審級において開示されると語り、ミシェル・フーコーは「われわれを深く貫き、われわれの以前から存在し、時間と空間のうちでわれわれを支えているシステム」という審級においてそれは開示されると語った。それだけの違いである。

構造主義の時代が終わると、ポストモダンの時代が来て、人間は性別・宗教・人種・国籍・階級など無数のセグメントで区切られ、それが作り出す臆断の檻に閉じ込められていると今度は教えられた。経験的にはそれはかなりの程度事実であった。だから、全員が何らかの民族誌的臆断の虜囚である以上、「真実」について語る権利を持つ人間はもうどこにもいないという言い分に頷いて見せた。それならば、もう客観的現実などというものを気にすることなく、すべての人間にはそれぞれが自分の好みにあった臆断のうちに安らぐ権利があるという「ポスト真実（トゥルース）の時代」が到来した。私たちは今そこにいる。次にどういう哲学的パラダイムが登場するかは予測できないけれど、何が来ても、「人間は……の虜囚である」という文型そのものはたぶん変わらないだろう。すべての人間は例外なくある座標系のうちに位置づけられており、その布置の「どこ」に定位されるかによって、その意味や価値や特異性を確定されるというこわばった信憑は、これからも生き続けるはずである。レヴィナスは一九世紀からすでに二〇〇年続いているこの支配的な哲学的スキームそのものを退けているのである。分かりにくくて当然である。

レヴィナスは左派からは「ブルジョワ」と呼ばれ、フェミニストからは「セクシスト」と呼ばれ、民族解放論者からは「シオニスト」と呼ばれた。それらの人たちはみな「レヴィナスは……の虜囚に過ぎない」という言い方でレヴィナスの定義を済ませて、レヴィナスを「始末」した。「……の虜囚に過ぎない」という言い方そのものが「全体性の哲学」の定型であり、われわれはまさにそこから出なければならないというレヴィナスの考想に批判者たちが特に興味を示さなかったのは当然のことである。

あらゆる他者的なものを既知に還元し、ラベルを貼り、分類し、整序し、理解しようとする企てに抗って、単独者に唯一無二的に到来する経験を対置すること、全体性の哲学に無限の哲学を対置すること、それだけをレヴィナスはめざした。『時間と他者』でも、レヴィナスはただひたすらそのことだけを繰り返し語っている。

この時の聴衆たちには、レヴィナスの言葉の少なくとも一部はたしかに届いただろうと私は思う。理解できたかは別として、何人かの聴衆の身体に浸み込み、心を震わせたはずである。それはこの未聞の思想に一種の身体的なリアリティーがあったからである。

うまく説明できない概念がそれにもかかわらず身に浸みるということはあり得る。どれほど難解な概念でも、それを使って書いたり話したりしているうちに、いつのまにか使い方が分かるということもある。内燃機関の構造がわからなくても、自動車の運転ができるのと同じである。

例えば、私たちは「神」という概念を一意的に定義することができない。人知を超えたものなのだから、人知によって十全に記述できるはずがない。でも、人類はその概念を数千年にわたって用いてきて、それを導きの糸にして、知性と霊性を深めてきた。

レヴィナスの「他者」や「神秘」や「女性」もたぶんそういうものだと考えればよいのだと思う。一意的に定義はできないし、そもそも定義になじまない語が、レヴィナスの文章を長期にわたって集中的に読んでいると、それらの「使い方」、「使いどころ」は分かる。少なくとも、それが「何でないか」は分かる。それらの知見を導きの糸にして、おのれの知性と霊性を深めることはできる。だとしたら、さしあたりはそれで十分ではないのか。未聞の概念が受肉するまでにはそれなりの時間がかかる。

レヴィナスが何を言っているのか私には長いこと分からなかった。叡智的に理解することができなかった。けれども、長い時間をかけて（もう四〇年近くになる）ゆっくり咀嚼しているうちに、その一部は噛み砕かれ、嚥下され、私の身体の一部になった。「分からない」が「自分のものになる」ということはある。

ここから後、最後の八頁で、私たちはレヴィナスの最も分かりにくい考想と向き合うことになる。でも、私はそれを「理解しよう」と力むことはもうしないつもりでいる。ある概念が何であるかを一意的に定義することよりも、「一意的に定義し得ない概念」に導かれて、かつて一度も足を踏み入れたことのない深みに沈み込んでゆくことの方が、哲学的には生産的であるということがあるということを知ったからである。だから、「理解する」ことついてはもう努力しないけれど、「説明する」努力はもう少し続けるつもりでいる。理解できていないことをどうやって説明するのだといきり立つ人がいるかも知れないけれど、「説明する」ということも他者に出会うひとつの正統的なあり方なのだと私には思われる。そういうことを言う人はあまりいないけれど、分かりにくいことを説明するという作業は、読者や聴衆に「心を開いて」もらわないと成立しない。ただ、一方的に「正しいこと」を述べ立てても、それでは説明にはならない。そして、「心を開く」というのはそれほど簡単なことではない。説明を受ける側が、一時的に自分のふだんのものの考え方や感じ方を「棚上げ」し、「かっこに入れて」、こちらの言い分を「丸呑み」にしてもらわないと説明は成り立たない。「心を開く」というのは見た目はずいぶんと穏当な動詞だけれど、「心を開く」というのは、どこかで「自分を手放す」ということである。自分が自分のままである限り心は開かない。だから、説明をしている私は、読者にわずかなりとも「自分を手放す」ことを要求している。読者を一時的に、「単独者」になってもらって、あなたがかつて経験したことのない、前代未聞の、唯一無二の出会いを経験してはくれないだろうかと懇請しているのである。

テクストに戻る。

> 私は、他者の他者性を神秘と見なす——神秘そのものは慎みによって定義される。私は他者の他者性を私の自由と同一的な、私の自由と争う自由とは見ない。私は私の眼前に、もう一つの〈実存者〉を措定しない。私が措定するのは他者性である。死の場合と同じく、私たちがかかわるのは一〈実存者〉ではなく、他者性という出来事であり、喪失である。[130]

慎み（pudeur）は女性的なるものの本質である。慎みは身を隠すこと（se cacher）である。身を隠すものは、私の自由と向き合い、私の自由と確執し、私の自由といずれが主人でいずれが奴隷かを争うことをしない。それは私に服従することもないし、私を隷従させようとすることもない。他者性とは単なる空間的な外部性のことではない。光から逃れ、空間的に表象されることなく、身を隠すものである。[130]

60　エロス(6)

他なるものを第一義的に性格づけているのは自由であり、他なるものの他者性はその自由から導かれると解してはならない。他なるものは他者性をその本質とするのである。だからこそ、私たちはこの他者性をエロスという絶対的に独自な関係のうちに探求してきたのである。エロスの関係を権力と権力の争いの関係に還元することはできないし、もしエロス的状況の意味を歪めたくないならば、そのように解釈すべきでもない。[131]

主と奴の権力的な関係においても、向き合う二つの自己意識、二つの自由、二人の実存者はたし

130　TA, p.80
131　TA, p.80

かに惹かれ合っている。その限りでは、それを「エロス的関係」と呼ぶこともできるかも知れない。けれども、自己意識が他の自己意識に惹きつけられるのは、「自己意識は他の自己意識のうちでしかおのれの満足に到達しえない」からである。[132] いずれが主でいずれが奴かのヘゲモニー闘争に身を投じるのは、「自分が自立した存在だという確信を、自他のもとで真理にまで高めなければならないからである。」[133]

主と奴の弁証法において、主は思考の自由を失った奴から承認されても、「承認された」という実感を抱くことができない。自分の目の前にある、自由で、自立した自己意識によって、その発意によって承認された時にはじめて、自己意識は自分が自由で自立したものであることを確証する。ヘーゲルの弁証法では、他者が自由であるということが絶対に必要なのである。だから、「他なるものを第一義的に性格づけているのは自由である」ということになる。

しかし、レヴィナスはまさにそのヘーゲルの核心的命題そのものを退ける。私の前にいる他者は私と似るところのない「絶対的に他なるもの」である。私と他者の間には「共通の祖国」がない。他者はその語の本質的な意味で「異邦人」なのである。にもかかわらず、私は他者に惹きつけられる。私は他なるものを欲望し、それをめざす。けれども、その欲望を駆動するのは欠落感ではない。もし何かが欠けているせいで私は満たされていないということが欲望であるなら、私はその「何か」を非主題的にはすでに知っており、欠性的な仕方ですでに所有していることになるからである。レヴィナスの言う「欲望」（désir）とはそのようなものではない。

私が絶対的に他なるものをめざすのは、それが私の欠如を埋めるものだということを非主題的にすでに知っているからではない。私は自分が離れてしまった故郷を懐かしんでいるからではない。かつてゼウスによって両断された半身を求めているからではない。私が本来なるべき「最も固有な存在しうること」をめざしているからではない。私はただ形而上学的欲望に焼かれているのだが、その欲望はどこへの帰還をも求めていない。

形而上学的欲望は帰還を望まない。というのは、それはわれわれが生まれた土地とはまったく異なる国、あらゆる点で異邦であるような国、かつて一度もわれわれの祖国であったことがなく、これからも足を踏み入れることがないような国への欲望だからである。形而上学的欲望はそれに先行するどのような近親性にも基づかない。それは決して満たすことのできない欲望である。[134]

形而上学的欲望において、「欲望されたもの」は欲望を充足させることがなく、ただ欲望をいっそう亢進させるだけである。

〈欲望〉は絶対的に〈他なるもの〉への欲望である。充たされ得る飢え、癒され得る渇き、鎮

132　G・W・F・ヘーゲル、『精神現象学』、長谷川宏訳、作品社、一九九八年、一二七頁
133　同書、一三二頁
134　TI, p.22

められる情欲のうちに収まることなく、あらゆる充足の彼方に、形而上学は〈他なるもの〉を欲望する。(…) 充たされることのないこの〈欲望〉は、他ならぬ〈他なるもの〉の遠さを、他者性を、外部性を求めているのである。[135]

ボーヴォワールは性差とエロス的欲望のうちにヘーゲルを見出し、レヴィナスはそこにローゼンツヴァイクを見出す。図式的にはそう言えるだろう。エロスは、レヴィナスにおいては「存在と無の対立」にも「実存者」という観念にも回収されることのない、独自のカテゴリーなのだ。

〈実存者〉が「主観性」と「意識」のうちにおいて成就するのだとすると、他者性は女性的なるもののうちにおいて成就する。女性的なるものは意識と同じ準位にあるのだが、意味においては対立している。女性的なるものが〈存在者〉(*étant*)として成就するのは、光をめざす超越のうちにおいてではなく、慎みのうちにおいてだからである。[136]

女性的なるものは意識の対概念として提示される。意識は光をめざす。光のうちですべてを明らかにすることをめざす。それに対して女性的なるものは光を逃れる。おのれが何であるかを明かさない。

女性的なるものの超越はこことは違う場所へ身を引くことである。それは意識の運動とは逆向きになる。しかし、だからと言ってそれは無意識的であるとか、潜在意識的であるとかいうことではない。だから、私はそれを神秘と呼ぶ他ないのである。[137]

女性的なるものは神秘である。でも、それは女性的なるものと私との間でコミュニケーションが成り立たないということではない。私たちはある作法を守りさえすれば、神秘ともかかわることができる。他者の絶対的他者性を毀損することなしに、主体は他者とかかわることができる。

他者を自由として措定し、それを光の用語法で思量する限り、私たちは他者とのコミュニケーションの失敗を告白せざるを得ないのだけれど、それは一つの自由を掴むこと、所有することをめざすような運動の失敗を告白しているに過ぎない。エロスは所有や権力とどう違うのか、それを示すことによってはじめて私たちは、エロスにおけるコミュニケーションを認めることができる。[138]

光のうちですみずみまで開示されないもの、掴むことも所有することもできないもの、「……で

---

135 RI, p.23
136 TA, p.81
137 TA, p.81
138 TA, p.81

きる」ということができないものとも、私たちはかかわることができる。ローゼンツヴァイクは、神の愛の本質は「それが愛するものを、愛するその場において愛する」という絶対的な一回性・単独性のうちに存すると教えた。「愛するもの」との出会いは、前代未聞の、再現不能の対面状況のうちにおいて果たされる。そこには秩序も文脈も構造もない。だから「愛するもの」は「神秘」と呼ばれるのである。

エロスは戦うことではない。融合することでもない。知ることでもない。私たちは諸関係のうちでも例外的な場所をエロスのために認めなければならない。それは他者性との関係、神秘との関係、つまり未来との関係であり、すべてがそこにある世界のうちにおいて決してそこにないものとの関係であり、すべてがそこにある時にそこにあることができないものとの関係である。たまたまそこにいない存在者との関係ではない。そうではなくて、他者性の次元そのものとの関係なのである。可能なことがすべて不可能になる場所、私たちが「できる」という助動詞をもう使えなくなる場所、そこにおいても主体はエロスを介して主体であるのだ。[139]

愛においてまず問われるのは「あなたは誰か?」ではなく、「あなたはどこにいるのか?」である。問いはあなたの「本質」をではなく、あなたの「ありか」を問うている。どこに行けばあなたに会えるのかを問うているのである。

さしあたり視界のうちにあるのは、どこを尋ねる問いだけである。いったい〈君〉なるものはどこにいるのか。〈君〉を求めるこの問いだけが、〈君〉についてすでに知られている唯一のことである。けれども、〈私〉が自分自身を発見するためには、この問いだけで十分である。[140]

61 エロス(7)

可能なことがすべて不可能になる場所、私たちが「できる」という助動詞をもう使えなくなる場所、そこにおいても主体はエロスを介して主体であるとレヴィナスは書く。[141] 主体の主体性はできるということのうちにおいてのみ存立するわけではない。私たちが権力や支配や能動性を失うところにおいても私たちは主体であり得る。エロスの主体となるというのは、そういうことである。

愛は一つの可能性ではない。それは私たちの発意によって生まれるものではない。愛は理由がない。愛は私たちのうちに侵入し、私たちを傷つけるが、それにもかかわらず、私は愛のうちに生きるのである。[142]

---

139 TA, p.81
140 ローゼンツヴァイク、前掲書、二六六頁
141 TA, pp.81-82
142 TA, p.82

このフレーズは経験的な「愛」についての言明としてもそのまま受け入れることができるだろう。私たちが人を愛する時に合理的な理由はない。私たちは自分の「発意」に基づいて、例えば外形的な条件を満たす相手をみつけ出して、愛するようになるわけではない。私たちはいきなり愛に侵され、愛に打ちのめされる。愛は制御することも支配することもできないし、どうして愛するようになったのかを説明することもできない。しかし、まさに制御できず支配できず、その由来も行く末も言うことができないからこそ、それは愛なのであり、その不能という様態においてはじめて私は「愛の主体」となるのである。

　私たちがおのれの意思に基づいて人を愛したり愛さなかったりできるなら、愛が私の発意に基づいて発動し、私の能力によって制御できるものなら、それは私の内部の出来事である。そこには神秘も、未知性も、他者性も、外部性もない。だが、そのような出来事を誰も「愛」とは呼ぶまい。「できる」という助動詞が優位であるような境位にとどまる限り、私たちは決して「愛の主体」になることはできない。言葉づかいはいささかごつごつしているけれど、この説明は私たちの愛の経験についてそのまま妥当すると思う。

　エロス的経験は私たちの日常生活の具体的な一部でありながら、そこで私たちは「神秘」とかかわることができる。もちろん、エロス的経験を「……できる」の語法に回収して、性的冒険の旅を通じてひたすら「おのれであること」を強化し続けるオデュッセウス的な人もいる。そちらの方があるいは多数派かも知れない。けれども、私たちがエロスについて語って倦まないのは、それが

「神秘」とのかかわりであり、私の権能や能動性が無効になることそのもののうちにエロス的経験の本質があることを直感しているからである。

レヴィナスはさらに「性愛の現象学」(Une phénoménologie de la volupté) へと歩を進める。

性愛の現象学というものがある。それについてここで触れておきたい。性愛は他の愉悦とは異なる。それはものを食べたり飲んだりするような単独の愉悦ではないからだ。それが女性的なるものの例外的な役割と地位について、エロティックな経験におけるあらゆる融合の不在について、私たちの知見を確かなものにしてくれるはずである。[143]

エロティックな愉悦は食べたり飲んだりすることのもたらす愉悦とは別ものである。食べたり飲んだりというのは、対象を受け入れ、噛み砕き、飲み込み、消化して、「融合」することである。そのようにして食物や飲料は私たちの身体に吸収され、私たちの一部になる。けれどもエロティックな経験はそうではない。それはまさに私たちに決して取り込まれることがないがゆえに私たちに深い愉悦をもたらすからである。

愛撫とは主体の存在様式の一つである。愛撫において、他者との接触のうちにある主体は、

143 TA, p.82

この接触のさらに彼方をめざす。たしかに感覚としての愛撫は光の世界の一部をなしている。けれども、愛撫されているものは、厳密な意味では触れられてはいない。愛撫が求めているのは、接触を通じて掌に与えられる肌の滑らかさやぬくもりのことではない。愛撫は何かを求めているのだが、何を求めているのかを知らないという事実が愛撫の本質をかたちづくっている。「知らない」ということ、この根源的なとまどいが愛撫の本質なのである。[144]

この記述も読者には経験的には腑に落ちるだろう。私たちが性愛の動作において求めているものは物理的な「滑らかさ」や「ぬくもり」ではない。その「彼方」にある「女性的なるもの」である。改めて確認しておくが、ここでいう「女性的」は生物学的な意味での性差のことではない。そうであれば、このような言明は人類の半分にとって理解不能なものになる。「女性的なるもの」とは、主体のうちに決して充たすことのできぬ激しい欲望を喚起する何ものかのことである。

たまたまレヴィナス自身は男性であり、異性愛者であるから、彼にとってエロティックな対象には「女性的なるもの」という言葉が適用された。かつてその語の選択を「セクシスト的」だと難じた人がいたけれども、私はそれは的外れだと思う。レヴィナスは自分のセクシュアリティの「外部」について語ることを自制したのである。女性として語ること、同性愛者として語ること、あるいはもっと特殊なセクシュアリティの持ち主として語ることはレヴィナスにはできない。自分のものではないセクシュアリティに想像的に同化したり、共感したり、それを代弁したりすることをレヴィナスは自制した。それは他者の他者性を毀損するふるまいだからである。レヴィナスはユダヤ人の男性であり、異性愛者であり、ホロコースト・サヴァイヴァーとして、ハイデガー存在論の圏域から離脱する方位を求め、フランス・ユダヤ人社会の霊的再建を果たすという彼以外の誰も代わって引き受けることのできないミッションを背負って、この講演の場に立っている。その被限定性をまっすぐに受け止めつつレヴィナスは「他者の他者性を毀損することなくかかわりを持つこと」は可能かどうかを考究しているのである。

自分のセクシュアリティを「かっこに入れて」、仮説的に「性的に中立的」な立場を採れば、他者性を毀損することがなく性的他者とかかわれるだろうと考えている人は「主体と他者の間には共感が成立しない」というレヴィナスの前提を忘れている。

他なるものとの関係は牧歌的で調和的な交感の関係ではないし、共感でもない。共感による限り、私たちは他者を「われわれの外部にあるけれど、われわれに似たもの」としてしか認識できない。だが、他なるものとの関係は神秘との関係であり、他なるものを構成するのはその外部性である。私たちは豊かな想像力やしなやかな共感力を駆使しさえすれば、「神秘との関係」に片をつけることができると考えてはならない。

レヴィナスは性愛の現象学を男性として書いている。それ以外の立場を採ることを自制してそうしているのである。それをレヴィナスがおのれの男性中心主義に無自覚であることの徴候だと批判する者は、レヴィナスの自制についてあまりに無自覚である。

144　TA, p.82

愛撫についてのレヴィナスの考察はさらに続く。

愛撫は逃れ去る何ものかとの戯れに似ている。絶対的に企図も計画も欠いた戯れ。それはわれわれの所有物になり得るもの、われわれ自身になり得るものとの戯れではない。ある他なるもの、つねに他なるもの、接近不能のもの、つねに来るべきものとの戯れなのである。愛撫はこの純粋な未来、いかなる内実も持たない未来を待ち望むことなのである。愛撫はこの飢餓感の亢進と絶えず豊かになる約束によってかたちづくられており、そのようにして把持不能のものへの新しい視野を開く。愛撫は考量不能の飢餓感を糧とするのである。[145]

レヴィナスの哲学が難解であるのは、哲学者が観念的な思弁を弄しているからではない。逆である。あまりに日常的な生活経験の本質をどこまでも深く掘り下げようとするからである。哲学的真理より**経験的真理**を優先的に配慮するからである。だから、話が難しくなるのである。「死」と「エロス」は私たちの日常の関心のほとんどすべてを領していると言って過言ではない。私たちは目覚めると五体満足であることを確認し、体重を計り、血圧を計り、手指を消毒し、決まった時間に栄養バランスのよい食事を摂り、階段から転げ落ちないように手すりにつかまり、車に轢かれないように信号を守り……とにかくあらゆる手立てを尽くして、朝から晩まで死なないようにしている。死は**私たちの日常の最優先の関心事なのである**。いずれ必ず死ぬことは分かっている。でも、できれば死に不意打ちを食らわず、かなうなら死の到来を一秒でも先送りしたい。

エロスも同じである。私たちは死と向き合う以外のほとんどの時間をエロス的な関心に駆動されて過ごしている。別に性愛についての妄想が四六時中脳内に渦巻いているということではない。私たちが熱心に仕事をして社会的評価を高めようとするのも、本を読んだり、絵を観たり、音楽を聴いたりして文化資本をかき集めようとするのも、仕立ての良い服を着たがるのも、見栄えのよい車に乗りたがるのも……蛍の雄が明かりを点滅させ、孔雀が羽を広げる求愛行動と本質的にはそれほど違うことではない。

死もエロスもある意味では徹底的に日常的で凡庸なものである。けれども、そこには底知れない未知性が潜んでいる。死もエロスも絶対的他者性、絶対的外部性にかかわる出来事である。私たちは外部と他者の切迫を日常的に生きることを通じて、「神秘」や「超越」や「神」という概念を錬成してきたのである。形而上学の思弁の大伽藍の土台をかたちづくるのは、切れば血の出る私たちの生身の身体と、日々の散文的で孜々（しし）たる営みである。

だから、この「思弁の大伽藍」が二〇世紀の戦争と虐殺を防ぐことができなかったのは、体系の完成度や思想の精度が足りなかったからではない。そうではなくて、人間たちの生身の身体と日々の営みについての省察に深みが足りなかったからである。レヴィナスはそう考えた。だから、第二次世界大戦後の哲学の再構築は生身の人間の、日々の平凡な営みそのものを徹底的に哲学するというかたちをとる他ない。それは死について、エロスについて、異邦人について、子を持つことにつ

145
pp.82-3

いて、労働することについて……などなど私たちの日々の「前‐哲学的」経験を徹底的に哲学するという仕方で行われることになるだろう。

哲学的な思惟はすべて前・哲学的な（pré-philosophique）経験をその根拠とする。[146]

62 他者と他なるもの

この性愛の志向性、何らかのかたちを持つ未来ではなく、未来そのものへの類のない志向性、それはかつて哲学的考究の対象になったことがない。フロイトはリビドーについて、それが快楽の探求であるという以上のことを語ってはいない。彼は快楽を分析の始点となる単なる内容としてとらえており、快楽それ自体を分析の対象としてはいない。フロイトはこの快楽の意味を存在の一般的エコノミーのうちにおいて探求するということをしていない。[147]

存在の一般的エコノミー（l'économie générale de l'être）はレヴィナスの固有の術語である。ローゼンツヴァイクの哲学を祖述する中で一度出てきた。エコノミーは「経済」と訳されるけれど、「経世済民」から造語された「経済」ではレヴィナスがこの語に託している意は尽くせない。

仏語 économie の語源はギリシャ語 oikonomia、原義は「有限な資源を使い回して閉域内での生産性や効率を高めること」である。私たちが「エコノミー」について、「経済」という日本語の含意をかっこに入れて、ギリシャ語の原義から拾うべきは「限られた資源」を「閉じられた場」という条件である。

レヴィナスは『タルムード四講話』の冒頭でタルムード解釈についてこう書いていた。これも二度目の引用になる。

> 例えば、「祭礼の日に産まれた鶏卵」を食べる権利にかかわる議論や、「荒れ狂う牛」によってもたらされた被害に対する賠償にかかわる議論の中で、タルムードの博士たちは鶏卵のことや牛のことを話しているのではない。そうではなく、そんな気配を露ほども見せぬままに根本的な概念を検討に付しているのである。[148]

レヴィナスはここで哲学的初心者のために、生活上の些事を「喩え話」として利用して、そこからより深い哲学的思惟へ導くという教育術について話しているのではない。生活上の些事は「喩え」ではない。そこに根本的な概念が露頭している。

「存在の一般的エコノミー」とは、徹底的に哲学的に考究すべきものは今目の前にある生活の現実であるという「限定」のことである。

---

146 EI, p.19
147 TA, p.83
148 QLT, p.167

フロイトは「リビドー」をそれ以上は説明不要・説明不可能の原点とした。そこを始点にして曲芸的な推論を通じて「エディプス」や「強迫反復」や「タナトス」といったきわめて思弁的な概念を引き出した。

レヴィナスが「快楽の意味を存在の一般的エコノミーのうちにおいて探求する」というのは、フロイトとは逆の方向に進むということを意味している。快楽の追求という私たちにとっての日常的な出来事にどこまでもこだわり、そこから踏み出すことも、上空に飛翔することも、あるいは何かオールマイティのカードを切って「けりをつける」ことも自制して、その出来事をただただより深く検討すること。それが「性愛の現象学」という企てである。その「限られた資源」を「閉じられた場所で」という限定をレヴィナスは「エコノミー」という語に託したのである。

> われわれの考究は性愛を、未来という出来事そのものとして、いかなる内実も持たない純粋な未来として、未来という神秘そのものとして認めるところにその本旨がある。そうすることによって、私たちは性愛の例外的な地位を明らかにしたいと思う。[149]

私たちはエロス的に存在している。そのつどつねに性化された存在としてこの世界に産み落とされている。おのれのセクシュアリティを客観的に観察したり、それを操作したり、改変したりすることは私たちにはできない。だから、私たちはおのれのセクシュアリティを動かしがたい所与の条件として黙って受け入れている。けれども、レヴィナスは逆のことを求める。性化されて存在するとはどういうことなのか。男性であり異性愛者であるレヴィナスに「女性的なるもの」として出来する何ものかがある。それはレヴィナスにとって神秘であり、同時に愉悦をもたらすものである。けれども、レヴィナスはそこにとどまらず、なぜ性愛は性差にかかわらず愉悦として経験されるのかという、「性化された存在」全員を共軛（きょうやく）する問いを考究しようとする。

他なるものとのこの関係を挫折と見なすことは可能だろうか。もし、エロス的なるものを「把持する」、「所有する」、「認識する」対象とみなすならば、この関係はたしかに挫折であると言えよう。だが、エロスのうちには、能作の余地はなく、それゆえ能作の挫折もまたないのである。もし私たちが他なるものを所有し、把持し、認識できるのだとすれば、それはもはや他なるものではない。所有、認識、把持は権力の同義語だからである。[150]

言うまでもなく、他なるものとの関係は一般的には融合として追求されている。だが、私は他なるものとの関係は融合であるということにきっぱりと異議を唱えてきた。**他者との関係**、それは**他なるもの**の不在である。単なる不在ではない。純粋なる無という不在でもない。そうではなくて、未来の地平のうちにおける不在なのである。**時間という**不在なのである。[151]

149 TA, p.83
150 TA, p.83
151 TA, pp.83-4

私はここまでl'autreを「他なるもの」「他者」などといくつかの語で訳してきた。あるいは「他」に統一すべきだったのかも知れないが、日本語としてこなれないので、そのつど訳語を変えてきた。それで話が済んだのは、l'autreとautruiが同一の文の中に出てくることがなかったからである。しかし、ここでは二つの語が同一の文中に対比的に用いられている。autruiを「他者」とした以上、autreはそれとは違う語で明確に訳し分けなければならない。

autruiとautreは同一語源の語である。ここで「他者」と訳した不定代名詞autruiはautreの目的格の古形で、性数によって変化せず、人間についてのみ用いられ、しばしば前置詞に先立たれ、ふつうは主語にならない。一方、「他なるもの」と訳してきた不定代名詞autreは複数形を持ち、人間以外にも用いられ、定冠詞を伴い、主語になることがある。この二つの、きわめて意味の接近している語をレヴィナスは次のように差別化した。

「他者との関係、それは他なるものの不在である」(La relation avec autrui, c'est l'absence de l'autre)。「他なるもの」は定冠詞をとることで「そのような性質を共有するものたちの総称」となる。つまり概念化できる。概念化できるとは、認識し、把持し、所有することができるということである。定冠詞をともなったl'autreはl'unと対義的に用いられる。「一方」と「他方」である。つまり、l'autreはl'unと合わせて全体を構成することができる。仮にそれを「外部」と呼ぼうと「超越」と呼ぼうと「神秘」と呼ぼうと、それが定冠詞をともなって一個の概念を形成し得るものであるなら、それは「絶対的に他なるもの」(absolument autre)とは呼ばれ得ない。それは「相対的に他なるもの」(relativement autre) であるに過ぎない。

レヴィナスはここで「他なるもの」を、いかなる概念化にもなじまず、把持されず、認識されず、所有されることのない「絶対的に他なるもの」と、主体の権力的な働きかけの対象として、把持され、認識され、所有され、そうすることで、l'un「一者」と共に全体を構成することができる「相対的に他なるもの」に切り分ける。そして「絶対的に他なるもの」に autrui の語を充てるのである。

それならはじめからそのようにそれぞれの概念を定義して一意的に用いればよいのではないかという不満の声が聴こえて来そうだけれど、それはできない相談なのである。autrui は概念化になじまないからである。それは私たちが「他なるもの」の可知的な属性を次々と「……ではなく」「……ではなく」と否定し去っていった後、最後に残る「他なるものでさえない他なるもの」というかたちで欠性的に指示するしかないものなのである。だから、autrui は書物の終わる直前に「他なるものの不在であるような関係を取り結ぶ何か」として迂回的に登場するしかなかったのである。

63 豊穣性(1)

ついに私たちは「豊饒性」(fécondité) と題された最終節に入った。レヴィナスはこれまで不眠、倦怠、逃走、死、神秘、他者、エロス……といったトピックを扱ってきた。内容は難解だけれど、扱われている論件そのものは具体的である。最終節で、レヴィナスは「親子」を扱う。当然、この思索も具体的である。ただ、知っておいて欲しいのは、レヴィナスの長女 Simone は三五年生まれ、長男Michaëlは四九年生まれなので、「息子」がキーワードになるこの講演の時にはレヴィナスには娘しかいなかったということである。レヴィナスは自分に息子ができたから息子を論じたのではない。「息子」はレヴィナスにとってはまずもって経験的な所与ではなく、哲学的な概念なのである。

豊饒性は「死への勝利」というかたちで提示される。

> 死という一つの純粋な出来事、一つの純粋な未来を前にした時、自我はいかなる権能も揮い得ない、つまり自我であることができないわけだが、それにもかかわらず自我が自我でありうるような状況を私たちは探し求めていた。そして、それを死への勝利と名づけたのである。[152]

死への勝利（la victoire sur la mort）とは超越における自我の保存においてその可能性を吟味されたものである。その時のレヴィナスの問いは次のようなものであった。

> 死を前にした時に、私たちはもはや何もなし得ないとして、死が告知する出来事を前にして私たちはどのようにしておのれ自身であり得るのだろう？[153]

できる／できないということと、おのれ自身でありうる／ありえないということは別のレベルに属する。支配力や能動性や権能を持たない主体というあり方においてなら、人は死と、神秘と、絶対的外部性と向き合うことができる。レヴィナスはそのことを「死への勝利」と呼んだのである。ただし、勝利という言葉の含意に惑わされてはならない。[154]

いかにしてあなたの他者性のうちにおいて、私は、あなたの中に吸収されることなく、あなたのうちで私を見失うことなく、なお私であり続けることができるのか？　いかにして私はあなたのうちで、私が私の現在においてそれである私ではないままに、つまり、繰り返し私自身に帰還する私ではないままに、なお私であり続けることができるのか？　いかにして私はおのれ自身に対して他なるものとなることができるのか？[155]

問いはこう立てられる。いかにして私は「繰り返し私自身に帰還する私ではない私」たり得るのか。オデュッセウス的な主体ではなく、アブラハム的な主体であるためにはどうすればよいのか。自分で立てたこの問いにレヴィナスは驚くべき回答を与える。

それにはただ一つの方法しかない。父になることによってである。

---

152 TA, p.85
153 TA, p.66
154 TA, p.85
155 TA, p.85

父になることとは、他者でありながらなお私であるような異邦人との関係のことである。私自身でありながら私とは異なるものとの関係のことである。[156]

もう一度繰り返すが、この言明を父親が子に対して持つ経験的な親子関係の実感をそのまま書いたものだとみなしてはならない。親子という日常的な出来事のうちに、主体の理解を絶したもの、同意も共感も許さない絶対的他者性が開口しているとレヴィナスは述べているのである。他者はまさに今あなたの前にいる、と。

現に、息子は一編の詩や一個の造形物のような、単なる私の作品ではない。もちろん息子は私の所有物ではない。権力のカテゴリーも、所有のカテゴリーも、子との関係を指示することができない。原因という観念も所有という観念も、豊饒性という事実を把持させてはくれない。私は私の子を持つのではない。いわば私は私の子であるのだ。[157]

息子は、私の悲しみとか、私の試練とか、私の苦難とかいうような、わが身に起きる一つの出来事でもない。それは一個の自我であり、一個の人格である。息子の他者性は他我の他者性でもない。父であることとは、息子の身になってみることができるという共感のことではない。私が私の息子であるのは、私の存在を経由してであって、共感を経由してではない。[158]

息子は私の作品でなく、所有物でなく、私に到来する出来事でなく、私と共感によってつながるものでもなく、あらゆる「つながり」が断絶しているにもかかわらず、なお「それは私である」と呼び得るもののことである。

ユダヤ一神教の文脈に置いて見た時に、「父」を神の、「息子」を被造物のメタファーと仮定してこの命題を読むことは決して不可能ではない。レヴィナスの「父であること」(la paternité) についての言明のいくつかは創造主と被造物との関係にそのまま当てはまる。創造主にとって被造物は「絶対的に他なるもの」でありながらなおかつおのれ自身であるものである。被造物が神と「共通の祖国」を持つことはあり得ない。理解と共感によって結ばれるということもあり得ない。真理をめぐっての、隣り合わせの結びつきであるということもあり得ないが、創造主と被造物は「顔と顔を向き合わせて (face à face) の関係」を取り結ぶことができる。そして、おのれの双肩に「神に負託されたすべての責任」を感知した霊的な成人においてのみ「神を畏れる心」は兆す。神の支援抜きで、神から負託されたミッションを成就できるものが「人間」であるというレヴィナスの理路はすでに私たちには理解されたはずのものである。現実の父子関係はスケールにおいて聖史的なドラマに及ぶべくもないが、レヴィナスが目の前にある現実を透かして根源的な問題を検討しようとしているということはもう分かっている。おそらくレヴィナスは私たちがエロス的なパートナーを

156 TA, p.85
157 TA, pp.85-6
158 TA, p.86

得て、「子」を育てることを通じて、神の御業(みわざ)を再演しているると考えているのである。

ローゼンツヴァイクは神の愛の本質は「それが愛するものを、愛するその場において愛する」という絶対的な一回性・単独性のうちに存すると教えた。「愛するもの」との出会いは、前代未聞の、再現不能の対面状況のうちにおいて果たされる。父子関係を私たちは単なる動物的な、あるいは制度的なものとして生きることもできるし、望めばそれを天地創造の再演として生きることもできる。もちろん明示的にではないが、レヴィナスはおそらくそう教えている。

64 豊穣性(2)

私は私の子を持つのではない。いわば私は私の子であるのだ。[159]

この「私は、ある」(je suis) という時の動詞「ある」は「エレア派的あるいはプラトン的な意味とは違う意味を持っている」とレヴィナスは書く。[160]

既述の通り、エレア派のパルメニデスは「あるものはあり、ないものはない」という存在の単一性を唱えた。だから、無から有が創造されることも、存在したものが消失することもない。ということは、「私は私の子である」という時の「ある」を「エレア派的、プラトン的」に解けば「私は私の子と同一物である」ということになる。しかし、レヴィナスは「私は私の子であるが、私は私の子と同一物ではない」と言うのである。「ある」の意味を読み替えてくれと言うのである。

ユークリッドはその『原論』において、エレア派からの反論を念頭に、いくつかの「要請（アイテーマタ）」を提示した。例えば、「点と点の間には直線を引くことができる」というのはそのような要請の一つである。エレア派は「存在するものは存在し、存在しないものは存在しない」という立場にあるので、運動も変化も人間の脳裏に浮かんだ幻想であるとみなす。点と点の間に線を引くことは「運動」であるので、幻想として退けられる。ユークリッドはこのような困難な議論に決着をつけるために費やされる（そして、決着はつかない）不毛な時間を惜しみ、議論をいったん棚上げして、論の当否を問わずに、ただ「点と点の間に直線を引くことができる」ということを受け入れてはくれまいかと要請したのである。そして、その上で、その要請の上に構築される数学的体系がどのようなものであるかを人々の前に示そうとした。

　レヴィナスもまた私たちに向かって一つの要請をなしているとは考えられまいか。「私は私の子である」という命題はエレア派的には「私と私の子は同一物である」という意味しかない。レヴィナスはその議論を一時的に棚上げして、「私は私の子である」という命題が成立し得るところまで「ある」という動詞の繋辞（copule）機能を拡大してはくれまいかと要請するのである。

　真理であることを今ここで証明してみせることはできないが、「とりあえず、その命題が成立するということにして話を先へ進める」という方便は学問の世界においては許されている。レヴィナ

160 159　TA, p.86　TA, p.86

スはここで「私は私の子であるが、私と私の子とは同一物ではない」という非エレア派的命題を要請する。諸君に今ここで私の命題を理解してくれとか、真として受け容れてくれとまでは言わない。その当否についての議論をいったん棚上げして、この「受け入れがたい命題」を公準として成立する体系からは世界がどのように見えるかを共に吟味してはくれまいか。レヴィナスはそう要請したのである。

息子の他者性は他我の他者性ではない。父性とはそれを経由して息子の立場になってみることができる共感のことではない。私が息子であるのは、私の存在を介してであって、私の共感を介してではない。[161]

「私は私の息子である」(Je suis mon fils)という命題で、私と私の息子は動詞「存在する／……である」(être)によって無媒介的に直結されている。ここには私の共感というような夾雑物が入り込む余地はない。存在という語は、ここでは私たちの見知らぬ意味を持つまでにねじまげられている。

自我のおのれ自身への回帰は位相転換から始まるのだが、エロスによって開かれた展望のおかげで、この回帰はまったく赦しのないもの(sans rémission)ではない。この赦しを私たちは位相転換の解消という不可能事によってではなく、息子によって成就するのである。[162]

まことに分かりにくい文である。これまで見てきたように、位相転換とは、〈実存する〉という動詞が〈実存者〉という名詞に転換するプロセスのことである。レヴィナスはそれを自己から出発して自己に帰還する同一性の回帰のことと見なした。同一性の回帰とは「おのれ自身に対しておのれをすでに閉ざしている」という自閉のことである。しかし、レヴィナスはエロスの経験によってその閉域性からの離脱がなし得ると考えた。エロスとは「他者性との関係、神秘との関係、つまり未来との関係であり、すべてがそこにある世界のうちにおいて決してそこにないものとの関係であり、すべてがそこにある時に、そこにあることができないものとの関係である」からであり、「可能なことがすべて不可能になる場所、私たちが『できる』という助動詞をもう使えなくなる場所、そこにおいても主体はエロスを介して主体である」からである。[163]

エロスについての論考の中で、レヴィナスは「主体」という概念の書き換えを求めた。能動性も権力も「できる」という助動詞も失った後でも、なお主体は主体であり得るという考え方への同意を求めた。かかる無権利・不能状態のうちにあってもなお主体が主体たり得るというこの「ゆるみ」のことをレヴィナスは「赦し」(rémission)という言葉に託した。

---

161 TA, p.81
162 TA, p.86
163 TA, p.86

それゆえ自由がかたちづくられ、時間が成就するのは、原因というカテゴリーを介してではなく、父というカテゴリーを介してである。[164]

正直に言って、どうして直前の引用から「それゆえ」でこの命題が成り立つのか、私には分からない。これもまたレヴィナスからの要請の一部と見なすしかない。

私たちに言えるのは、「赦し」も「自由」も「時間」も、主体が「できる」ことができなくなった時に、主体の自己同一性の檻に隙間ができた時に、主体が「すべてがそこにある世界のうちにおいて決してそこにないもの」と関わる時にはじめて成就するのだとレヴィナスが要請していること、そこまでである。そして、それが要請である以上、その当否の根拠をレヴィナスは語るつもりがない。

> 父性とは、単に父が息子のうちで刷新されるというだけのことではないし、父と息子が融合するというだけのことでもない。父性とはそれと同時に父が息子との関係において外部にいるということであり、多元的に実存するということである。[165]

それでも、「父であること」は創造の再演であるという私たちの仮説に基づいて読めば、この一節はまったく意味不明ではなくなる。

65 豊穣性(3)

自我の豊饒性はその正当なる存在論的価値において評価されなければならない。そのようなことはこれまでいまだ一度たりともなされたことはなかった。自我の豊饒性が生物学的カテゴリーであるという事実は、その意味の逆説を、その心理学的意味においてさえ、消し去るものではない。[166]

「自我の豊饒性」(fécondité du moi) とは「私は私であり、かつ私の息子である」という非エレア派的命題のことである。もちろん、かつてそんな命題を語った哲学者はいない。だから当然、その「存在論的価値」を評価されたこともない。

たしかに生物学的に言えば「息子」は「私」の遺伝子の一部を受け継いでおり、心理学的には父子が一体のものとして観念されることはある。けれど、レヴィナスがここで書いているのはそのような経験的な感覚のことではない。「私は私であり、かつ私の息子である」という命題が適法的に存立するような哲学体系を想定することがあなたはできるか、レヴィナスは私たちにそう問うてい

164 TA, p.86
165 TA, p.87
166 TA, p.87

るのである。残り二頁のところで、レヴィナスはこれまでの行論を振り返ってこう総括する。

私は死の観念、女性的なるものの観念から始めて、息子の観念に到達した。私はそれを現象学的な手続きに従って行ったわけではない。私の行論は、まず位相転換の同一性すなわち私のおのれ自身への繋縛を論ずるところから始まり、この同一性を維持し、〈実存者〉を維持しながらも、私がおのれ自身への繋縛から解き放たれるに至るある弁証法の行程を歩んだのである。分析された具体的ないくつかの状況はこの弁証法が成就される過程を示している。多くの中間段階が飛び越えられた。死とエロスと父性という三つの状況が実は一つのものであるということは、これらの三つの状況が「権能＝できる」（pouvoir）という観念とは相容れないということによってのみ可視化されてきた。そして、それがここまでの私の主目的だったのである。[167]

死とエロスは「できるということができなくなる」状況としてこれまで記述されてきた。では、父性が「権能＝できる」と相容れないというのはどういうことなのか。

父性とは「他者でありながらなお私であるような見知らぬ人」「私自身でありながら私とは異なるもの」との関係のことである。父性の定義はとりあえずそれで尽くされる。一面から見れば自己同一性の否定であるが、他方から見れば自己同一性からの解放である。レヴィナスはそれゆえ父性を「権能＝できる」の圏域からの離脱の一つのありようとみなした。

他者性というのは単に私の自由のかたわらに私とは別の自由が存在しているということを言うのではない。それは私がこれまで述べてきた通りである。そのような自由であれば、それが私と絶対的に無縁であり、いかなる関係によっても結ばれていない場合でも、私はそれに対して何らか権力をふるうことができる。複数の自由が併存しているのは単なる多数性に過ぎず、それは一つ一つの自由の単数性を損なうものではない。（…）しかるに、エロスと父性と死は、実存のうちに、一人一人の主体の実存することそのものにかかわるある二重性を導き入れる。*実存することそのものが二重のものになる*のである（L'exister lui-même devient double）。かくして存在についてのエレア派的観念は乗り越えられる。[168]

他者性とは、単に主体の外部に、主体と無縁のものが存在するという空間的な付置を言うのではない。そうではなくて、主体が「できることができなくなる」という無能性を経由して、おのれ自身への釘付け、おのれ自身への幽囚から解き放たれるという力動的なプロセスを指している。そして、このプロセスのうちに*時間が胚胎される*。

時間は存在の頽落態ではない。そうではなくて、*時間は存在という出来事そのものなの*であ

167 TA, p.87
168 TA, pp.87-8

る。存在についてのエレア派的観念がプラトンの哲学を支配している。そこでは多数性は一者に従属し、女性的なるものの役割は受動性・能動性というカテゴリーのうちで思量され、質料に還元されている。プラトンはついに女性的なるものをその特殊エロス的な観念において把持したことがなかった。彼は彼の愛の哲学において女性的なるものに、それのみが愛の対象でありうるものとしてのイデアの一例を提示する以外の役割を与えなかった。[169]

パルメニデスのエレア派存在論には「まったき有」と「まったき無」しかない。私たちが思量し得るのは有だけである。有は不生不滅であり、一者であり、全体性であり、完全無欠であり、「かつて存在した」ということも「これから存在する」ということもない。有は今、ここに、完全な仕方で在るから有なのである。有には生成も遷移も消滅もない。それゆえエレア派存在論には時間がない。私たちが思量しうるのは有、すなわち永遠に自己同一的なものだけである。

よしたとえ　もしも「時間」が「有るもの」の外に別なるものとして　有りまた有ろうとてもまた「思い」をそこに見出しうることは汝にはよもあらじ。[170]

エレア派存在論には時間がない。だから、私たちが「時間」という観念を有しているのは、別のものを同一のものであると思い込んでいる臆断の効果に過ぎないのである。レヴィナスの引用中にある「時間は存在の頽落した様態である」というのはそのことを指している。

エロスについてのプラトンの解釈は『饗宴』に示された。プラトンによれば、エロスがめざすのは「永遠に存在するもの」、「生成消滅も増大減少もしないもの」、「それ自身が、それ自身だけで、独自に、唯一の形相をもつものとして、永遠にあるもの」である。[171]

エロスをめざす者は「純粋清純かつ無雑の相のもとに、美そのものを、（…）唯一の形相をもつものとしてこの神的な美そのものを観る」のである。「それに用うべき本来の器官をとおしてかの美を観」る者はそのようにして「真の徳」を観るのであり、「真の徳を産み育てるがゆえに、その者は神に愛される者となる。」[172] エロスを崇め求める者は「神に愛される者」「不死の者」となる。プラトン的なエロスはパルメニデスの「有」をめざす営みであり、それゆえ永遠の相のもとに美を希求する者もまた最終的には「不死」の、すなわち絶対的に自己同一的なものに至る。

レヴィナスのエロス解釈が「存在についてのエレア派的観念を乗り越えた」かどうかは私には判定できないが、存在についてのレヴィナス的観念が存在についてのエレア派観念とはまったく別のものであることは私にも分かる。

一者から他者への関係の個別性は無視されたまま、プラトンはイデアの世界を模したもので

169 TA, p.88
170 パルメニデス、前掲書、四三－四四頁
171 プラトン、「饗宴」、鈴木照雄夫訳、『世界の名著6』、中央公論社、一九六六年、一六七頁
172 同書、一六八頁

あるべき「国家」を構築した。こうして彼は光の世界の哲学、時間のない世界の哲学を作り上げる。プラトン以後、社会性の理想は融合の理想のうちに求められるようになった。他なるものとのかかわりにおいて、主体は集団的表象、共同的な理想のうちに沈み込むことを通じて、他なるものと同一化するようになると考えられるようになった。「私たち」と言うのは集団性である。叡智的な太陽、すなわち真理に顔を向けて、私たちは、他なるものを、おのれの面前にではなく、おのれの傍らに感じる。それは必ずや媒介となる第三項を取り囲むようにして成立する集団性である。共同存在（Miteinandersein）もまた「と共に」の集団性にとどまっている。だから、それがその正統的な形態を明らかにするのは真理を取り囲むようにしてなのである。[173]

わずかな行数のうちにレヴィナスは西欧形而上学の全史を一息にこう要約してみせた。西欧形而上学は「光の世界の哲学」である。プラトンからハイデガーまで、哲学はつねに「真理が明るみのうちにくまなく開示される」という視覚的な喩えを用いてきた。真理経験とは一瞬のうちにすべての真理がくまなく観照される無時間的な経験であるということはかつて疑われたことがない。レヴィナスはまさにそれを疑う。それとは違う、時間のうちにおいて展開する真理体験というものがあるのではないか？　観照という視覚的経験とは違う真理経験があるのではないか？　私たちは哲学的営為としてつねに全力を尽くしておのれの本来性への帰還をめざしているというのは本当なのか？　真理経験はつねに「おのれをおのれ自身に対して遮断している隠蔽や不明確化の撤去として、偽装の破砕として」遂行されなければならないというのは本当なのか？　レヴィナスはそう問うのである。

66　豊穣性(4)

プラトン以後の西洋哲学において、他者は主体のかたわらにあって、叡智の太陽を取り囲む集団を共に構成するものであった。主体と他者の関係はつねに「ある共通のものをめぐる集団性」として構想されてきた。いかなる「共通の祖国」も持たない絶対的他者と主体が、それでもなお顔と顔を向き合わせてかかわり得ることを西洋哲学はこれまで主題的に考究してこなかった。だから、西洋哲学は本質的に孤独な哲学であるとレヴィナスは言う。[173]

それゆえ、すべての一体化の哲学がそうであったように、ハイデガーにおける社会性なるものもまた単独の主体のうちに帰着する。そして、現存在が、その正統的な形態において追求されるのもまた、孤独の語法によってなのである。[174]

173　TA, p.88-9
174　TA, p.89

「孤独の語法」(des termes de solitude) というのは、孤立した主体が、誰にも届かない語をむなしくつぶやいているということではない。単独の主体が真理の太陽を取り囲んで他者たちと隣り合っているなら、それはレヴィナスの言う孤独とは違う。

この隣り合う集団性に対して、私は「我と汝」の集団性を対置しようとしてきた。ただ、私はこれをブーバーとは違う意味でとらえている。ブーバーにおいては、相互性が二つの隔てられた自由の間を結びつけており、孤立した主体性という避けがたい性格があまり重要視されていなかったからである。私は現在から未来という神秘へ向けての時間的超越を探求してきたわけだが、この時間的超越は、それが人であれ、真理であれ、作品であれ、誓言であれ、いかなる第三項ともかかわらない。それは一体化ではない集団性なのである。媒介者抜きで顔と顔が向き合う集団性なのである。それはエロスにおいて私たちに示された。エロスにおいて、他なるものはたしかに身近にいるのだけれども、距離は完璧に保たれている。そして、エロスの感動的な要素は、まさにこの近接と乖離から形成されていたのである。[175]

レヴィナスはここでマルティン・ブーバーの「我と汝」の哲学とレヴィナス自身の「顔と顔」の哲学の違いについて言及している。レヴィナスは晩年まで折に触れてはブーバーを論じ、そのつど彼我の違いについて語っていた。それだけブーバーとレヴィナスの違いは読者にとって分かりにくいということにレヴィナス自身も自覚的であったということである。

ブーバーによれば、人間は二つの根源語（「われ－なんじ」「われ－それ」）によって世界を経験する。「なんじ」とは主体による認識・理解・命名・把持・包摂を拒む他者である。その本質的他者性を毀損されることなく、主体の面前に屹立する他者、それが「なんじ」である。主体はそのような他者に向けては呼格において語りかけることしかできない。〈なんじ〉を〈それ〉として記述したり、その属性を説明したりすれば、その時、それはもう〈なんじ〉ではなくなっている。

〈なんじ〉を語るひとは、対象といったようなものをもたない。なぜならば、〈なにかあるもの〉が存在するところには、かならず他の〈なにかあるもの〉が存在するからである。それぞれの〈それ〉は、他の〈それ〉と境を接する。〈それ〉は、他の〈それ〉と境を接することによってのみ存在する。しかるに、〈なんじ〉が語られるところでは、〈なにかあるもの〉は存在しない。〈なんじ〉は限界をもたない。[176]

記号は隣接する項との差異によって意味が定まる。つまり、〈それ〉とは記号として把持された対象のことである。それに対して、〈なんじ〉は隣接項も参照項も準拠枠もなく、絶対的かつ直接的に現前する非－記号的な他者のことである。

---

175 TA, p.89

176 マルティン・ブーバー、『我と汝・対話』、植田重雄訳、岩波文庫、一九七九年、九頁しかし、人間の知性は〈なんじ〉に対しても「既知の何とも関係づけられないもの」という属性を付与し、それを「記号のようなもの」として所有しようとする。その理解と所有を求める人間知性の根源的趨勢をブーバーは「われわれの運命の高貴な悲しみ」だとする。〈なんじ〉は〈われ〉の前に直接的・絶対的に、非－記号的に登場するごとに「一定の標準と限界に限定された一対象」に回収される。[177]それゆえ、ブーバーにおいては、エロスの関係も暫定的にしか直接の関係であることができない。私たちが「愛の持続」を願う時に、エロスの対象は固定され、名づけられ、制度のうちに囚われてしまうからである。

現実的であるのではないが、現存し、経験できるものではないが、ただ触れることができるものであった唯一独自の〈なんじ〉としての相手が、今や再び〈彼〉あるいは〈彼女〉となり、個性の総体と形状をもつ一定の量に変わる。[178]

私がエロス的な対象の名を知り、その属性を知った時、そのエロス的他者は〈なんじ〉ではなく、〈それ〉になる。〈なんじ〉を〈なんじ〉たらしめていた神秘的な何かが失われる。同じことは信仰の場面でも起きる。一神教の始点において、神は預言者や族長たちに〈なんじ〉としてリアルに臨在した。しかし、やがて時代が下ると、人々は神の声を聴き取ることができなくなった。それでも人々は「時間と空間の限定のもとで神の所有を持続したい」と願った。[179]それゆえに、祈りの場が建てられ、集団的に祈りが捧げられ、戒律や儀礼が守られた。だが、そうしているうちに、自分が〈なんじ〉ではなく〈それ〉を拝んでいることに気づいた人々が登場してきた。こんなものは本当の信仰ではないと思う人が出てきた。彼らは個人的な祈りを通じて〈なんじ〉と向き合おうと試みる。そのような人が登場するごとに宗教は刷新される。絶対的他者はある時は〈なんじ〉として、ある時は〈それ〉として主体の前に異なる相貌で登場する。その力動的な往還運動のうちにブーバーは宗教の生命力を見出した。

このブーバーの理路はそれほど難解なものではない。だから、レヴィナスを斜め読みして、その根幹的なテーゼは「他者の他者性を毀損することなしに他者と向き合うこと」であると要約してしまった読者は「なんだ、ブーバーと同じじゃないか」と納得して通り過ぎてしまう可能性がある。おそらくそのせいもあって、レヴィナスはブーバーと自説の差異について繰り返し説明する必要を感じたのである。では、両者の違いはどこにあるのか。

ブーバーにおいては「相互性が二つの隔てられた自由の間を結びつけている」という点をレヴィナスは別のテクストでも指摘している。ブーバーにおいて、〈われ〉が〈なんじ〉と呼びかける時、〈われ〉は同じ再帰的動作を〈われ〉にも期待している。呼びかけに対して、呼び返しを期待している。レヴィナスが「相互性」(réciprocité)という語で指しているのはそのことである。

---

177 同書、二六頁

178 同書、二六頁

179 同書、一四三頁

ブーバーにおいては、〈私〉が〈あなた〉と呼びかける時、〈あなた〉はこの呼びかけを通じて、私を〈あなた〉と呼ぶ〈私〉としてあらかじめ了解されている。〈私〉による〈あなた〉という呼びかけはそれゆえただちに〈私〉にとっては相互性、平等性あるいは公平性の創設となるのである。そこから〈私〉を〈私〉として理解すること、〈私〉の十全な主題化の可能性が導かれ、〈私〉あるいは〈自我〉一般という理念がこの関係から一気に引き出されることになる。[180]

レヴィナスにおいて、主体と他者の関係は相互的でも平等でも公平でもない。主体と他者は何よりもまず〈あなた〉から〈私〉への呼びかけとして始まるからである。それ以外の始まり方はないのである。私の前に立つ絶対的に他なるものがまず私に向かって呼びかける。私はそれに応答しなければならない。「私はここにいます」と答えた者が世界に現れた時に、主体は存在し始める。主体はそのつどつねに他者に遅れて登場する。そのつどつねに他者に遅れて登場するということが主体の主体性を基礎づけている。「遅れ」抜きには、他者も主体も意味をなさない。

私たちの分析において、他者は私から他の人間への呼びかけにおいて起源的に存在するのではない。そうではなくて、私の他者に対する応答責任のうちに存在するのである。起源においてすでに倫理的な関係なのである。この応答責任は他の人間の顔によって呼びかけられ、喚起されるのである。[181]

私は他者に対して有責であるが、他者は私に対して有責であるわけではない。ここには相互性がない。

ここにはブーバーの〈われ〉と〈なんじ〉とは違って、始源の平等性はない。（…）あるのは倫理的不平等性、他者への従属、起源的な奉仕である。[182]

レヴィナスとブーバーの違いについてレヴィナスの説くところはおよそ以上の如くである。私たちにはもうその当否について論じる余裕がない。次が『時間と他者』の最後の一節である。

愛におけるコミュニケーションの失敗とされたことがまさに関係が成り立っているということなのである。他者が不在であるということが、まさしく他なるものとしての他者が現前しているということなのである。

プラトンの世界であるコスモスに霊の世界が対置される。そこではエロスの問題がジェンダーの論理に還元されることなく、私が同一者に、絶対的他者が他なるものに、とって代わるの

---

180 HS, p.64
181 HS, p.64
182 HS, p.65

である。[183]

レヴィナスは最後にプラトンの世界に対置するものとして、「霊の世界」(le monde de l'esprit)——他者が有責者としての主体を立ち上げる倫理的世界——を暗示してみせた。その理路を詳述するためにこれから先どれほどの哲学的旅程を踏破しなければならないのか、一九四七年時点で、この言葉で講演を結んだ時に、レヴィナスはどこまで予測していただろうか。

183 TA, p.89

おわりに

最後までお読み下さって、ありがとうございました。読者諸氏の忍耐に心から感謝と敬意を表したいと思います。

本来なら、ここに「結論」という章を立てて、ここまで長々と書いてきたことを一望俯瞰して、読者が「なるほど、私たちは『そういう話』を読んできたのか」と気持ちが片づくようにしないといけないのですが、僕にはもうそれをするだけの余力がありません。できるのは、個人的な感想を書き留めておくことくらいです。

これを書いているのは初校ゲラが出た後です。六年分の原稿を一気に通読したので、レヴィナスの時間論のおおまかな流れは自分でも分かりました。それでもいくつか、どうしても歯が立たない概念が残りました。一つは「位相転換」で、一つは「豊饒性」です。この二つについてだけは、最後まで解像度の高い「概念像」を自分の中に創り上げることができませんでした。

僕のレヴィナス読解は、とにかくひたすら読んで、ひたすら訳すという「写経」に似た作業です。意味はわからなくても、とにかく日本語に置き換える。それを延々と繰り返しているうちに、一意的な概念としては把握できないのだけれど、輪郭のぼんやりした、星雲状態の「なにか」が指先に触れるということがあります。

それは母語の習得プロセスとよく似ています。意味がわからない言葉でも、浴びるように聴いているうちに、ある日ふっと自分がその言葉を正しく使っていることに気づく。そういうことを繰り返して僕たちは母語の使い手になります。レヴィナスの場合も同じように、「レヴィナス語」を第二の母語として習得するように読むしかないのではないかと僕は考えています。子どもは、親の話している言葉を逐一「自分で理解できる言葉」に置き換えながら母語を習得するわけではありません。そもそも赤ちゃんが言葉を学ぶスタート時点で「自分で理解できる言葉」の在庫はゼロなんですから「置き換える」ことなんかできるはずがない。それでも、いつの間にか子どもたちは母語の使い手になり、それを使って「新語」を創造したり、「前代未聞の表現」を試みたりすることができるようになります。

レヴィナスについてもそれと同じことが起きるのではないかと考えて、僕はこれまで四〇年近くレヴィナスを読み、訳し、説明をしてきました。ですから「ある（イリヤ）」も「顔」も「他者」も僕の語彙には「レヴィナス語」として登録されています。それは日本語の同語とはもうずいぶん手触りの違ったものですが、それらの語をどういう文脈で、どういうふうに使ったらいいのかはだいたいわかります。ですから、まったく違うトピックについても（文学や映画を論じる時にでも）「レヴィナス語」として使うことができる。

でも、「位相転換」と「豊饒性」については、ついに最後までそれを「習得」することができませんでした。お読みになればわかる通り、一応語義の説明はしていますけれども、それは「自分が何となくわかっていること」を情理を尽くして言語化しようとしたということではありません。術語としてそれらしく使っているのだけれど、それについての「実感」が乏しい（というか、ほとんどない）。それがこの二つについては「解像度の高い概念像を創り上げることができなかった」ということです。

でも、「位相転換」と「豊饒性」はレヴィナスの時間論の中核となる術語です。それについて僕は「ああ、これって、あのことね」というふうに「腑に落ちる」という実感をついに持つことができなかった。読者にちゃんと説明することができなかった。それについてはこの場を借りて深くお詫びしたいと思います。

でも、書いている本人がよく理解できないままに書いたことの本義を読者が「理解」してしまうということはあります。ですから、（実はよく意味がわかっていないで書いている）僕の説明を読んで「あ、あのことね」と「腑に落ちる」読者があるいは出てくるかも知れません。そういう読解の「開かれ」はどんなテクストについてもあり得ます。その奇跡的な読解可能性を信じたいと思います。

僕が読者のみなさんに期待しているのは、そういう「読解可能性の広がり」なのかも知れません。この本を読んだ読者のうちから、レヴィナスがここに書いた理解しがたいことのうちのいくつかについて、自分の言葉でそれを解釈することが自分に託されたミッションかも知れないと思う人が出てくるかも知れません。もしそのような読者が一人でも出てくるのであれば、「レヴィナスの伝道師」としては、この本を書いた甲斐があったということになります。

最後になりましたが、このようなまとまりのない原稿を六年にわたって連載させてくれたばかりか、単行本として刊行することまで許してくださった新教出版社の小林望さんの雅量に心から感謝の意を表したいと思います。ありがとうございました。

二〇二二年二月

内田 樹

や行

ら・わ行

ま行

た行

な・は行

さ行

か行

索　引

あ行

著者略歴
内田樹（うちだ・たつる）

1950 東京生まれ。哲学者、武道家。凱風館館長。神戸女学院大学名誉教授。ブログ「内田樹の研究室」主宰。東京大学文学部卒業、東京都立大学大学院人文科学研究科修士課程修了。著書に『レヴィナスの愛と現象学』、『他者と死者——ラカンによるレヴィナス』、『ユダヤ文化論 私家版』ほか多数。訳書にレヴィナス『困難な自由——ユダヤ教についての試論』、同『タルムード四講話』、同『タルムード新五講話』、同『モーリス・ブランショ』、同『観念に到来する神について』、同『越・外傷・神曲』（共訳）、レヴィナス／ポワティエ『暴力と聖性——レヴィナスは語る』、マルカ『レヴィナスを読む』、デイヴィス『レヴィナス序説』ほか多数。

レヴィナスの時間論
『時間と他者』を読む

2022 年 5 月 1 日　第 1 版第 1 刷発行
2023 年 10 月 6 日　第 1 版第 2 刷発行

著　者……内田　樹

発行者……小林　望
発行所……株式会社新教出版社
〒 162-0814 東京都新宿区新小川町 9-1
電話（代表）03 (3260) 6148
振替 00180-1-9991
印刷・製本……モリモト印刷株式会社

ISBN 978-4-400-31095-2　C1016